江苏高校优势学科建设工程
国家科技支撑计划项目（2013BAJ13B02）

南京大学人文地理优秀博士文丛

基于土地权益视角的集体经营性建设用地价格形成机理研究

谢泽林·著

南京大学出版社

总　序

自 1921 年竺可桢先生创立地学系以来,南京大学地理学已走过百年发展路程。百年历史见证了南京大学人文地理学科发展的历程与辉煌,彰显了南京大学人文地理学科对中国当代人文地理学发展的突出贡献。

南京大学是近代中国人文地理学科发展的奠基者。从南京高等师范学校 1919 年设立的文史地部,到国立东南大学地学系,再到 1930 年建立地理系,一直引领着中国近代地理学科建设与发展;介绍"新地学",讲授欧美的"人地学原理"、"人生地理",以及区域地理、世界地理、政治地理、历史地理、边疆地理和建设地理等,创建了中国近代人文地理学学科体系。南京大学的人文地理一贯重视田野调查,1931 年"九·一八"事变前组织的东北地理考察团,随后又开展的云南、两淮盐垦区考察以及内蒙古、青藏高原等地理考察,还有西北五省铁路旅游、京滇公路六省周览等考察,均开近代中国地理考察风气之先;1934 年,竺可桢、胡焕庸、张其昀、黄国璋等先生发起成立中国地理学会,创办了《地理学报》,以弘扬地理科学、普及地理知识,使南京大学成为当时全国地理学术活动的组织核心。人文地理学先驱和奠基人胡焕庸、张其昀、李旭旦、任美锷、吴传钧、宋家泰、张同铸、曾尊固等先生都先后在南京大学人文地理学科学习或教学、研究。早在 1935 年,任美锷先生、李旭旦先生就翻译出版了法国著名人文地理学家白吕纳的《人地学原理》,介绍了法国人地学派;1940 年设立中央大学研究院地理学部培养硕士研究生,开展城市地理与土地利用研究;20 世纪 40 年代,任美锷先生在国内首先引介了韦伯工业区位论,并撰写了《建设地理学》,产生了巨大影响;胡焕庸先生提出了划分我国东南半壁和西北半壁地理环境的"胡焕庸线"(瑷珲—腾冲的人口分布线),被广泛认可和引用,是中国地理学发展的重要成果。张其昀、沙学浚先生所著《人生地理学》、《中国区域志》及《中国历史地理》、《城市与似城聚落》等，推进了台湾地区人文地理学科研究和教育的发展。竺可桢先生倡导的"求是"学风、胡焕庸先生倡导的"学业并重"学风，一直引领着南京大学人文地理学科的建设与发展。

南京大学积极推进当代中国人文地理教育，于 1954 年在全国最早设立了经济地理专业；1977 年招收城市区域规划方向，1979 年吴友仁发表《关于中国社会主义城市化问题》，引起了学界对于中国城市化问题的关注，也推动了城市规划专业教育事业发展；1983 年兴办了经济地理与城乡区域规划专业（后为城市规划专业），成为综合性高校最早培养理科背景的城市规划人才的单位之一；1982 年与国家计划委员会、中国科学院自然资源综合考察委员会合作创办了自然资源专业（后为自然资源管理专业、资源环境与城乡规划管理专业）；1991 年又设立了旅游规划与管理专业（现为旅游管理专业）。这不仅为培养我国人文地理学人才提供了多元、多领域的支撑，而且也为南京大学城市地理、区域地理、旅游地理、土地利用、国土空间规划等人文地理学科的建设与发展提供了有力的支撑。

南京大学不仅在人文地理专业教育与人才培养方面发挥了引导作用，在人文地理学科建设方面也走在全国前列，当代人文地理学教学与研究中名家辈出。张同铸先生的非洲地理研究、宋家泰先生的城市地理研究、曾尊固先生的农业地理研究、崔功豪先生的区域规划研究、雍万里先生的旅游地理研究、包浩生先生的自然资源与国土整治研究、彭补拙先生的土地利用研究、林炳耀先生的计量地理研究等，都对我国人文地理学科建设与发展产生了深远的影响，在全国人文地理学科发展中占据着重要的地位。同时，南京大学人文地理学科瞄准国际学科发展前沿和国家发展需求，积极探索农户行为地理、社会地理、信息地理、企业地理、文化地理、女性地理、交通地理等新的研究领域，保持着人文地理学学科前沿研究和教学创新的活力。

南京大学当代人文地理学科建设与发展，以经济地理、城市地理、非洲地理、旅游地理、土地利用与自然资源管理、国土空间规划为主流领域，理论和应用并重，人文地理学的学科渗透力和服务社会能力得到持续增强，研究机构建设也得到了积极推进。充分利用南京大学综合性院校多学科的优势,注重人文地理学科与城乡规划学科融合发展,并积极响应国家2019年提出的构建国土空间规划体系建设要求,在地理学学科设立了土地利用与自然资源管理、国土空间规划等二级学科,引领了我国国土空间规划领域的博士生人才培养,整合学科资源,建设南京大学人文地理研究中心及国土空间规划研究中心。按照服务国家战略、服务区域发展以及协同创新的目标,与中国土地勘测规划院等单位共建自然资源部碳中和与国土空间优化重点实验室,与江苏省土地勘测规划院共建自然资源部海岸带开发与保护重点实验室。此外,还积极推进人文地理学科实验室以及工程中心建设,包括建设南京大学江苏省智慧城市仿真工程实验室、江苏省土地开发整理技术工程中心等,积极服务地方发展战略。

南京大学当代人文地理教育培养了大量优秀人才,在国内外人文地理教学、研究及区域管理中发挥了中坚作用。如,中国农业区划理论主要奠基人——中国科学院地理与资源研究所邓静中研究员;组建了中国第一个国家级旅游地理研究科学组织,曾任中国区域科学协会副会长,中国科学院地理与资源科学研究所的郭来喜研究员;中国科学院南京分院原院长、中国科学院东南资源环境综合研究中心主任、著名农业地理学家佘之祥研究员;中国区域科学协会副会长、中国科学院地理与资源科学研究所著名区域地理学家毛汉英研究员;我国人文地理学培养的第一位博士和第一位人文地理学国家自然科学基金杰出青年基金获得者——中国地理学会原副理事长、清华大学建筑学院顾朝林教授;教育部人文社会科学重点研究基地、河南大学黄河文明与可持续发展研究中心主任、黄河学者苗长虹教授;中国城市规划学会副理事长石楠教授级高级城市规划师;中国城市规划设计研究院原院长杨保军教授级高级城市规划师;自然资源部国土空间规划研究中心张晓玲副主任;英国社会科学院院士、伦敦大学政经学院城市地理学家吴缚龙教授等,都曾在南京大学学习过。曾任南京大学思源教授的美国马里兰大学沈清教授,南京大学国家杰出青年基金(海外)获得者、美国犹他大学魏也华教授也都在人文地理学科工作过,对推进该学科国际合作起到了积极作用。

南京大学当代人文地理学科建设与发展之所以有如此成就,是遵循了任美锷先生提出的"大人文地理学"学科发展思想的结果,现今业已形成了以地理学为基础学科,以经济学、历史学、社会学、公共管理、城乡规划学等学科为交融的新"大人文地理科学"学科体系。南京大学正以此为基础,在弘扬人文地理学科传统优势的同时,通过"融入前沿、综合交叉、服务应用"的大人文地理学科发展理念,积极建设和发展"南京大学人文地理研究中心"(www.hugeo.nju.edu.cn)。

新人文地理学科体系建设,更加体现了时代背景,更加体现了学科融合的特点,更加体现了人文地理学方法的探索性,更加体现了新兴学科发展以及国家战略实施的要求。尤其是在教育部新文科研究与改革实践项目支持下,南京大学人文地理学科联合城乡规划、公共管理等学科,牵头实施了"面向国土空间治理现代化的政产学研协同育人机制创新与实践",为人文地理学跨学科融合发展提供了新的契机。为此,南京大学人文地理学科组织出版并修订了《南京大学人文地理丛书》,这不仅是南京大学人文地理学科发展脉络的延续,更体现了学科前沿、交叉、融合、方法创新等,同时,也是对我国人文地理学科建设与发展新要求、新趋势的体现。

《南京大学人文地理优秀博士文丛》将秉承南京大学人文地理学科建设与发展的"求是"学风,"学业并重",积极探索人文地理学科新兴领域,不断深化发展人文地理学理论,努力发展应用人文地理学研究,从而为我国人文地理学科建设添砖加瓦,为国内外人文地理学科人才培养提供支持。

我们衷心希望《南京大学人文地理优秀博士文丛》能更加体现地理学科的包容性理念,不仅反映南京大学在职教师、研究生的研究成果,还反映南京大学校友的优秀研究成果,形成体现南大精神、反映南大文化、传承南大事业的新人文地理学科体系。衷心希望《南京大学人文地理优秀博士文丛》的出版,不仅展现南京大学人文地理学的最新研究成果,而且能够成为南京大学人文地理学科发展新的里程碑。

前　言

我国人地矛盾突出,集体建设用地利用潜力大,但受制于产权复杂、主体不明晰、权能残缺等问题,其市场发展滞后,土地价值未得到充分显现。为此,党的十八届三中全会提出"建立城乡统一的建设用地市场"。市场的核心机制是价格机制,而土地价格是土地权益的价格。因此,本书立足于建立城乡统一的建设用地市场这一总目标,以"土地权益"为切入点,以长三角和珠三角为研究区域,以探索不同入市模式、不同区域的土地权益特征和地价形成机理为目标,按照"问题提出—模型构建—实证分析—对策建议"的思路,采用理论分析与实证分析相结合、文献分析、计量经济模型分析、案例分析、比较分析等方法,试图从土地权益角度,从微观和宏观尺度分析集体经营性建设用地的地价空间分异特点,揭示地价形成过程及内在机理,进而提出市场调控政策建议。本书的主要研究结论如下。

1. 结合实践中集体土地形成的准国有、公私兼顾和准私有的不同类型权益特征,借鉴西方经济学思想,发展了交易成本理论、合约理论、竞租理论在土地权益异质化的产权市场中的应用,探索性地提出了基于分成合约和租赁合约的地价形成机理和土地总收益竞租模式。将土地价格分为交易价格、责任补偿价格、实际权益价格、完整权益价格,交易价格＝完整权益价格－权能残缺损失－权能实现损失－责任补偿价格。其中,责任补偿价格为风险成本,即土地所有者通过提供廉价土地等生产要素,为企业分摊经营风险的回报,一般表现形式为税收、实物、服务等。低地价、高土地利用条件的交易模式,实质上也是利用市场机制实现资源的优化配置,只不过在市场上竞的"租"不是纯地价,而是土地给土地所有者带来的总收益,这种交易模式类似经济学中分成合约,反之则类似租赁(固定租金)合约。土地利用的合约形式影响土地权益和土地价格,合约选择主要由土地利用的监管成本、风险成本和制度变迁成本等交易成本决定。不同合约形式下的工业用地竞租曲线有所不同,但都能实现土地资源优化配置。

2. 从土地权益关系看,无锡和广州集体建设用地隐性流转分别类似分成合约和租赁合约形式。基于特征价格模型的实证结果表明:对于集体经营性建设用地年租金,无锡研究区权益因素贡献度最大,达61.77%,区位因素贡献度为19.34%,实物因素贡献度为18.89%。其中有指导价的比没有指导价的年租金高出25.73%;能抵押的比不能抵押的年租金高出12.86%;有土地证的比没有土地证的年租金高出8.76%;基础设施完善度每提高1%,年租金上涨16.6%;公交线路数量每增加1%,年租金上涨5.50%;区域集体建设用地比例每增加1%,年租金上涨5.20%;土地面积每增加1%,年租金下降2.70%;区域人均耕地每增加1%,年租金下降2.60%。因此,无锡研究区地价主要通过政府干预和关系机制形成,土地权益的空间异质性是地价分异的主要原因。广州研究区的区位因素贡献度为51.75%,权益因素贡献度为33.46%,实物因素贡献度为14.79%。其中距中心城镇距离每增加1%,年租金下降13.20%;距开发区距离每增加1%,年租金下降26.80%;有土地证的比没有土地证的年租金高出30.80%;土地面积每增加1%,年租金下降6.50%;企业本地员工比例每增加1%,年租金下降4.50%。因此,广州研究区地价是在市场机制作用下,区位和权益因素共同作用的结果。

3. 无锡和广州集体建设用地隐性流转虽然体现出不同的入市合约形式,但土地产出效益上没有明显差异,其差异性体现在收益分配方面,无锡的政府收益高,而广州的则是城乡居民获益大。两地的地均产出均有从市中心往外围递减的趋势,但受工业园区、机场、火车站等政府规划因素影响,工业用地布局呈现"多核心组团式"特征,相应地地均产出表现出从市中心往外的波浪式递减空间格局,总体上符合竞租规律。

4. 为进一步验证上述研究结论的普适性,本书再以案例分析的方式,对广州"三旧"改造和长三角、珠三角集体经营性建设用地入市试点等集体土地公开入市下的地价形成机理进行实证研究和对比分析。结果表明:广州

"三旧"改造中的集体土地价格既反映了开发商可获得的预期收益和需承担的责任,也反映了政府的利益取向,是在市场机制作用下利益相关方围绕权利和责任博弈的结果。其权益关系类似分成合约,因此土地的交易价格较低,但开发商需承担较多责任,即责任补偿价格高。在集体土地入市试点地区中,武进、德清和南海分别代表了强政府、政府和市场合作、强市场的入市模式,其土地产权分别带有准国有、公私兼顾和准私有的权益特征,相应的地价形成机制也有明显差异,其中武进和德清主要是竞土地总收益,南海主要是竞地价,形成上述差异的根源在于交易成本引起的土地权益关系的不同。

5. 实证表明,受政策、市场、经济发展背景等因素影响,实践中集体建设用地形成了不同的入市模式和合约形式,体现出不同的土地权益关系及地价形成特征,但总的来看有两方面共性特征。一是土地价格是土地权益的价格。土地的交易价格除受传统区位等因素影响外,主要取决于土地权益状况,包括土地权能、权能实现机制和合约约定的权责关系。二是合约形式影响土地权益和土地价格。在分成合约形式下,企业要承担较大的履约责任,土地权益受限,土地价格偏低;在租赁合约形式下,企业用地没有过多限制,土地权益较充分,相应的土地价格较高。

本书在总结研究成果的基础上,从稳妥推进集体土地入市、完善收益分配机制、建立多层次土地市场、正确理解同权同价、推进基准地价体系建设、引导和规范土地招商等方面提出政策建议。

目　录

第一章　绪　论 ·· 001
　1.1　研究背景、目的与意义 ······························· 001
　　1.1.1　研究背景 ·· 001
　　1.1.2　研究目的 ·· 003
　　1.1.3　研究意义 ·· 003
　1.2　相关研究进展 ·· 005
　　1.2.1　集体经营性建设用地入市研究 ················ 005
　　1.2.2　集体经营性建设用地价格研究 ················ 012
　　1.2.3　研究进展述评 ···································· 016
　1.3　研究对象与研究内容 ··································· 019
　　1.3.1　研究对象与范围 ································· 019
　　1.3.2　主要研究内容 ···································· 020
　1.4　研究思路、技术路线与方法 ·························· 021
　　1.4.1　研究思路和技术路线 ··························· 021
　　1.4.2　主要研究方法 ···································· 023

第二章　概念界定和理论基础 ····························· 024
　2.1　相关概念界定 ·· 024
　　2.1.1　土地权益 ·· 024
　　2.1.2　集体建设用地 ···································· 025
　　2.1.3　集体经营性建设用地 ··························· 025
　　2.1.4　集体经营性建设用地权益 ····················· 026
　　2.1.5　集体经营性建设用地流转 ····················· 027
　　2.1.6　集体经营性建设用地入市 ····················· 027

2.2 理论基础 ·· 027
　2.2.1 土地产权理论 ··· 027
　2.2.2 交易成本理论 ··· 028
　2.2.3 土地利用相关理论 ·· 030
　2.2.4 博弈理论 ··· 033
　2.2.5 特征价格理论 ··· 033

第三章 研究区选择及其集体经营性建设用地市场分析 ············· 035
3.1 研究区选择 ··· 035
　3.1.1 我国集体经营性建设用地使用权价格历史与现状 ············ 035
　3.1.2 典型研究区域及代表性县（市、区）选择 ······················ 039
　3.1.3 研究区自然和社会经济概况 ······································· 042
　3.1.4 研究区集体建设用地市场概况 ···································· 045
3.2 研究区调研及结果分析 ·· 049
　3.2.1 调研设计与实施 ··· 049
　3.2.2 无锡研究区调研结果及分析 ······································· 053
　3.2.3 广州研究区调研结果及分析 ······································· 058
3.3 研究区市场特征及差异分析 ·· 063
　3.3.1 无锡研究区集体经营性建设用地入市特征 ····················· 063
　3.3.2 广州研究区集体经营性建设用地入市特征 ····················· 065
　3.3.3 两地的市场共性特征、差异及原因分析 ························ 067
3.4 本章小结 ·· 069

第四章 基于土地权益的集体经营性建设用地价格形成机理与模型构建
·· 070
4.1 集体经营性建设用地使用权权益、价格内涵及形成基础分析 ······ 070
　4.1.1 集体经营性建设用地使用权权益分析 ··························· 070
　4.1.2 集体经营性建设用地使用权价格内涵分析 ····················· 075
　4.1.3 集体经营性建设用地使用权价格形成基础分析 ··············· 078
4.2 不同入市模式下的土地权益及地价形成机理分析 ·················· 079
　4.2.1 市场利益主体及行为特征 ·· 079

		4.2.2 市场利益主体的博弈模型构建 ········· 081

- 4.2.2 市场利益主体的博弈模型构建 ·················· 081
- 4.2.3 市场利益主体的博弈决策分析 ·················· 087
- 4.2.4 基于土地收益理论的土地价格模型 ·············· 090

4.3 不同合约形式下的土地权益及地价形成机理分析 ········ 091
- 4.3.1 典型合约形式及特点 ······················· 091
- 4.3.2 租赁合约和分成合约的土地权益及地价形成机理分析 ····· 093

4.4 集体经营性建设用地使用权特征价格模型构建 ········· 097
- 4.4.1 集体经营性建设用地使用权价格影响因素分析 ········ 097
- 4.4.2 特征价格模型的函数形式 ···················· 103
- 4.4.3 特征价格模型的变量选择 ···················· 103

4.5 本章小结 ································· 107

第五章 集体土地隐性流转下的地价形成机理实证研究 ········· 108

5.1 实证模型构建 ······························· 108
- 5.1.1 模型函数形式 ··························· 108
- 5.1.2 模型估计和比选 ·························· 109
- 5.1.3 变量选取及量化 ·························· 110

5.2 无锡研究区样本回归结果及解释 ··················· 114
- 5.2.1 变量描述与相关分析 ······················· 114
- 5.2.2 模型估计 ······························ 119
- 5.2.3 模型比选 ······························ 125
- 5.2.4 结果解释 ······························ 126

5.3 广州研究区样本回归结果及解释 ··················· 127
- 5.3.1 变量描述与相关分析 ······················· 127
- 5.3.2 模型估计 ······························ 130
- 5.3.3 模型比选 ······························ 135
- 5.3.4 结果解释 ······························ 136

5.4 研究区地价形成机理及土地产出效益响应 ············· 137
- 5.4.1 研究区地价形成机理分析 ···················· 137
- 5.4.2 研究区不同入市合约形式下的土地产出效益响应 ······· 143

5.5 本章小结 ································· 151

第六章 集体土地公开入市下的地价形成机理实证研究
　　——基于典型案例的分析 ………………………………… 153
6.1 广州市"三旧"改造政策下的地价形成机理分析 ………… 153
　　6.1.1 "三旧"改造政策背景及实施成效 ………………… 153
　　6.1.2 旧村改造中的土地权益与地价分析——以猎德村和陈田村为例 …………………………………………………………… 154
　　6.1.3 旧厂改造中的土地权益与地价分析——以白云汇项目为例 …………………………………………………………… 160
　　6.1.4 小结 ………………………………………………… 165
6.2 集体经营性建设用地入市试点中的地价形成机理分析 …… 166
　　6.2.1 集体经营性建设用地入市试点背景及实证区特征 …… 166
　　6.2.2 江苏省常州市武进区试点中的土地权益与地价分析 …… 169
　　6.2.3 浙江省湖州市德清县试点中的土地权益与地价分析 …… 175
　　6.2.4 广东省佛山市南海区试点中的土地权益与地价分析 …… 180
　　6.2.5 三个试点地区地价形成的共性特征、差异及原因分析 …… 186
6.3 不同入市模式下的地价形成共性特征及差异分析 ………… 193
　　6.3.1 就地入市与异地调整入市的地价形成对比分析 …… 193
　　6.3.2 入市试点与"三旧"改造的地价形成对比分析 …… 196
　　6.3.3 公开入市与隐性流转的地价形成对比分析 ………… 197
　　6.3.4 不同入市模式下的地价形成特征总结 ……………… 198
6.4 本章小结 …………………………………………………… 199

第七章 研究结论与政策建议 ……………………………………… 201
7.1 研究结论 …………………………………………………… 201
7.2 政策启示与建议 …………………………………………… 205
7.3 创新点 ……………………………………………………… 208
7.4 研究局限与展望 …………………………………………… 209

附　件 ……………………………………………………………… 210

参考文献 …………………………………………………………… 219

第一章 绪 论

本章作为全书开篇,从现实需求出发,介绍研究背景及目的和意义,对相关领域学者已经开展的工作进行归纳和评述,全面了解相关研究前沿与热点问题,寻找有待进一步解决的问题;在此基础上,从土地用途、价格类型、实证研究区等方面界定研究对象与范围,明确研究内容,提出研究的总体思路和技术路线、方法,从而勾绘出全书轮廓和基本内容。

1.1 研究背景、目的与意义

1.1.1 研究背景

1. 我国人地矛盾突出,集体建设用地利用潜力大

从 2003 年到 2019 年,我国常住人口城镇化率从 40.53% 提升到 60.60%。[①] 随着城镇化和工业化的发展,对城乡建设用地的需求不断增加,很多地方存在建设用地不足、用地紧张等问题。而在快速城市化的过程中,大量农村外出务工人员进入城市,但农村居民点等集体建设用地却只增不减,由此产生大量闲置和空闲土地,"空心村"问题突出,城乡建设用地规模与人口规模比例失调。在城乡二元土地制度下,农村集体建设用地被限制直接入市,由此产生巨大规模的沉睡土地资源。根据相关统计数据,2016年全国城市建成区面积为 5.43 万 km²,而我国农村集体建设用地总量约 16.50 万 km²,是城市建成区面积的 3 倍。如何把存量集体建设用地合理利

---

① 数据来源:国家统计局网站。

用起来,是我们当前需要解决的重要问题。

2. 集体建设用地入市是农村土地制度改革的重点

在2013年召开的中共十八届三中全会上,中央提出建立城乡统一的建设用地市场,允许农村集体经营性建设用地与国有土地同等入市、同权同价。2014年底又出台了《关于农村土地征收、集体经营性建设用地入市、宅基地制度改革试点工作的意见》(以下简称"三块地"改革试点意见),提出要完善农村集体经营性建设用地产权制度,赋予农村集体经营性建设用地出让、租赁、入股权能,由此开启了新一轮农村土地制度改革的大幕。2015年3月,原国土资源部陆续在全国33个县(市、区)开展集体经营性建设用地入市改革试点。从目前情况看,试点取得积极进展,各地形成了较为完整的政策体系和工作制度,社会对入市集体土地的接受程度逐步提高。集体经营性建设用地入市已成为激活农村土地资源、缓解城镇建设用地不足、助力乡村振兴的有效途径。

3. 价格机制是集体建设用地入市的核心机制

在市场经济下,市场机制就像一只"无形的手",根据市场环境变化不断调整着一个国家或地区的生产力布局和产业结构,实现资源的优化配置。而地租、地价则是土地市场中引导土地资源在不同地点、不同产业合理配置的信号,是最重要的经济杠杆。长期以来,在国家限制集体土地入市的情况下,我国农村集体建设用地只能隐性流转,定价随意性较大,市场机制不健全,没有充分发挥资源配置的作用,导致农村土地低效利用。通过研究集体建设用地价格理论,分析价格格局及演变特征,揭示价格形成机理,有助于构建科学、合理的价格形成机制,推进集体经营性建设用地入市,为建立城乡统一的建设用地市场提供价格依据[1]。

4. 集体建设用地权益问题突出,是影响价格的关键因素

长期以来,我国法律对集体土地的权能、产权主体等界定不清,加之我国农村村民自治制度不完善,导致实践中出现了许多问题,主要表现在集体建设用地产权主体不明晰、产权关系复杂、稳定性较差,且权能不完整,与国有土地同地不同权,存在产权歧视的现象。由此使得农村不同产权主体、不同权能的土地相互交错,形成土地权益的空间异质性特征,而土地价格本质上就是土地权益的价格,权益不同,价格就不同,因而集体建设用地权益成为影响土地价格的关键因素。因此,有必要从土地权益特征出发深入研究集体建设用地价格形成机理,提出适合集体建设用地的地价体系和市场调控政策建议。

1.1.2 研究目的

本书的研究目的为:

(1) 分析地方政府、村集体、企业围绕土地权益的博弈行为及驱动因素,探索不同地区、不同入市模式的集体经营性建设用地入市价格形成机制和收益分配机制,揭示价格形成机理。

(2) 分析集体经营性建设用地权益特征和区域差异,揭示土地产权和市场机制等对土地价格的影响,提出促进集体经营性建设用地规范有序入市、优化土地资源配置的调控措施和政策建议。

1.1.3 研究意义

1. 理论意义

基于土地权益视角,运用产权理论、地租地价理论、博弈论、特征价格理论、交易成本理论等,研究集体经营性建设用地权益特征及价格形成机理,构建集体经营性建设用地价格的理论模型,丰富现有理论研究体系。

(1) 进一步拓展对集体经营性建设用地价格的研究,为在本领域的相关研究提供实证案例。集体土地产权关系复杂,区域差异性大,而市场机制缺失,大多处于隐形入市阶段,因此相关市场数据难以获取,是在该领域进行深入研究面临的主要问题。目前相关研究主要涉及江苏、广东、黑龙江等地,但均局限在一个地区,缺乏区域间的对比分析。本研究利用"十二五"国家科技支撑计划课题实施形成的市场调研数据,对长三角和珠三角典型城市集体经营性建设用地价格形成机理进行分析,研究结果可以检验已有的研究结论,也可以为开展后续研究提供参考案例。

(2)从土地权益入手,从公有产权和私有产权角度分析集体经营性建设用地权益特征,研究市场主体行为、土地产权、市场机制、合约安排、经济文化背景等对土地权益及地价的影响,发展西方经济学交易成本理论、合约理论、竞租理论等在我国土地权益异质化的产权市场中的应用,为分析集体经营性建设用地价格形成机理提供一个新视角。

(3)发展特征价格理论在房地产研究领域的应用,揭示集体经营性建设用地价格的微观结构特征。特征价格模型提供了一个很好的研究土地价格形成机理的思路,集体经营性建设用地与一般房地产类似,也是区位、权益、实物三者的结合,它们共同决定土地的最终效用,进而影响土地价格。通过典型区域的实证分析,建立特征价格模型,可揭示不同区域的土地价格影响因素,尤其是权益因素对地价的作用机理,将拓展特征价格理论在房地产研究领域的应用。

2. 现实意义

当前我国农村土地制度改革正有序推进,北京大兴区等33个县(市、区)的集体经营性建设用地入市试点工作已取得阶段性成果。通过选取典型地区开展市场调研和计量分析、案例分析,对集体经营性建设用地入市价格进行研究,将为各地进一步推进相关试点提供参考和借鉴,推动集体建设用地市场相关政策和技术标准的制订和完善。

(1)通过博弈分析,揭示地方政府、村集体、企业在集体经营性建设用地价格形成过程中的行为特征,为探索适合集体经营性建设用地入市的价格体系和收益分配机制提供参考。

(2)通过建立集体经营性建设用地价格理论模型并进行实证分析,为开展集体经营性建设用地价格评估提供借鉴。

(3)通过对长三角和珠三角典型村镇集体经营性建设用地价格模型的实证研究,深入了解土地产权、市场特征等对土地价格的影响,探索建立城乡统一建设用地市场的路径。

(4)通过总结典型地区试点做法和经验,比较分析不同地区地价形成机制和收益分配机制,进一步验证土地产权、市场机制、合约安排、经济文化背景等对土地权益及地价的影响,探索建立因地制宜的入市模式。

1.2 相关研究进展

1.2.1 集体经营性建设用地入市研究

近年来,随着中央深化农村土地制度改革一系列方针政策的出台,关于农村集体经营性建设用地入市的研究也日趋活跃,主要研究热点包括土地产权和土地市场、土地收益分配、法律制度、市场主体行为、入市试点情况等。

1. 土地产权和土地市场

中国的城乡二元土地制度和土地权利体系世界独有,因此,学者们普遍从土地产权入手,研究农村集体经营性建设用地入市问题。有的从新制度经济学视角,基于现代产权理论与交易费用理论进行论证,有的从马克思的土地产权和地租地价理论对我国农村土地市场进行分析。国内研究集体土地产权问题最早是从20世纪90年代开始,黄贤金认为所有权、使用权是产权的基本权能,可以单独进入市场,而占有、处分和收益权是两者衍生的;由于片面追求土地国有化而对集体土地存在严重产权歧视,集体土地所有权产权权能残缺,必须明晰产权主体,强化地权职能;他提出建立规范化、完整的涵盖土地所有权和使用权等权能的城乡土地大市场,而不是孤立的城镇国有土地使用权市场[2,3]。张五常从产权经济学理论认为限制土地自由交易权会导致社会福利的净损失[4]。谭术魁、彭补拙认为农村集体建设用地直接入市的支撑体系包括:出台全国适用的法律法规,加快农村土地产权建设,制定规范的土地流转方案,构建科学的土地收益分配模式等[5]。黄贤金等提出根据区域土地用途管制的目的和规则,分别确定不同土地用途类型区土地的权能结构,实施土地产权时效条款,设立可转移的发展权和许可证制度;完善区域土地用途管制制度运行的经济约束机制,将土地占用的外部性成本纳入地价体系等[6]。周其仁针对《广东省集体建设用地使用权流转管理办法》的出台,认为"农地直接入市在我国合法地登堂入室,意义重大",其重大意义在于"合法的产权转让可以大幅度地降低交易费用"[7]。高圣平、刘守英认为农村集体建设用地市场必须在政策和法律上寻求根本突破,改变土地制度的二元性,实现集体土地与国有土地的"同地、同价、同权"[8]。Jin & Deininger认为中国政府应赋予农村土地完整的财产权利,允许农村土地进入市场交易[9]。叶剑平、宋家宁认为私有产权的最大问题是产权转移过程中个体谈判的复杂性,对于处于转轨期的我国整体社会效率的提升十分不利,因此应着重现有产权体系的完善,而不是变更产权主体,同时土地发展权的补偿应该由政府、市场和农民三方主体进行分配[10]。任辉、吴群对成都市农村土地股份合作制改革进行了制度经济学解析,认为改革明晰了集体土地产权主体,健全了基层组织治理机制[11]。方斌等认为建立、健全以农村集体经济组织为单元的农村土地合作社体系,才是提升农村经济发展水平、缩小城乡差距的最有效路径[12]。文贯中认为,现有的农村集体土地产权强度不够,在农用地转用中,农民权益受到人为侵害,农民未能充分分享城市化带来的红利[13]。郑和平、段龙龙从土地使用权权能和土地处分权权能弱化两个方面分析了我国农村土地产权权能问题,前者体现在农民土地使用权受到严格限制且屡被侵犯,后者则多是在法律层面受到约束[14]。李杰、段龙龙指出了城乡建设用地同权同价的现实制约在于城乡土地的二元产权结构、集体建设用地的权能残缺以及城乡土地在处分权行使上的差异[15]。梁燕认为市场本质不在于价格,而是明晰的产权,这一点是集体经营性建设用地入市的前提[16]。黄贤金认为十八届三中全会所确定的土地制度改革设计实现了土地产权从模糊产权到明晰产权、从歧视产权到平等产权、从物的产权到收益产权的理念转变[17]。刘敏基于马克思的土地产权理论对我国农村集体土地产权制度进行分析,指出土地所有权主体缺位和土地使用权权能弱化是主要问题[18]。周其仁认为,"要让市场在资源配置方面发挥决定性作用,非要在确权方面完成一场奠基性的战役"[19]。钱忠好、冀县卿利用江苏、广西、湖北和黑龙江4省(区)的调查数据评估现行农地流转政策的执行效果,提出适时改革农地集体所有制、明晰农地产权,农地流转既要坚持自愿原则,又要积极发挥政府的引导和管理作用等建议[20]。黄金升、陈利根认为当前的中国土地产权制度与土地管制制度是一个非市场导向的次优制度安排,制度均衡呈非稳态特征,改革应以土地市场化为导向,考虑土地制度的整体性特征,并有相应的顶层设计支撑[21]。靳相木对国有土地和集体土地同权同价的内涵进行了辨析,认为"同权"只能指集体与国有建设用地使用权在法律性质、物权种类和物权基本规格的同一;"同价"在于集体与国有土地遵循同样的价格形成机制,而不是成交价相同或相近[22]。张婷等基于广东省南海区的问卷调研,分析了资产专用性、交易的不确定性和交易频率对农村集体建设用地交易费用的影响,结果表明三个分析维度对交易费用的影响不尽一致,应根据其影响的差异性来制定相关政策,以达到降低市场交易费用的目的[23]。朱道林提出要基于产权清晰原则合理界定集体土地产权主体,建议按照"弱化土地所有权,强化土地使用权"的方向确定改革思路[24]。

在城乡二元体制下,农村集体经营性建设用地成为我国土地管理中独有的问题,因此国外学者较少探讨,但国外对土地产权、土地市场等方面的相关研究可为我国集体经营性建设用地入市提供借鉴。土地产权方面,Rozelle & Li 根据对中国典型数据的分析,指出了中国土地权利的异质性[25]。Lichtenberg & Ding 认为不安全的土地产权制度使得生产投入减少,制约了农地资源的优化配置[26]。Chia & Ho 认为,国家不应直接对农村土地进行分配,市场化交易才是公平有效的方法,农村土地产权制度是中国发展过程中需要解决的一个关键性问题[27]。Adamopoulos 研究表明土地所有权高度集中不利于土地流转[28]。Zou 从行政监管的角度指出,应在制度层面建立集体土地产权市场秩序[29]。Lasserve 等基于对马里首都的研究,从供需双方和市场交互两方面展开分析,认为土地产权不清晰造成土地利用效率低下[30]。土地市场方面,Macmillan 主张通过政府适时干预市场来弥补完全竞争市场缺陷[31]。Brandt 等指出,土地承包期延长有利于土地承包者投资和改良土地,以在承包期内获得更多收益[32]。Kung 发现农村土地流转主要受到非农就业发展和农业劳动力转移的影响[33]。Basu 发现大部分中国农民倾向于通过租赁的方式获得土地使用权,而不是购买土地所有权[34]。Brandt 等认为中国在土地流转制度政策和配套的信贷支持方面欠缺,导致农用地市场机制不健全[35]。Deininger & Jin 认为市场机制相对行政机制能更有效地提升土地利用效率[36]。皮特指出中国土地制度和法律有意将集体土地产权主体模糊化,作为制度润滑,短期内有效,而长期将导致集体土地所有权主体虚位[37]。Vachadze 认为随着农业技术变革,土地市场自由化程度提高,并不一定会带来发达国家与发展中国家"双赢"[38]。

2. 土地收益分配

土地收益分配是集体经营性建设用地入市的关键问题,也是近年来学者们讨论的热点。多数学者从马克思主义公平分配理论出发,认为入市收益应主要归集体所有。李廷荣认为地方政府不应参与土地增值收益分配,因为其既不是土地所有者,也不是土地使用者[39];张志强认为入市的收益分配比例主要都是地方政府自己制定的,各地都不统一,收益分配也缺乏理论依据,随意性较大,为今后依法解决收益分配过程中出现的纠纷留下了隐患[40]。王小映将增值收益分为农用地转为建设用地成本、成长性增值、公共投资增值和规划引起的稀缺性增值,认为农村集体建设用地的初次增值归公,同时要规范农村集体内部分配管理[41]。刘敏认为应按照"初次分配基于产权,再次分配政府参与"原则,集体经济组织参与初次分配,地方政府和土地使用者参与二次分配[18]。林瑞瑞、孙阿凡、杨遂全分析了政府、集体经济组织和开发商的博弈行为特征,提出土地增值收益一部分归集体所有,一部分归社会共同所有,并建立农民长期分享增值收益的机制[42,43]。朱道林认为现实中的土地增值收益分配并非一方独占,在土地开发的不同环节均有分享,只是分享比例存在较大差异,缺乏再分配的手段,应遵循产权机制,建立和完善财产税制度体系[44]。

在分配方案上,黄祖辉、汪晖提出通过配置土地发展权来确定土地收益分配[45],汤志林、刘梓样等就土地发展权进行了探讨[46,47],殷少美等提出根据权益大小来分配[48]。王文等认为政府的基本职责在于制定规则并监督执行,流转收益的形成和分配应尽量采取市场方式[49]。从各地实践看,其收益分配比例也有较大差异,如安徽省、无锡市、昆明市规定政府分配比例是 10%,苏州市政府是按照工业用地最低保护价的 30% 收取,临沂市是按单位面积的费用收取,烟台市规定按市、县(市)、乡(镇)、村 1∶2∶5∶2 的比例收取[50]。杨岩枫在分析北京市集体经营性建设用地时空变化和自发流转收益空间分异特征的基础上,通过研究集体经营性建设用地的空间分布和产权类型,建立了集体经营性建设用地不同利用和经营模式下的收益分配机制[51]。谢保鹏等定量测算了征收和集体经营性建设用地入市模式不同主体获得的土地增值收益差异,结果表明入市模式下农民集体获取的土地增值收益均高于政府,有效增加了农民收益[52]。罗明等提出借鉴国际经验,逐步将土地使用税、土地增值税、城市维护建设税等税种覆盖至农村集体经营性建设用地入市中,丰富政府分享土地增值收益的方式,应鼓励所有权人以贡献公益用地的形式对公共利益作贡献[53]。

亨利·乔治(Henry George)的土地增值收益理论在国外研究中被广泛利用[54-57]。该理论认为土地价值增长源于社区的人口聚集和生产需求,而非个人原因,应由社区获得收益[58]。该研究成果为探索土地流转收益分配提供了理论基础。对土地增值收益归属,学者意见存在分歧,主要有谁投资谁获益、增值归农民、增值收益共享联盟等看法。Arrow 站在福利的角度,发现如果不考虑土地流转后果,可能会导致错误的决策,进而影响社会经济发展[59]。David 认为农地流转的市场价值包含了最初的价值以及发展权价值[60]。Deininger 指出政府能有效保障土地收益分配平衡,从而保障国家经济发展[61]。Terry 基于中东欧土地问题研究,发现社会经济环境和土地收益等影响农户参与土地流转的热情[62]。Dye & Mcmillen 认为城市拆迁补偿中,既然房屋归土地使用者所有,其依附的土地价值也应该归其所有[63]。

3. 法律制度

法律制度对入市的制约已成为学术界的共识,与集体经营性建设用地入市直接相关的法律主要是《土地管理法》和《物权法》。李淑妍在理论分析、计量检验及国际考察的基础上,提出应制定土地流转专项法规,完善现有与土地流转相关的法规,以促进土地流转,推进农民工市民化[64]。阮兴文提出要坚持同权同价、平等入市原则,建立入市的法律制度,依法出让、转让、租赁、入股、抵押[65]。孔祥智、马庆超、温世扬认为《土地管理法》规定

"农村土地归农民集体所有",但缺乏对集体土地产权主体和实际执行主体的清晰界定,由此导致权利主体在实际中虚置[66,67]。梁燕认为要将集体经营性建设用地使用权确定为用益物权,同时总结各地集体建设用地流转试点经验,制定全国统一的入市流转条例[16]。陆剑在湖北72村进行了实证分析,提出入市亟待立法回应,并建立土地确权登记颁证制度[68]。

4. 市场主体行为

国内学者们对农户、企业、村集体、地方政府等市场主体在入市过程中的行为特征做了大量研究。绝大多数是研究农户土地流转,流转对象主要为农用地和宅基地,但集体经营性建设用地与农用地、宅基地在产权主体及行为特征上有很多类似,因此相关研究也具有较强的可参考性。方鹏等认为政府行为在一定时期内对农用地市场发育有促进作用,但随着市场逐步成熟,政府应退出具体的市场运作[69]。钱文荣指出,随着农户收入水平提高,土地流转意愿增强,但达到一定程度后会下降[70]。吴毅认为只要是小土地经营,在土地利用中就无法绕过政府[71]。潘锦云、汪时珍认为农地流转效率低一方面源于农户的"乡土"情结,另一方面也有政府引导不够的因素[72]。裴厦等认为政府不能过度干预,只需适度引导和监督农户的行为[73]。关江华、黄朝禧指出村集体充当农户代理人角色,对其流转行为加以引导和调控,为农户提供市场信息,促进了土地流转实施[74]。李勇、杨卫忠认为村集体作为流转代理人,出于利己动机有损害委托人利益的行为[75]。黄克龙等基于 Logit 模型对集体经营性建设用地租赁入市意愿的影响因素进行回归分析,结果表明不同利益主体的影响因素各有偏重,受教育水平、年龄、社会福利情况、职业、土地租赁政策了解程度、对租赁用途的了解以及村集体租金分配是否公开等因素对村集体租出意愿产生显著影响。租金支付方式、政府参与行为、企业规模以及土地区位等因素对用地企业租入意愿产生显著影响[76]。

近年来,一些学者运用博弈理论,建立博弈模型,对市场利益相关方行为进行分析。邹秀清等从中央政府监察、地方政府违规征地、农户反抗等行为角度,建立博弈模型,分析了中央政府、地方政府和农户在征地中的三方博弈行为[77]。曾桢、朱玉婷分析了基层组织和农户间的土地征收款分配问题[78]。邱雪萍、陈洪昭基于各主体的行为动机,分析了地方政府和农户、企业和农户之间的动态博弈,结果表明集体土地流转市场中地方政府处于优势地位,常以公共利益为名低价征收农户土地;企业通过牺牲农户的利益实现自身利益的最大化;农户维护自身权益的能力有限,在博弈中处于被动地位[79]。

5. 入市试点情况

在2015年集体经营性建设用地入市试点启动前,我国长三角和珠三角等一些经济发达、农村集体建设用地市场需求旺盛的地区早在20世纪90年代中期就开始对集体建设用地流转进行探索和尝试。张鹏在总结安徽芜湖、浙江湖州、江苏苏州、广东南海试点工作基础上,研究了集体建设用地流转的机制与绩效[80]。卢炳克等基于芜湖和南海的比较分析,认为两者最大的不同是政府代替市场或市场代替政府的程度不同,在农村集体建设用地流转中必须协调好政府和市场的关系,保障农民权益[81]。陆剑基于湖北省典型村镇的调研,分析了集体建设用地流转中的土地增值收益分配问题[82];高珊等以江苏省为例,指出了我国农村集体经营性建设用地入市面临的困境,提出了政策建议[83]。

2015年以来,随着集体经营性建设用地入市试点的推进,学者们围绕试点地区的实践经验、存在问题及对策建议等进行了系统总结和比较分析。何虹、叶琳,邱芳荣、赵旭,大兴区农村土地制度改革试点调研组,叶红玲,于淼、吕萍,张瑜,董秀茹等分别总结了江苏武进、浙江德清、北京大兴、广东南海、广西北流、上海松江、东北三省等地集体经营性建设用地入市的实践经验,针对存在的问题提出了对策建议[84-90]。周婧扬提出了实现国有与集体经营性建设用地"同地同价"的前提条件:国有与集体经营性建设用地权能平等;管理和流转制度及环境相近或一致;合理的收益分配机制和制度;城乡统一建设用地市场形成[91]。陈阳分析了集体经营性建设用地入市土地增值核算的理论逻辑,构建了入市土地增值核算模型和核算技术方法体系,并以德清县为例进行了应用和检验[92]。岳永兵、刘向敏总结了农村土地制度改革试点中土地增值收益在国家与集体之间,以及集体内部间分配的实践及启示,从完善入市税费项目、明确增值收益调节金及税费缴纳基数、确定收益分配比例等方面提出了建议[93]。

1.2.2 集体经营性建设用地价格研究

学者们基于集体经营性建设用地市场机制缺失、价格体系不健全等问题,从价格内涵、价格形成机制、价格影响因素、价格评估、价格体系构建等方面开展了相关研究。

1. 集体经营性建设用地价格内涵

周建春认为流转的集体建设用地的价值由土地所有权价值和土地发展权价值两部分组成,其中土地所有权价值是集体土地所有权在农业用途时的未来收益价值体现,而发展权价值是集体农用地转为建设用地因用途改变而发生的自然增值价值部分[94]。孙海燕认为集体建设用地流转价格内涵应从以下几方面考虑:土地的产权状况,包括土地所有权、土地使用权、土地租赁权、土地继承权和抵押权、土地发展权等;土地所处区域的不同;待流转土地的开发程度;土地估价时点;土地规划用途等[95]。

2. 集体经营性建设用地价格形成机制

针对土地产权对土地价格的影响,刘琼分析了"小产权房"产权残缺对价格的影响,认为城乡统一的土地市场有利于保障农民财产权[96]。于传岗认为,由于产权歧视,集体土地价格明显低于国有土地,农户在集体利益分配中处于弱势地位[97]。孙宇杰认为权利差异和政府过度管制导致市场失灵和政府失灵,由此造成集体建设用地流转价格扭曲[98]。杨勇对集体建设用地理论价格(即集体建设用地资源配置价格和集体建设用地产权收益价格的形成基础)和市场价格进行了研究,指出再分配机制也会影响价格形成,提出了建立集体建设用地价格市场机制和再分配机制的政策建议[99]。刘元胜认为双重稀缺性、产权的可交易性以及产权的细分性能促进产权流转价格的形成,市场机制的完善、土地权利的平等以及产权实施能力的增强是完善产权流转价格形成的有效措施[100]。刘庆乐分析了不同宅基地退出类型的现行价格形成机制及其缺陷,按照国有土地与集体土地同权同价的原则,设计了一个以基准地价为标准的农户宅基地使用权退出价格形成模型[101]。

在集体土地产权界定不清对土地价格的影响方面,一般是从产权经济学角度,分析产权对交易成本的影响。根据"科斯第二定律",法律对产权的初始界定会影响资源配置效率。不适宜的产权界定可通过产权交易、政府管制等改变,但要付出社会成本,也就是交易成本。因此,集体土地初始产权的界定不清,不可避免地导致土地流转中存在很大的交易成本。一些学者认为集体建设用地隐形市场上的交易成本是一种风险成本[102-105],由被发现的可能性、发现后被判违法的可能性以及处罚本身的大小这三个变量决定。有的学者从"小产权房"角度认为非法流转会带来产权界定和监督等排他性成本,主要涉及信息成本、谈判成本、监督成本、强制执行成本等[106-108]。

3. 集体经营性建设用地价格影响因素研究

国内学者的相关研究成果较为丰富,为本研究提供了重要参考。吕萍、支晓娟认为市场机制、土地权利及产权实施能力是农村集体建设用地流转的重要影响因素[109]。杨秀琴认为土地资源和区位状况、经济水平是集体经营性建设用地入市的重要影响因素[110]。耿槟等基于特征价格模型的实证结果表明:对农村集体建设用地流转价格具有显著影响的因素既包括繁华程度、道路通达度、农民收入等传统区位因素,也包括土地占有、使用、处分权能[111]。江恩赐利用灰色关联模型分析了集体建设用地价格影响因素,结果表明经济发展水平、经济利益、政策保障等有显著影响[112]。邓郁、周晓辉认为农村集体土地有不同于城镇国有土地的特点,应从区域分布、用途、功能等方面考虑价格影响因素[113]。郭谁琼从政府和集体主导模式的对比角度,分析农村集体工业用地价格影响因素,结果表明集体土地出让价格主要受村经济水平、入市模式和地方政府干预影响[114]。马倩雲、张安录基于西南地区集体经营性建设用地入市试点县的实证研究,认为入市价格偏低主要是村集体寻租导致,市场风险与区位关系密切,离县中心越远,风险越高[115]。杨果、陈乙萍基于对数函数的特征价格模型,从区位特征、交易特征、产权特征和农户特征等方面分析了土地流转价格影响因素[116]。牟晓庆、李秀霞以吉林省四平市典型土地流转样本建立特征价格模型,实证结果表明主要价格影响因素为农民人均纯收入、人均耕地面积、是否能再次流转、有无信息平台、公共设施完善度、土地取得方式等[117]。卢天姣基于网络交易平台的516个待流转样本,应用特征价格模型对集体建设用地流转价格影响因素进行了分析,结果表明流转价格与其所在区域城镇土地价格成正比,交通、基础设施和公共设施对土地价格有正向影响,产权明晰、政策支持能提升土地价格[118]。

国外对农地价格研究较早,主要运用计量经济模型对价格影响因素进行实证研究[119-124],可以为本研究提供借鉴。Chicoine(1981)从自然和人文两方面,应用特征价格模型分析了农地价格影响因素[125]。Narayanan & Shane认为农业生产力价值和消费性质的使用权价值共同构成农地价值[126]。Stewart & Libby利用计量模型分析了位置、生产要素和土地利用分区等对农地价值的影响,结果表明土地利用分区是保护耕地的有效途径[127]。Bastian等利用GIS技术和特征价格模型,分析了基础设施投资和土地自身条件等特征对农地价格的影响[128]。Plantinga等分析了决定农地价值的因素,结果表明短期土地用途和未来的租金预期可以决定土地价值,以此解释了农地价格影响未来土地利用潜力的内在机理[129]。Hüttel等以德国统一为例,基于特征价格模型分析了产权私有化过程中农地市场价格的形成机理[130]。Sheng等基于特征价格模型,对澳大利亚农场交易数据进行了回归分析,分析了交通设施对农用地交易价格的贡献[131]。

从现有研究看出,农村集体建设用地入市价格的影响因素主要包括区位条件、社会经济水平、土地自身条件、土地产权状况、土地市场特征、市场主体行为特征等,相关研究结论为本书价格模型构建提供了参考和借鉴。

4. 集体经营性建设用地价格评估

自2001年《城镇土地估价规程》发布以来,城镇土地定级估价已形成较为成熟的理论和方法体系。针对集体建设用地价格评估,中国土地估价师与土地登记代理人协会分别于2016年和2020年下发了《集体土地使用权地价评估技术指引（征求意见稿）》和《农村集体土地价格评估技术指引》。但各地在实践中，大多还是采用集体经济组织和土地使用者协商定价的方法，价格机制未在市场中充分发挥作用。

国内对集体建设用地价格评估的研究以基准地价评估为主。卫新东研究了农村集体建设用地使用权流转价格问题[132]，刘泰圻等对集体建设用地定级与基准地价有了一定的探讨[133]。揣小伟等以安徽省良玉村为例，分析了影响农村集体建设用地价格的因素，构建了农村集体建设用地定级估价方法[134]。张洲对不同集体建设用地流转价格类型分别给出了评估思路[135]，王令超、杨建波、崔宇、杨杰、任绍敏参照国有出让土地评估了集体建设用地价格[136-138]。齐辰辰以成都市温江区公平街道为例，建立集体建设用地定级指标体系，开展了土地定级估价，并分析了与城镇基准地价的区别，提出相关建议[139]。赵旭对集体建设用地使用权价值内涵进行了剖析，提出了针对不同目的、不同权利的地价评估思路和技术方法要点，并进行了实证分析[140]。李茗薇利用吉林省四平市铁东区的135个有效样点，对集体经营性建设用地流转过程中存在的管理问题、价格问题以及收益问题进行了实证研究，认为成本法和剩余法是比较适合农村集体经营性建设用地估价的两种方法[141]。

实践中，广东、江苏等经济发达地区顺应市场需求，参考《城镇土地估价规程》等相关标准及学术研究成果，积极开展农村集体建设用地基准地价评估，在一些县（市，区）建立并发布了农村集体建设用地基准地价成果。

5. 集体经营性建设用地价格体系

长期以来农村集体土地受法律约束不能入市交易，在建立农村集体建设用地价格体系方面还没有一套像国有土地那样完整、成熟的方案，随着集体经营性建设用地入市的推进，建立相应的价格体系势在必行。

杨杰、任绍敏指出农村集体建设用地基准地价不仅能为农村土地管理提供依据，还能为集体土地征收提供价格依据[142]。冯晓红指出集体经营性建设用地入市中，基准地价内涵会影响市场的建立[143]。孙学娟指出了价格研究的必要性，认为其有利于确保价格公平合理，保障集体资产不流失，维护集体和个人利益[144]。蔡进等认为推进农村土地产权资产化是市场经济改革的重要方向,而评估土地资产价值是基础[145]。冯青琛、陶启智、林超认为确定农村集体建设用地价格,不仅有利于提高资源配置效率,而且还能为集体经济组织带来收益;从实际效果看,入市的确能够满足农村经济发展的需要[146,147]。杨君华、林亮认为集体经营性建设用地入市试点有序推进的关键是价格,急需建立一套适合集体经营性建设用地的地价评估体系[148]。邓爱珍等指出集体经营性建设用地入市是促进土地资源优化配置的重大举措[149,150]。赵松认为成熟的地价体系需要以市场运行为基础,政府在集体土地市场起步阶段,可通过公示地价体系显化土地价值;从技术角度看,需修订现行城镇土地分等定级估价规程,形成覆盖城乡的统一技术标准[151]。

1.2.3 研究进展述评

1. 集体经营性建设用地入市研究

以往研究成果主要涉及土地产权、收益分配、法律制度、市场主体行为等,在实证分析方面主要集中于传统的隐性流转模式。2014年以来,中央逐步明确了集体经营性建设用地入市的一系列政策,开展了相关试点,因此近年来研究热点逐步转向合法途径下的集体经营性建设用地入市研究,包括入市主体和范围、入市路径、入市收益分配、试点问题及对策建议等。

现有的研究成果为本书的论述提供了众多的理论依据和有启发的方法与论点。但是,在以下方面仍有待进一步深入探讨:一是集体经营性建设用地入市中市场各方的土地权益关系,特别是交易的合约形式、权责关系等对地价的影响;二是相关研究主要偏向理论分析,实证研究多局限于一个区域,缺乏不同地区的对比分析,特别是不同入市模式和合约形式下的对比分析、入市试点地区的对比分析。

2. 集体经营性建设用地价格研究

在城乡二元土地制度下,集体经营性建设用地不能合法入市,而现实需求的存在导致隐性流转普遍发生,但由于缺乏政策支持,土地价格体系和市场机制缺失,价格确定随意性较大。在实践中,同一地块在不同的土地使用者、不同的入市模式下,其土地价格存在较大差异;经济发展水平相当的两个地区,土地价格也可能存在显著差异;有的地区甚至出现集体工业用地价格高于国有工业用地价格的情况。这些都难以用传统地租地价理论、竞租理论解释,背后的原因是什么,是否存在合理性,有待进一步研究探讨。

此外,在实证研究中,一般需面向企业开展调研,组织实施难度较大,因此基于市场交易案例的实证研究并不多,尤其是不同地区、不同入市模式的对比研究。因此,本研究一方面根据入市模式的差异,对集体经营性建设用地隐性流转和政策支持下的合法入市的地价形成机理分别进行分析和对比;另一方面根据不同地区集体经营性建设用地市场差异,对其价格水平和形成机理进行对比分析,为探索建立科学的集体经营性建设用地价格形成机制和收益分配机制提供参考。

3. 研究视角与方法

(1) 研究视角

关于集体经营性建设用地价格,目前研究视角主要集中在这几个方面:一是运用马克思地租地价理论,从土地收益入手,剖析地价内涵、形成机制和地价影响因素;二是运用博弈论,从市场主体行为入手,分析地价形成过程和影响因素;三是运用产权经济学理论,从土地权能入手,分析土地产权的特点及其对土地价格的影响;四是运用消费者效用理论,建立特征价格模型,分析区位、产权等因素对地价的作用机理。

笔者认为,上述研究视角均有可取之处。集体经营性建设用地作为一种土地类型,其价值来源、构成可用地租地价理论解释,而其产权问题突出,用产权经济学理论可解释其价格扭曲现象;在隐性流转模式下,由于市场机制缺失,其价格很大程度上受市场主体行为影响,需要借助博弈论进行分析;而基于消费者效用理论的特征价格模型在研究土地价格时广泛使用,可定量分析各类地价影响因素的作用机理。

此外,我国存在国有土地和集体土地两种公有土地产权,而由于法律对集体土地的产权主体、权能等界定不清,导致各地在实践中形成不同的集体土地产权特征,有的类似公有产权,有的类似准公有产权,有的类似准私有产权。西方经济学理论主要针对私有产权,在公有产权和准公有、准私有产权共存的情况下,其产权理论是否可借鉴?因此,我国复杂的土地产权特征,为应用西方经济学相关理论研究基于土地权益的地价形成机理,提供了一个新视角。

由于土地价格本质上是土地权益的货币化,本研究以土地权益为视角,综合运用地租地价理论、博弈论、产权经济理论等,分析不同入市模式下集体经营性建设用地使用权权益特点,剖析地价内涵、地价形成机制、地价影响因素及作用机理,并运用特征价格模型等进行实证分析。

(2) 理论研究方法

在理论研究方法上,学者们主要从法学、经济学、管理学角度,运用土地产权理论、地租地价理论、交易成本理论等进行理论阐述,以期发现普遍性、规律性的认识,也有一些学者运用博弈论研究工具分析市场主体行为。笔者认为,土地价格本质是土地权益的货币化,而我国集体经营性建设用地在产权上存在很多问题,导致交易成本增加,学者们进行了广泛深入的研究,为运用土地产权理论、交易成本理论研究土地价格的内涵和形成机制提供了借鉴和参考。同时,长期以来,集体经营性建设用地均为隐性流转,土地价格主要通过市场参与各方博弈形成,并通过合约界定权责关系,博弈论、合约理论为研究集体经营性建设用地价格形成机理提供了有效途径。

(3) 实证分析方法

由于过去集体经营性建设用地大多为隐性流转,市场数据采集难度较大,而合法的集体经营性建设用地入市试点从2015年开始,国家层面仅限于33个试点县(市、区),因此现有研究以定性的总结归纳、演绎推理居多,定量化的计量经济模型不多。在以往的实证分析中,采用特征价格模型分析城镇土地价格影响因素的较多,而农村集体建设用地与城市土地没有本质差别,主要是土地权益上的差异。为此,本书将利用特征价格模型,分析土地区位、权益等因素对土地价格的作用程度。此外,在案例不足或情况复杂,难以建立计量分析模型的情况下,采用案例分析、对比分析等方法。

(4) 数据获取方法

数据获取方面,主要有社会调查、资料收集、基于遥感与GIS技术的信息提取等。其中，社会调查是被广泛采用的一种数据获取手段，主要用于获取第一手资料，可根据研究内容设计调查问卷或访谈提纲，有针对性地获取相关信息，调查对象一般包括政府官员、村镇干部、农户、企业负责人等，可从不同角度了解集体经营性建设用地入市利益相关方的政策认知和行为模式等。资料收集主要用于获取研究区基本信息、社会经济统计数据等，根据所需数据尺度的不同，资料来源包括村委会、镇政府、县级以上相关政府部门等。基于遥感与GIS技术的信息提取主要用于获取研究区基础地理信息、土地利用信息等，例如通过遥感影像解译，提取研究区的乡镇企业用地分布范围。集体经营性建设用地价格大多为私下交易，需通过问卷调查获取相关交易案例及市场主体信息，还需通过资料收集、遥感与GIS技术提取等方法采集地块的区位和交通条件、社会经济发展水平等地价影响因素信息。

1.3 研究对象与研究内容

1.3.1 研究对象与范围

本书的研究对象为集体经营性建设用地价格，以下从土地用途、价格类型、实证研究区三方面进一步明确研究对象的范围。

1. 土地用途

从用途上看，集体经营性建设用地一般包括商服和工业两种用途，无论从现状用途，还是从入市交易的用途来看，目前大部分都是工业用地，且工业用地和商服用地从大的利用类型来看都属产业用地，预期的价格形成机理基本一致。此外，近年来国家逐步探索宅基地退出制度，允许利用闲置宅基地从事商业、旅游等活动，建租赁住房，宅基地因而具有了一定的经营性质。因此研究对象的土地用途包括全部集体经营性建设用地，以工业用地为主。

2. 价格类型

集体经营性建设用地价格包括土地所有权价格和土地使用权价格，而我国集体土地所有权只能以政府征收的形式转移,因此本研究所指价格为土地使用权价格,主要对当前集体土地市场交易普遍、样本数较多的土地使用权租赁价格和出让价格进行研究,其他如抵押价格、入股价格等不列入研究范围。

3. 实证研究区

集体经营性建设用地入市主要为市场需求驱动,因此经济越发达,市场就越活跃。当前我国主要有长三角、珠三角、京津冀和成渝等经济区。考虑到市场数据的可获取性和入市特征,本研究的实证研究区选择市场发育较成熟、交易活跃、市场特征差异明显的长三角和珠三角地区,从中选取典型城市、典型村镇、典型地块开展调研。

1.3.2 主要研究内容

1. 集体经营性建设用地权益特征及价格内涵分析

基于土地产权理论,分析土地权益内涵,总结当前我国集体经营性建设用地权益特征,明确界定价格内涵。

2. 集体经营性建设用地价格形成机理与模型构建

基于地租地价理论、产权理论、合约理论等,分析地方政府、村集体、企业等在不同集体经营性建设用地入市模式和合约形式下的行为特征及土地权益,探索性地提出基于分成合约和租赁合约的地价形成机理及土地总收益竞租模式;基于土地收益理论和特征价格理论,分别建立集体经营性建设用地价格模型。

3. 隐性流转下的集体经营性建设用地价格形成机理实证研究

对长三角和珠三角典型村镇开展调研,分析市场特征及差异,基于市场交易案例建立实证模型,对两地集体经营性建设用地价格形成机理及其土地产出效益响应进行实证和比较分析。

4. 公开入市下的集体经营性建设用地价格形成机理实证研究

对广东"三旧"改造典型项目和长三角、珠三角典型入市试点城市开展调研,采用案例分析、比较分析等方法,对各地政策创新下集体土地公开入市的土地权益特征及地价形成机理进行实证和比较分析,并与隐性流转比较,进一步验证本书提出的理论观点的普适性。

5. 政策启示和建议

在上述理论研究和实证分析基础上,面向建立城乡统一的建设用地市场,提出集体经营性建设用地入市的政策建议。

1.4 研究思路、技术路线与方法

1.4.1 研究思路和技术路线

遵循"提出问题—分析问题—解决问题"的一般思路,通过实地调研和文献整理分析,总结我国集体建设用地价格的发展过程及现状,全面分析研究区集体经营性建设用地的土地权益特点、问题及成因,运用相关理论模型,研究土地权益特征对地价形成的影响并进行实证分析,在此基础上,结合建立城乡统一的建设用地市场的总目标,基于城乡土地权益均等提出集体经营性建设用地价格体系构建及市场调控政策建议。

在具体谋篇布局时,本书首先通过文献梳理明确研究目标、内容和技术路线,界定相关基本概念,阐述研究所借鉴的主要基本理论。然后,选取典型研究区开展市场调研和数据整理分析,总结长三角和珠三角典型村镇集体经营性建设用地入市特征及差异。再从理论层面分析集体经营性建设用地的权益特征,界定价格内涵。在此基础上,针对实践中存在的异质化产权特征和不同的入市模式,借鉴西方经济学思想,基于交易成本理论、合约理论、竞租理论等对不同入市模式下的土地权益特征及地价形成机理进行分析,构建旨在解释集体经营性建设用地价格形成机理的理论模型;基于调研样本,运用相关分析、回归分析等方法,对前述价格模型进行实证和比较分析,进一步验证土地产权、市场机制等对地价的作用机理;同时,针对近年来集体经营性建设用地入市政策创新,选取广东"三旧"改造典型项目和武进、德清、南海三个典型入市试点县(区),以案例分析的方式,对其价格形成机理进行实证和比较分析,进一步验证理论模型的普适性。最后,总结本书的研究结论及局限,从土地权益和价格机制角度提出完善集体经营性建设用地市场调控的政策建议。

研究的总体技术路线见图1-1所示。

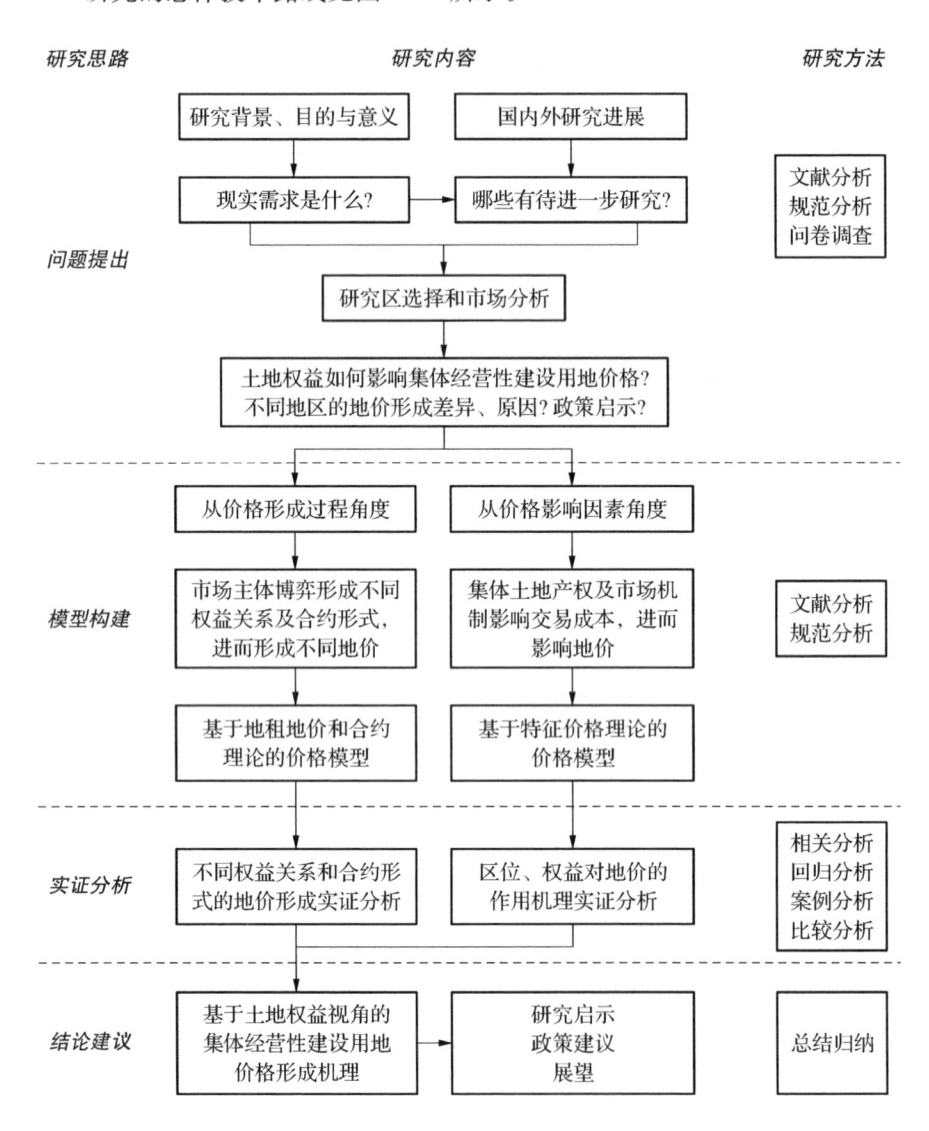

```
研究思路        研究内容                                    研究方法

              ┌─────────────────┐  ┌─────────────────┐
              │ 研究背景、目的与意义 │  │  国内外研究进展   │
              └─────────────────┘  └─────────────────┘      ┌────────┐
                       │                    │                │文献分析│
              ┌─────────────────┐  ┌─────────────────┐      │规范分析│
              │  现实需求是什么? │  │哪些有待进一步研究?│     │问卷调查│
 问题提出      └─────────────────┘  └─────────────────┘      └────────┘
                       │                    │
                       └──────────┬─────────┘
                       ┌─────────────────┐
                       │  研究区选择和市场分析 │
                       └─────────────────┘
                                │
                  ┌──────────────────────────────────┐
                  │土地权益如何影响集体经营性建设用地价格?│
                  │不同地区的地价形成差异、原因?政策启示?│
                  └──────────────────────────────────┘
              - - - - - - - - - - - - - - - - - - - - - - -
              ┌─────────────────┐  ┌─────────────────┐
              │ 从价格形成过程角度 │  │ 从价格影响因素角度 │
              └─────────────────┘  └─────────────────┘
              ┌─────────────────┐  ┌─────────────────┐     ┌────────┐
              │市场主体博弈形成不同│  │集体土地产权及市场机│     │文献分析│
 模型构建      │权益关系及合约形式,│  │制影响交易成本,进而│     │规范分析│
              │ 进而形成不同地价  │  │     影响地价      │     └────────┘
              └─────────────────┘  └─────────────────┘
              ┌─────────────────┐  ┌─────────────────┐
              │基于地租地价和合约 │  │基于特征价格理论的 │
              │  理论的价格模型   │  │    价格模型       │
              └─────────────────┘  └─────────────────┘
              - - - - - - - - - - - - - - - - - - - - - - -
              ┌─────────────────┐  ┌─────────────────┐     ┌────────┐
              │不同权益关系和合约形│  │区位、权益对地价的 │     │相关分析│
 实证分析      │式的地价形成实证分析│  │作用机理实证分析   │     │回归分析│
              └─────────────────┘  └─────────────────┘     │案例分析│
                                                            │比较分析│
                                                            └────────┘
              - - - - - - - - - - - - - - - - - - - - - - -
              ┌─────────────────┐  ┌─────────────────┐
              │基于土地权益视角的 │  │  研究启示         │     ┌────────┐
 结论建议      │集体经营性建设用地 │──│  政策建议         │     │总结归纳│
              │  价格形成机理     │  │  展望             │     └────────┘
              └─────────────────┘  └─────────────────┘
```

图1-1 研究思路和技术路线图

1.4.2 主要研究方法

1. 理论分析与实证分析相结合

总结前人研究成果,借鉴相关理论和思想,提出集体经营性建设用地价格形成的理论框架;从宏观和微观角度,运用计量分析、案例分析、比较分析等实证分析方法,分别对地块和城市尺度的地价形成机理展开分析,验证理论假设。

2. 文献分析

对集体经营性建设用地入市及集体建设用地价格研究领域的相关文献进行梳理,分析总结现有研究的主要视角、方法和结论,找出有待进一步研究的问题,形成本研究的主要内容和技术路线。

3. 统计分析和计量经济模型分析

在实证分析中,采用描述性统计分析、统计检验分析、相关分析、回归分析等方法进行样本数据分析和模型构建。

4. 案例分析

对广东"三旧"改造典型项目和武进、德清、南海三个典型入市试点县(区)进行案例分析,进一步验证理论假设的普适性。

5. 比较分析

对不同实证区的市场特征、价格水平、价格形成机制等进行比较分析和原因解释,揭示价格形成的深层次原因。

第二章 概念界定和理论基础

本章作为全书的奠基性章节,首先对相关的基本概念进行界定,再对土地产权理论、地租地价理论、区位理论、交易成本理论、博弈理论、特征价格理论等进行简要的归纳和总结,为后文的研究提供理论支撑。

2.1 相关概念界定

2.1.1 土地权益

"土地权益"一词在土地管理法律法规中并未出现,但在民间及学术界经常使用,常与农民联系在一起。《辞海》中对"权益"的解释为"依法享有的不容侵犯的权利"。而"权利"则是法律用语,在《辞海》中指法律上的权利,即自然人或法人依法行使的权能与享受的利益,是社会经济关系的一种法律形式,与义务不可分离。因此,权利包含权能和利益两方面,"权能"在《辞海》中指"权利的各种具体运用形式之总和,构成权利的内容。如占有、使用、收益、处分为所有权的权能"。因此,"土地权益"可解释为法律赋予土地权利人的权能和由此给土地权利人带来的好处。对于集体经营性建设用地,法律上的限制及产权主体不明晰等阻碍了其权益的实现,按照权益应合法的原则,其权益严重受损。但在实践中,在市场需求驱动下,即使有法律障碍,集体土地的权益仍可以通过隐性流转或地方出台的相关试点政策实现。

因此,本研究所指土地权益是指在特定的政策和市场环境下,土地权利人能行使的土地权能与享受的利益,其权益并不一定受法律保护,但可能符合地方政策,或得到市场利益相关方认可。

2.1.2 集体建设用地

《土地管理法》第四条将土地用途分为农用地、建设用地和未利用地,第九条规定农村和城市郊区的土地、宅基地和自留地、自留山等,主要属于农民集体所有。因此,集体建设用地即为农民集体所有的建设用地。

《土地管理法》第六十条、第六十一条、第六十二条规定了集体建设用地批准使用的三种情况:一是兴办企业或者与其他单位、个人以土地使用权入股、联营等形式共同举办企业;二是乡(镇)村公共设施、公益事业建设;三是村民宅基地。因此,农村集体建设用地相应地分为三种类型:乡镇企业用地、乡(镇)村公共设施和公益事业用地、宅基地。

2.1.3 集体经营性建设用地

《土地管理法》中未涉及经营性用地的表述,从政策文件看,"经营性用地"的提法源于原国土资源部《关于进一步推行招标拍卖出让国有土地使用权的通知》(国土资发〔1999〕30号),其中将商业、旅游、娱乐和豪华住宅等归为经营性用地。原国土资源部11号令《招标拍卖挂牌出让国有土地使用权规定》则将工业用地也归为经营性用地。由此可见,经营性用地的范围涵盖了商业、旅游、娱乐、工业和商品住宅用地。而从实践来看,随着社会经济发展,一些新产业、新业态不断涌现,例如营利性的科技研发项目、学校、医院等,这些是否属于经营性用地?在国家政策层面,目前对于经营性用地的边界、类型、内涵缺乏统一定义。

从中央层面来看,"集体经营性建设用地"最早出现在十八届三中全会《中共中央关于全面深化改革若干重大问题的决定》中。参照国有建设用地相关政策文件对经营性用地的表述,乡镇企业用地显然属于集体经营性建设用地,而宅基地有待商榷。从政策层面看,近年来国家不断强调宅基地的财产权,开始试点宅基地抵押和退出补偿机制;在实践中,宅基地房屋出租在沿海经济发达地区,尤其是珠三角地区已成常态,近年来各地也逐步探索宅基地通过"三旧改造"、置换、指标交易等形式入市。此外,2017年中央一号文件明确提出"探索农村集体组织以出租、合作等方式盘活利用空闲农房及宅基地,增加农民财产性收入";2017年原国土资源部、住房城乡建设部《利用集体建设用地建设租赁住房试点方案》的出台,也为利用宅基地建租赁住房提供了政策保障,因此宅基地已经赋予了一定的经营性质。

综上,本书所指集体经营性建设用地以乡镇企业用地为主,对应《土地利用现状分类》(GB/T 21010—2017)的商服用地(批发零售用地、住宿餐饮用地、商务金融用地、其他商服用地)和工矿仓储用地(工业用地、采矿用地、仓储用地),此外也包括合法或合规入市的宅基地、隐性出租的宅基地,但不含小产权房涉及的宅基地(见图2-1)。

为表述方便,在没有特别说明的情况下,本书中出现的"集体土地""集体建设用地"均指集体经营性建设用地。

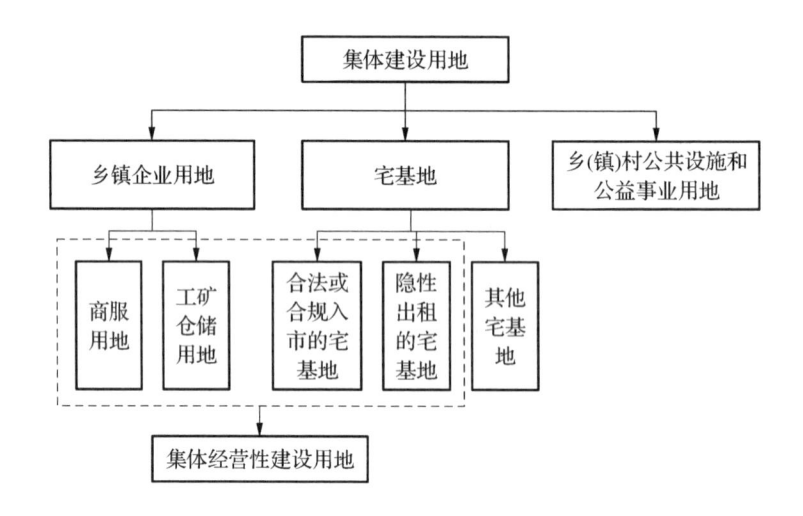

图 2-1 集体经营性建设用地类型

2.1.4 集体经营性建设用地权益

由上可知,集体经营性建设用地权益是指在特定的政策和市场环境下,集体经营性建设用地的权利人(包括政府、集体经济组织、土地使用者、农民等)在某一经济活动中能行使的土地权能与享受的利益,其权益并不一定受法律保护,但可能符合地方政策,或得到市场利益相关方认可。

2.1.5 集体经营性建设用地流转

"流转"一词并非法律概念,是学术界自 20 世纪 80 年代以来常与"土地"联用的一个惯用词汇。《国务院关于深化改革严格土地管理的决定》(国发〔2004〕28 号)规定,"在符合规划的前提下,村庄、集镇、建制镇中的农民集体所有建设用地使用权可以依法流转",这是国家政策首次提出集体建设用地流转的概念。根据相关文献和各地出台的政策文件,集体建设用地流转是集体土地所有权主体不变、土地使用权发生转移的过程,包括初次流转和再次流转。初次流转包括出让、出租、抵押、入股、联营等形式。初次流转的土地再以转让、转租、抵押等方式转移给他人即为再次流转。

因此,集体经营性建设用地流转是以所有权主体不变为前提,以土地所有权和使用权分离为基础,以营利为目的的商业、旅游、娱乐、住宿、工矿仓储等用地的土地使用权转移过程,分为初次流转和再次流转。其中,未办理权属转移登记的集体经营性建设用地隐性流转也视为集体经营性建设用地流转。

2.1.6 集体经营性建设用地入市

2013 年中央十八届三中全会首次提出了集体经营性建设用地入市的概念。2020 年 1 月 1 日正式实施的新《土地管理法》明确了集体经营性建设用地入市的范围、方式和要求等。

本书所指"集体经营性建设用地入市"既包括前述集体经营性建设用地流转,也包括上述新《土地管理法》中规定的集体经营性建设用地出让、出租、抵押等行为,其中前者也表述为"隐性流转",后者也表述为"直接入市"。

2.2 理论基础

2.2.1 土地产权理论

在影响资源配置、经济绩效和人的行为的诸变量中,产权的功效极其重要。产权经济学通过研究产权、激励与经济行为的关系,探讨不同的产权结构对收益及资源配置的影响,突出关注权利在市场交易中的作用。产权理论是新制度经济学的基础理论。经济学家一般都认为,产权是一种权利,也是一种社会关系,它规定了人们相互行为关系的规则。新制度经济学鼻祖科斯(Ronald H. Coase)的论文《社会成本问题》被公认为是这一领域的经典之作。后来阿尔钦(Alchian)和德姆塞茨(H. Densetz)对产权的定义与功能进行了界定,进而对不同产权结构与效率的关系等进行了深入的分析[152]。华裔经济学家张五常(Steven Cheung)则将产权方法应用于土地租约安排的分析,并从合约理论角度深入分析了中国的经济制度,完整地阐释了中国20世纪90年代经济迅猛发展的根本原因[153]。

那么什么叫产权?阿尔钦认为"产权是一个社会所强制实施的选择一种经济物品的使用的权利",强调了产权源于物品的稀缺性及产权的排他性。德姆塞茨指出,产权能帮助一个人形成与他人交易时的合理预期,产权包括一个人或其他人受益或受损的权利。张五常认为产权的基本内容包括资源的使用权、转让权,以及收入的享用权。马克思研究发现,土地产权有较固定的权利体系,权能是不变的[154]。刘守英分析了我国现行农地制度的实际产权内容,包括使用权、收益权和转让权,并研究了这些权利的完整程度对农户行为的影响[155]。姚洋在分析中国农地制度的演进时,将农地产权分解为地权稳定性、土地交易权和土地使用权[156]。

土地交易过程不是实体交易,而是土地权利束的流动。权利的界定是交易的基本前提,在产权明晰、交易费用为零的情况下,权利不管怎么界定都可通过市场交易实现资源最佳配置[157]。在法律限制及产权制度不健全的情况下,集体土地残缺和弱化的产权限制了权能实现,导致资源配置效率低下。

因此,集体土地价格作为土地权能实现的结果,其形成机理与土地产权的完整性、稳定性等密切相关。

2.2.2 交易成本理论

交易成本(Transaction Costs)理论最早由科斯提出,有的也译为交易费用理论。科斯在《企业的性质》中提出了"交易费用"这一概念,认为交易费用是所有发现相对价格的成本,包括谈判和签约的费用及利用价格机制产生的其他成本。

后来,这一理论由威廉姆森(Williamson)进一步发展,认为交易费用分析方法有两个假设基础,即有限理性和机会主义行为,交易费用包括合同签订之前的费用和签订之后的费用[158],并根据交易性质把交易分解为"不确定性、交易的频率以及资产专用性程度"三个维度,以此作为描述并解释交易行为的主要因素。在这基础上,威廉姆森提出:"在可识的意义上,如果有效的和可观察到的合约关系出现时,交易协调方式(它包括的并不仅限于法律结构)必须与交易方式相匹配"[159]。交易协调方式包括市场、组织以及介于两者之间的中介组织。市场与组织可以通过对交易主体的影响而改变交易成本。也就是说,可以根据治理结构的不同,选择不同的交易方式达到节约交易成本的目的。交易主体首先应该考虑采用什么样的合约安排完成交易可以带来交易成本的节约。

"为了执行一项市场交易,有必要发现和谁交易、告诉人们自己愿意交易以及交易条件是什么,要进行谈判、讨价还价、拟定契约、实施监督以保证契约条款得以履行等等"[160]。因此,交易成本包括信息获取成本、产权界定和控制成本、交易各方谈判成本、合约拟定和实施成本、监督管理成本和制度结构变化的成本等。为了选择集体土地入市的最优模式,就需要结合各地实际情况比较分析不同入市模式下交易成本的高低。

集体经营性建设用地入市作为一种土地市场交易行为,根据上述理论观点,也存在各类交易成本。一是由于信息不畅或信息不对称而产生的信息搜寻的费用,即土地的供给方和需求方搜寻土地入市的供给量、需求量、位置、区位条件、土地开发利用条件等信息所花费的成本。二是谈判成本。在集体经营性建设用地入市过程中,市场参与各方需要就土地价格、支付方式、交易双方的权利、义务等进行谈判,由此产生相应的交易费用。三是合约履行和监督管理的成本。集体土地入市交易需要通过制定合同文本,以正式的契约界定交易中的重要事项,并对履约情况进行跟踪监督,对交易过程及交易后的土地开发利用中所产生的纠纷进行协商、调解,在土地产权不明晰的情况下,这个过程产生的交易费用不可忽视。四是交易中可能产生的限制性条件或附加服务。例如村集体可能要求企业解决本村劳动力就业、提供基础设施建设或维护服务等,这些都会增加用地者的成本。因此,上述交易成本的存在都会影响到土地使用者的预期收益,进而影响农村集体经营性建设用地的入市价格。

2.2.3 土地利用相关理论

1. 地租地价理论

地租理论是土地经济学的基础理论。威廉·配第在《赋税论》中指出,土地上生产的农作物的剩余收入即为地租,不同位置的地租存在一定差异,这种差异产生的原因包括土壤肥沃程度、耕作条件以及土地距离市场远近的不同。大卫·李嘉图在《政治经济学与赋税原理》中指出,地租仅只是为了使用土地而付给地主的金额,地租产生必须具备土地有限性和差别性两项条件。经济地理学的创始人德国经济学家冯·杜能(J. H. von Thunen)则指出地租与土地位置以及土地性质的偶然优势有关。

马克思主义地租理论基于劳动价值论建立,认为地租是土地所有权在经济上的实现,是土地所有者获得的超过平均利润以上的剩余价值,可以以实物或货币形态出现[161]。根据地租产生的原因和条件,马克思将地租分为绝对地租、级差地租和垄断地租,其中级差地租是指在较优生产条件的土地上生产获得的超额利润。其中,耕作更肥沃、区位更好的土地所获得的超额利润为级差地租Ⅰ,土地使用者后期追加投资所获得的利润为级差地租Ⅱ。现代西方经济学的代表人物萨缪尔森(Paul A Samuelson)认为地租是为使用土地而需支付的代价。土地供给数量是有限的,因此地租量主要由土地需求者之间的竞争决定。美国经济学家巴洛维在《土地资源经济学—不动产经济学》中指出,地租即总产值或总收益减去总要素成本的余额,是一种经济剩余,地租额取决于产品价格和成本的关系。20世纪60年代以阿伦索(W. Alunso)为代表的经济学家进一步发展了级差地租理论。他们引入区位平衡价格概念,将边际分析应用于传统地租理论中,提出竞标地租理论,解决了城市地租的计算问题,建立了城市地租模型。

而对于土地价格,亚当·斯密指出,土地价格是地租的资本化,即年地租除以利息率。李嘉图也认为土地产品的价格决定地租。马克思在批判性继承前人理论的基础上,基于劳动价值论提出了地价理论。他把土地看作土地物质和土地资本的结合,土地物质是纯的土地,给土地所有者带来的是真正的地租,土地资本作为固化在土地中的劳动属于固定资本,土地物质租金和土地资本利息共同构成土地所有者收入,形成土地价格,土地价格也就相当于出租土地的资本化收入。

在集体经营性建设用地入市过程中,土地价格的确定和土地增值收益的分配是关键,不管采用什么样的入市方式,最终要确保市场参与各方利益均衡。地租地价理论可以为分析土地价格的形成机理、探索土地增值收益分配模式等提供一定的理论指导。

2. 区位理论

经典的区位理论均由德国经济学家提出,包括杜能的农业区位论、韦伯的工业区位论、克里斯塔勒的中心地理论和廖什的市场区位论,其主要研究人类活动的空间分布及空间关系。

1826 年,德国农业经济学家冯·杜能在《孤立国》中系统阐述了农业区位论,提出孤立国模型,描述了生产地到消费地的距离对土地利用类型的影响。土地利用类型以及集约化程度按离城市由近到远依次为自由式农业圈、林业圈、轮作式农业圈、谷草式农业圈、三圃式农业圈、畜牧业圈。杜能理论的核心在于农业生产者所处位置的级差地租不同。德国经济学家阿·韦伯首次提出区位因素,即一个特定地理位置上能对工业生产产生积极影响和吸引作用的因素。韦伯在考虑原材料、劳动力和运费的基础上,推导出工业企业的理想区位,即运输成本、劳动成本和聚集因素共同作用下的最低生产成本点。克里斯塔勒则深刻揭示了城市、中心居民点发展的区域基础,以及等级—规模的空间关系,提出了中心地理论。他认为空间中的事物从中心往外扩散,形成的区域中心地点就是城镇。如果进一步划分城镇等级,则规模最小的那级城镇数量最多,等级越高,城镇数量越少。

奥古斯特·廖什（August Losch）则把市场需求作为空间变量来研究区位理论，进而探讨了市场区位体系和工业企业最大利润的区位，形成了市场区位理论。廖什在区位分析中引入空间均衡的思想，从市场规模和市场需求结构方面研究了区位选择和产业配置影响因素。廖什把利润最大化原则与产品的销售范围联系在一起，认为最佳工业区位应是能获得最大利润的市场地域，经济个体的区位选择受消费者和供给者影响，正六边形的空间范围是空间区位达到均衡的最佳范围。

区位理论为研究集体经营性建设用地的价格影响因素、分析价格空间分异特征等提供了理论指导。

3. 土地市场供求理论

土地市场供求理论认为，市场供给和需求共同决定土地价格。供求理论是土地市场运行的基础理论，常用来分析土地价格变动规律。英国经济学家马歇尔是以供需均衡理论分析地租地价的代表人物，他把供求论、生产成本论、边际效用和边际生产力论等融为一体，提出均衡价格理论。马歇尔认为，在地租形成及确定地租水平时，原则上应根据供求理论，地租理论只是供求理论在土地上的特殊应用。

由于土地的稀缺性、位置固定性、不可移动性，使得土地的供求关系具有自身的特殊性。从实践看，土地供不应求是长期趋势和普遍情况，而供过于求主要是短期走势和个别现象。当社会经济稳定发展时，建设用地需求量稳步上涨，通过扩大土地征收和集体土地入市规模，建设用地供应量也相应增加，供求关系表现为地价上升，相应地供给就增加，同时需求也会在一定程度上减少，反之亦然（图2-2）。供给、需求平衡就形成了均衡价格（E）。建设用地的总量有限，因此随着供给量逐步增加，其供给弹性也越来越小，表现为供给曲线越来越陡峭。

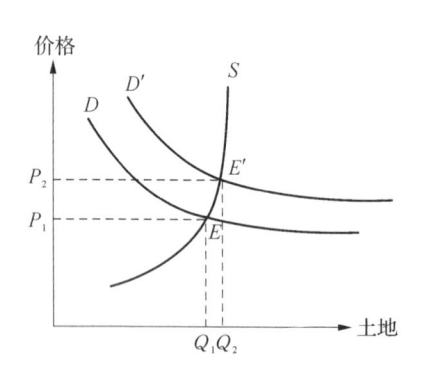

图2-2 土地供需曲线

从土地需求看,由于土地需求是一种引致需求,随着人口增长、经济发展,对物质产品和服务的需求增加,相应会引致土地这一基本生产资料的需求增加,土地供应量相应也有所增加,因此使土地需求曲线向右上方移动(D'),形成新的均衡价格(E')。反之,当经济萧条,或政府主动进行宏观调控、压缩固定资产投资规模、控制土地审批时,土地的引致需求随之下降,需求曲线向左下方移动。

运用土地市场供求理论,可以从供给和需求两个角度分析集体经营性建设用地价格影响因素,例如人均耕地反映了区域土地资源稀缺程度,即土地供给能力;人口、GDP等社会经济发展指标可以反映市场需求。

2.2.4 博弈理论

博弈论(Game Theory)是研究决策者如何根据多方影响因素来进行决策的理论[162]。博弈中的基本要素包括局中人、博弈策略、博弈信息、博弈得益、博弈均衡。其中局中人指参与博弈的自然人、团体等。博弈策略指博弈的局中人保障自己行动利益最大化而作出的战略选择。同一博弈过程中,不同特征的局中人根据掌握的信息量,实施不同策略和行为[163]。博弈得益指局中人在最理性的策略行动中所获得的利益。若全部博弈主体的策略选择都为最优,博弈模型即达到了均衡点。

根据局中人所掌握的信息集的充分程度及其分布状态,博弈分为完全信息博弈和不完全信息博弈;根据局中人行动时能否依据对手的策略采取相应的行动,分为静态博弈和动态博弈。集体建设用地使用权入市过程中,涉及地方政府、集体经济组织和村民、企业等不同主体的利益,存在典型的博弈特征。因此,本研究借鉴博弈论,在前人研究的基础上[164-168],构造集体经营性建设用地入市中各市场主体博弈模型,深入分析权益关系,在此基础上分析地价形成机理。

2.2.5 特征价格理论

特征价格理论是对各类异质性商品(如土地、房地产等)中相互联系的各种不同特征的价格进行估计的理论。该理论的创始人之一,美国经济学家兰卡斯特(Lancaster)认为消费者对异质性商品的需求,主要是考虑商品所拥有的内在特征。消费者购买和使用这些商品,将商品转化为给消费者带来的效用,因此,商品中包含的各种特征越丰富、数量越多,商品的总效用就越高。特征价格理论强调异质性商品是由其各种同质的属性集中在一起,形成一束"同质属性束",商品的价格由这些同质属性的价格组成。特征价格理论认为异质性商品中各内在属性在隐含的市场中有相应的价格,但这种价格在生产生活中没有现实意义。商品在生产、交换和消费过程中,其交易价格是可观察的,但某个属性所隐含的价格观察不到。特征价格理论提供了确定属性价格结构(确定特征价格函数)的方法。

西方发达国家土地以私有产权为主,在运用特征价格理论时较少考虑权益因素,而我国城乡二元土地制度导致农村土地产权复杂,土地权益呈现空间异质化特征,运用特征价格理论,将影响土地权益的相关因素作为土地的内在特征,有助于从土地权益角度揭示土地产权、市场机制等因素对集体经营性建设用地价格的作用机理。

第三章 研究区选择及其集体经营性建设用地市场分析

本章结合我国集体经营性建设用地价格的历史与现状,选取典型研究区域及其代表性县(市、区),通过市场调研收集相应的社会经济数据、市场交易案例,分析总结研究区的市场特征及差异,为接下来的理论分析和实证研究奠定基础。

3.1 研究区选择

3.1.1 我国集体经营性建设用地使用权价格历史与现状

自中华人民共和国成立以来,伴随着土地制度和经济体制改革,我国集体经营性建设用地使用权价格经历了以下几个发展阶段。

1. 土地私有制时期(1949—1955 年)

我国集体土地源于 20 世纪 50 年代末农村公社化运动,在此之前农村土地还属私产,直接为农户个人所有,因此农村土地流转客观存在。此外,国家出于建设需要征用土地时与农户协商确定补偿价格,同时以安排就业、置换土地等方式安置失地农民,因而"征地价格"带有计划经济特征,并非市场价格。

2. 土地集体化时期(1956—1978 年)

农村公社化运动对农村土地制度产生重要影响,形成"三级所有、队为基础"的农村土地制度。从此农村土地即为集体所有,并且禁止买卖,土地主要是生产生活资料,没有资产性质,也就没有价格。

3. 城乡市场发展期(1979—1998年)

1978年开始实行的改革开放政策,使得我国经济活力显著增强,市场机制在经济的方方面面逐步显现。1987年深圳土地拍卖槌敲响了新中国历史上土地拍卖的"第一槌",标志着土地市场开始萌芽,随着后来市场经济体制改革,城市土地市场逐步发展起来。在农村,20世纪80年代实行的家庭联产承包责任制一定程度上引发并造成了土地私产化的倾向,同时在改革开放政策推动下,以苏南为代表的乡镇企业、以浙江为代表的私营企业和以珠三角为代表的"三来一补"企业快速发展,对建设用地的巨大需求和土地管理的政策滞后导致集体建设用地隐性流转快速发展,在沿海经济发达地区逐步成为常态,尤以珠三角最为明显。这一时期各地集体建设用地价格有明显差异,苏南地区乡镇企业政企不分,土地市场化程度低,土地价值未能充分显现;浙江地区私营经济活跃,土地价格逐步通过市场机制形成;珠三角地区则在迅猛的市场需求推动下,集体建设用地市场供需两旺,呈现高度市场化特征。

4. 城乡市场割裂期(1999—2007年)

1999年新修订的《土地管理法》实施,土地用途管制全面实施。这一时期恰逢我国城镇住房制度改革,各地迎来了城镇化的快速发展期,在此背景下,国有建设用地市场逐步发育成熟,地价稳步上涨。而受法律限制,集体建设用地存在产权不明晰、权能不完整、监管缺失、市场机制不健全等问题,只能在市场需求推动下自发流转,其中经济发达地区工业用地出租、宅基地房屋出租较普遍。城乡建设用地市场相互独立,城镇国有土地市场以出让为主、管理规范,价格机制逐步健全,而农村集体建设用地市场以出租为主、监管缺失,价格随意性较大。

5. 城乡统一探索期(2008—2013年)

2008年10月,中共十七届三中全会明确提出逐步建立城乡统一的建设用地市场。但在随后的五年中,国家层面一直未出台相应的立法和政策措施,各地则因地制宜开展了有益的探索和尝试,集体建设用地与国有建设用地市场在逐步融合。其中广东的"三旧"改造是典型代表,通过一系列政策创新,引入社会资本参与改造,改造项目基本实现了集体土地与国有土地的同权同价。

这一时期国有建设用地"招拍挂"出让成为常态,城市土地价格日渐高涨,由于农村土地征收没有考虑发展权补偿,征收补偿价与城市建设用地出让价格之间的差异不断扩大,因此,无论在民间还是学术界,要求增加农民财产性收入、显化集体建设用地资产价值的呼声日涨。2013年11月,中共十八届三中全会决定加快完善现代市场体系和健全城乡发展一体化体制机制,为此,探索建立城乡统一的建设用地市场正式拉开序幕。

6. 城乡统一试点期(2014年至今)

2014年中央一号文件进一步明确了农村集体经营性建设用地与国有土地同等入市、同权同价。2015年1月,中办、国办联合印发了"三块地"改革试点意见,集体经营性建设用地入市正式进入试点阶段。试点四年来,入市改革取得积极进展,试点地区入市政策体系、交易规则及配套措施初步建立。截至2018年年底,试点地区入市地块已达1万多宗,面积9万多亩,总价款约257亿元。[①] 城乡建设用地市场开始进入逐步统一的新阶段。

以下从不同角度简要归纳当前我国集体经营性建设用地入市中的各种价格形式。

1. 按实现途径

集体经营性建设用地使用权价格按实现途径分为隐性流转价格、公开流转价格、直接入市价格、置换价格等。除试点地区直接入市和流转并轨运行外,其他地区主要为隐性流转,部分农村产权交易市场完善的地区实现了公开流转。置换价格则主要是宅基地退出的一种价格实现途径,例如无锡的"双置换"政策(农村住宅置换城镇住房,土地承包经营权置换城镇社会保险)。

2. 按交易方式

根据《土地管理法》及各地出台的集体经营性建设用地入市或流转管理

---

① 数据来源:中国新闻网,2018.12.23,http://www.chinanews.com/gn/2018/12-23/8710600.shtml。

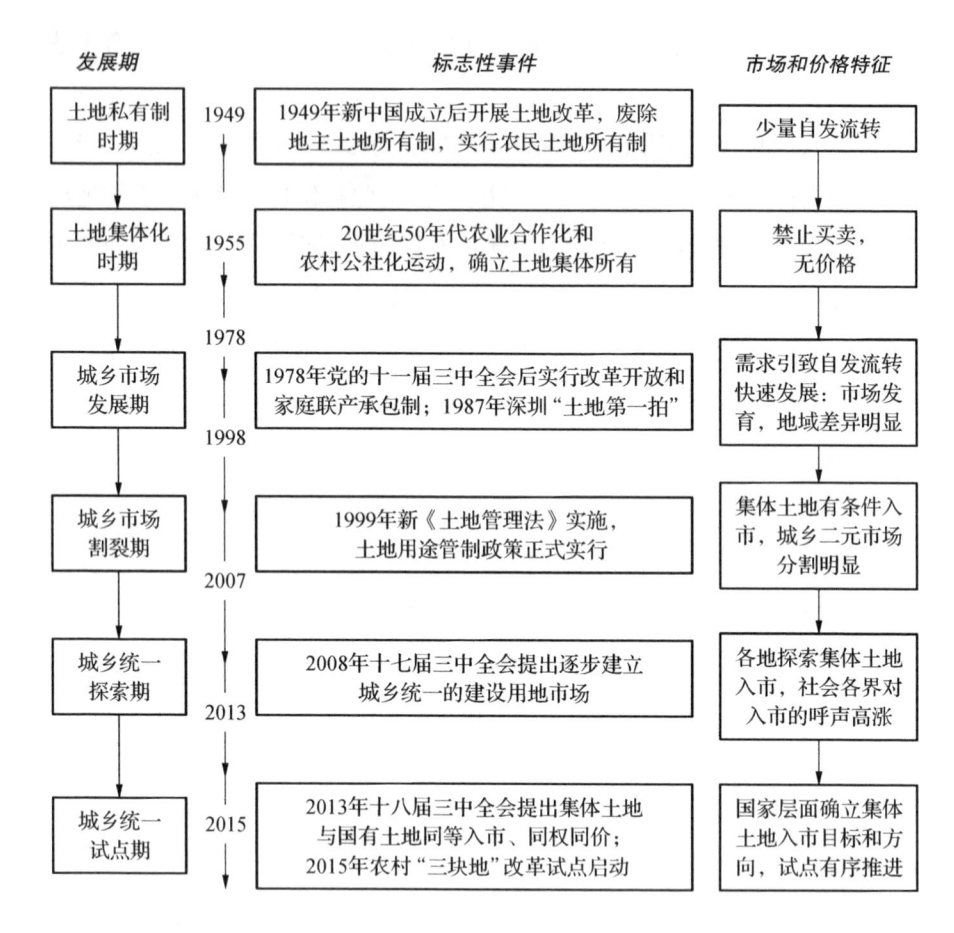

发展期		标志性事件	市场和价格特征
土地私有制时期	1949 ↓	1949年新中国成立后开展土地改革，废除地主土地所有制，实行农民土地所有制	少量自发流转
土地集体化时期	1955 ↓	20世纪50年代农业合作化和农村公社化运动，确立土地集体所有	禁止买卖，无价格
城乡市场发展期	1978 ↓	1978年党的十一届三中全会后实行改革开放和家庭联产承包制；1987年深圳"土地第一拍"	需求引致自发流转快速发展；市场发育，地域差异明显
城乡市场割裂期	1998 ↓	1999年新《土地管理法》实施，土地用途管制政策正式实行	集体土地有条件入市，城乡二元市场分割明显
城乡统一探索期	2007 ↓	2008年十七届三中全会提出逐步建立城乡统一的建设用地市场	各地探索集体土地入市，社会各界对入市的呼声高涨
城乡统一试点期	2013 ↓ 2015	2013年十八届三中全会提出集体土地与国有土地同等入市、同权同价；2015年农村"三块地"改革试点启动	国家层面确立集体土地入市目标和方向，试点有序推进

图 3-1 我国集体建设用地使用权价格发展历程

办法，集体建设用地使用权交易包括出让、租赁、抵押、入股等方式，相应地就形成出让价格、年租金、抵押价格、入股价格等，其中年租金为主要形式。

3. 按土地用途

根据集体经营性建设用地的用途分为工业用地价格、商服用地价格、住宅用地价格等。实践中以工业用地价格为主，其中广东、浙江等市场化程度较高的地区商服用地和住宅用地价格也较为普遍。

4. 按管理体系

根据土地价格管理的需要，参照城市国有建设用地，集体经营性建设用地价格分为基准地价、市场交易价、出让（出租）底价、出让（出租）起始价等。从实际情况来看,集体经营性建设用地基准地价体系的建立尚处于起步阶段,入市试点地区大部分建立了基准地价体系,而非试点地区则很少建立;底价和起始价主要针对公开竞价交易,有基准地价的地区,一般要求底价或起始价不得低于基准地价的一定比例,以此起到调控市场的作用。

3.1.2 典型研究区域及代表性县(市、区)选择

根据我国集体经营性建设用地价格历史与现状,选取典型区域及其代表性县(市、区)开展研究。

1. 典型研究区域的选择

从当前我国农村集体经营性建设用地入市实践来看,由于不同地区经济发展水平不同,尤其是乡镇经济发展存在较大差异,同样的土地制度在全国不同地区的实践差异较大。我国现有长三角、珠三角、京津冀和成渝等经济圈,其中长三角和珠三角是集体经营性建设用地入市最早、市场发展最成熟的地区,其农村都表现出高度工业化的共同特征,大量农用地转为建设用地使用,有丰富的市场交易案例。不同点是,珠三角地区工业化以发展外向型经济为主,企业主和员工以外地人为主,集体经营性建设用地入市主要由村社集体和农户与市场主体直接对接;而长三角地区工业化以乡镇企业和私营经济为主,企业主和员工以本地人为主,在 20 世纪 90 年代后期,适应企业改制的需要,乡镇企业用地在地方政府主导下入市流转。因此,从社会经济影响力和市场发育来看,长三角和珠三角在全国层面具有典型性和代表性。同时它们还有明显的差异性,长三角的农村企业以本地人为主,土地所有者和使用者相互了解、信任,而珠三角以外地人为主,土地所有者和使用者不熟悉,信任感相对较低,这种差异势必会对入市中的合作模式及其土地权益产生一定影响,进而影响土地价格。因此,长三角和珠三角具备典型性、代表性,同时还有明显的差异性,适合作为研究区。

2. 代表性县(市、区)的选择

如前所述,长三角和珠三角在企业务工人员来源上存在较大差异,即长

三角使用农村集体建设用地的企业员工以本地人为主,珠三角则以外地人为主,因此两地代表性县(市、区)的选择应重点反映该特征。

从表3-1和表3-2可以看出,长三角地区主要城市外地人口比例平均在25%左右,除了上海和苏州明显偏高外,大多在20%—25%;珠三角主要城市平均在55%左右,深圳和东莞超过70%,广州市因为是省会,机关事业单位较多,因此主城区户籍人口较多,而郊区则外地人较多,例如广州市白云区和番禺区的外地人口比例分别达到61.55%和45.65%。

表3-1 长三角主要城市外来人口情况(2012年末)

单位:万人

城市	户籍人口	常住人口	外来人口	外地人口比例
上海	1 426.93	2 380.43	953.50	40.06%
苏州	647.81	1 054.91	407.10	38.59%
杭州	700.52	880.20	179.68	20.41%
南京	638.48	816.10	177.62	21.76%
无锡	470.07	646.55	176.48	27.30%
常州	364.77	468.68	103.91	22.17%
温州	800.21	915.60	115.39	12.60%
嘉兴	344.52	454.40	109.88	24.18%
宁波	577.71	763.90	186.19	24.37%
合计	5 971.02	8 380.77	2 409.75	28.75%

表3-2 珠三角主要城市外来人口情况(2012年末)

单位:万人

城市	户籍人口	常住人口	外来人口	外地人口比例
深圳	299.15	1 050.74	755.59	71.64%
东莞	187.02	829.23	642.21	77.45%
广州	822.30	1 283.89	461.59	35.95%
佛山	377.65	726.18	348.53	47.99%
合计	1 686.12	3 894.04	2 207.92	56.70%

此外,大城市土地供需矛盾相对更为突出,研究大城市郊区的集体经营

性建设用地入市价格更有实际意义。根据上述情况,结合相关工作基础及调研工作开展的方便性,最终选取无锡市和广州市作为研究城市,无锡市锡山区、惠山区、滨湖区和广州市白云区作为集体建设用地隐性流转的调研区。其中,上述四个区在2018年全国百强区排名中,分别列19、20、23、24位[①],社会经济发展水平总体相当,具有可比性。而且四个区分别为无锡市和广州市的近郊区,其经济以承接大城市功能外溢为主,这方面也有可比性。

表3-3和表3-4列出了无锡市锡山区、惠山区、滨湖区和广州市白云区的主要社会经济指标,四个地区有显著差异的主要是三个方面:一是外来人口比例,白云区明显高于无锡市三个区,高出约一倍;二是人均建设用地面积,白云区是无锡市三个区的一半不到;三是人均一般预算收入和人均可支配收入,前者反映政府财政实力,白云区远低于无锡市三个区,只有它们的38%—45%;后者反映城乡居民收入水平,白云区比无锡市三个区高出约5%—16%。

总的来看,白云区和无锡市三个区社会经济发展水平总体相当,但白云区以外来人口为主,人口密度大,城乡居民收入更高,而无锡市三个区的地方政府财力更强。

表3-3 研究区土地和人口情况[②]

地区	土地面积（公顷）	建设用地（公顷）	城乡建设用地（公顷）	耕地面积（公顷）	户籍人口（万人）	常住人口（万人）	外来人口比例
锡山区	39 910.54	16 041.30	13 975.38	14 510.04	45.51	70.67	35.60%
惠山区	32 511.73	15 599.12	13 416.19	9 587.22	48.91	71.17	31.28%
滨湖区	62 815.19	15 396.76	12 176.91	2 762.97	52.57	71.60	26.58%
白云区	66 495.21	26 716.95	22 437.67	9 254.94	103.34	271.43	61.93%

---

① 依据中小城市经济发展委员会、中小城市发展战略研究院、中小城市发展指数研究所、中城国研智库等机构发布的2018年中国中小城市科学发展指数研究成果,http://www.mnw.cn/news/china/1855931.html。

② 数据来源:各地2014年度土地利用现状数据库,2018年国民经济和社会发展统计公报。

表 3-4 研究区经济发展情况①

地区	GDP（亿元）	一般预算收入（亿元）	人均建设用地面积（m²）	人均GDP（元）	人均一般预算收入（元）	人均可支配收入（元）
锡山区	883.31	86.69	226.99	124 991	12 267	47 005
惠山区	907.38	92.35	219.18	127 495	12 976	47 770
滨湖区	1 050.35	103.69	215.04	146 697	14 482	51 798
白云区	1 962.39	150.40	98.43	72 298	5 541	54 506

在本研究开展期间，国家又分批部署了集体经营性建设用地入市试点工作，长三角和珠三角中，常州市武进区、湖州市德清县和佛山市南海区成交宗地相对较多。武进区紧邻无锡市，南海区紧邻广州市，且三个区村镇经济发展背景不同，分别具有"苏南模式""温州模式"和"珠江模式"的特点，为对比研究区与典型试点区的差异，进一步验证本书提出的理论观点，本书又以案例分析的方式对这三个县（区）入市试点中的地价形成机理进行实证研究，具体在第六章介绍。

3.1.3 研究区自然和社会经济概况

1. 无锡市及典型镇街概况

无锡市位于江苏省南部，太湖流域的交通中枢。东邻苏州，距上海128 km；南濒太湖，与浙江省交界；西接常州，距南京183 km；北临长江，与泰州市所辖的靖江市隔江相望，构成苏锡常都市圈，被誉为"太湖明珠"。境内以平原为主，星散分布着低山、残丘；属北亚热带湿润季风气候区，四季分明，热量充足。无锡市下辖6个行政区、7个镇、41个街道。作为长江三角洲沿海经济开放区开放城市，拥有属于自己的苏南硕放国际机场，且在市区有无锡站、无锡东站、新区站及惠山站四个火车站。2018年，全市实现地区生产总值11 438.62亿元，同比增长7.4%，人均生产总值达到17.43万元。完成地方一般预算收入1 012.28亿元，同比增长8.8%。年末城镇常住人口501.50万人，同比增长0.7%，常住人口城镇化率76.28%。城镇居民人均可

---

① 数据来源：各地2014年度土地利用现状数据库，2018年国民经济和社会发展统计公报。

支配收入 56 989 元,同比增长 8.2%。农村居民人均可支配收入 30 787 元,同比增长 8.6%。[①] 无锡是中国民族工业和乡镇工业的摇篮,是苏南模式的发祥地。凭借临近上海的区位条件和发展集体经济的传统积累,无锡逐渐形成以乡镇政府为主组织资源的村镇经济发展模式,形成了先工业化、再市场化的发展道路。

本研究在无锡市选择了惠山区钱桥街道、滨湖区胡埭镇、锡山区锡北镇三个典型镇街开展集体经营性建设用地入市调研。

钱桥街道是典型的江南风光古镇,始建于元朝 1270 年,是无锡近郊的工业重镇。沪宁铁路、新长铁路、古运河水路、沪宁高速公路、锡宜高速公路和 312 国道构成了镇区交通主网络。2014 年土地总面积 4 621.37 hm^2,城镇村及工矿用地总面积 2 287.77 hm^2,占土地总面积的 49.50%,其中集体建设用地 847.69 hm^2,占城镇村及工矿用地总面积的 37.05%。[②] 下辖 2 个居民委员会,12 个村民委员会:钱桥社区、藕乐苑社区,苏庙村、华新村、舜柯村、溪南村、洋溪村、西漳村、晓丰村、藕塘村、东风村、南塘村、盛峰村、稍塘村。钱桥街道作为无锡市"一主一副四组团"总体规划的组团之一,按照无锡市总体布局的要求,高标准、高起点地对全镇经济社会发展作了全面规划,现已形成焊管、无缝钢管、异型钢管、冷轧钢带、冷弯型钢等主导产业。

胡埭镇地处太湖十八湾风景带,是太湖山水的精华区域,自然资源和人居环境优越。全镇位于无锡市西南郊,东接中心城区,南临太湖,西连陶都宜兴,北临锡宜高速公路。2014 年土地总面积 5 718.56 hm^2,水域面积占胡埭镇总面积的 41%,城镇村及工矿用地总面积为 1 725.65 hm^2,占土地总面积的 30.18%,其中集体建设用地 659.57 hm^2,占城镇村及工矿用地总面积的 38.22%。[③] 辖张舍、孟村、宣沟、胡埭等 12 个社区。胡埭镇是苏南模式下的典型乡镇,改革开放以来社会经济快速发展,工业产业链初具规模,现有各类企业 1 420 家,工业企业 1 160 家,其中高技术产业企业 27 家,基本形成机电、轻工、化工、冶金、建材等主导产业。

---

① 数据来源:无锡市 2018 年国民经济和社会发展统计公报。
② 数据来源:根据钱桥街道 2014 年度土地利用现状数据库统计。
③ 数据来源:根据胡埭镇 2014 年度土地利用现状数据库统计。

锡北镇位于无锡市北郊,南邻国家级锡山经济技术开发区,北接江阴市;毗邻沪宁、锡澄高速公路出入口;境内有锡沙线、八文线、锡东大道等公路贯穿,交通便利。2014 年土地总面积 7 058.78 hm²,城镇村及工矿用地面积 2 034.35 hm²,占土地总面积的 28.82%,其中集体建设用地 1 260.29 hm²,占城镇村及工矿用地总面积的 61.95%。① 锡北镇由原八士、张泾两镇合并组建,下辖张泾、泾新、泾西、联新、芙蓉等 16 个村。锡北镇现有各类企业 1 700 多家,工业企业 768 家,其中高技术产业企业近 20 家,形成了电子、化工、冶金、机械、轻纺等主导产业。镇内有张泾和八士两个工业园区。

2. 广州市及典型镇街概况

广州市是中国四大一线城市之一,广东省省会,是中国南方铁路、公路和民航交通中心,素有中国"南大门"之称。境内属于丘陵地带,地势东北高、西南低,背山面海,北部是森林集中的丘陵山区,中部是丘陵盆地,南部为沿海冲积平原,为珠江三角洲的组成部分;属海洋性亚热带季风气候,以温暖多雨、光热充足、夏季长、霜期短为特征。2018 年,全市实现地区生产总值 22 859.35 亿元,同比增长 6.2%,人均地区生产总值 155 491 元。年末常住人口 1 490.44 万人,城镇化率为 86.38%。地方一般公共预算收入 1 632.30 亿元,增长 6.5%。城市常住居民人均可支配收入 59 982.10 元,增长 8.3%;农村常住居民人均可支配收入 26 020.10 元,增长 10.8%。② 根据 2015 年土地利用现状变更数据,全市土地总面积 7 248.86 km²,其中农用地 5 073.54 km²,占 69.99%;建设用地 1 787.14 km²,占 24.65%;未利用地 388.18 km²,占 5.36%。广州市是中国改革开放的前沿地区,凭借临近港澳地区的区位条件和发展外向型经济的传统积累,逐渐形成高度市场化的村镇经济发展模式。

本研究在广州市选择了白云区江高镇进行集体经营性建设用地入市调研。江高镇位于广州市区中北部,白云区西北部,属于珠江三角洲冲积平原和山前残丘分布区。现为广东省省级中心镇和广州市首批重点建设五个中心镇之一,也是广东省文明镇、广东省教育强镇、广东省卫生先进镇。2014

---

① 数据来源:根据锡北镇 2014 年度土地利用现状数据库统计。
② 数据来源:广州市 2018 年度国民经济和社会发展统计公报。

年土地总面积 9 612.78 hm², 城镇村及工矿用地 2 440.95 hm², 占土地总面积的 25.39%, 其中集体建设用地 1 441.84 hm², 占城镇村及工矿用地总面积的 59.07%。辖区内有 35 个行政村和 10 个社区居委会, 有 356 个经济社。江高镇是白云区的农业大镇, 也是工业重镇。多年来, 形成了以江丰实业、大鹏养殖为龙头的家禽养殖业, 以华宝珍稀、三星水产为龙头的水产养殖业, 以水沥红葱、蓼江韭菜为龙头的蔬菜种植业, 以及以江村黄鸡、大田马蹄、水沥红葱为代表的农业名牌产品；同时, 形成了白云工业园、居家用品园、神山工业园、白云电器智能与电气产业园四大工业园区, 集聚了王老吉、白云电气、欧派、广铝、霸王、白云清洁等一批知名企业。

图 3-2 研究区位置示意图

审图号：GS(20191823 号)
自然资源部监制

3.1.4 研究区集体建设用地市场概况

1. 无锡市集体建设用地市场概况

无锡市集体经营性建设用地入市经历了三个阶段：初期萌芽阶段、隐性流转阶段和逐步规范阶段。

(1) 初期萌芽阶段(1994—1997年)

20世纪70年代中后期,无锡市利用邻近上海的优势,利用村集体土地兴办乡镇企业,逐渐实现乡村工业化。在国家实行土地用途管制之前,利用集体土地兴办企业是合理合法的,由此当地大量农用地转为建设用地。到了90年代,适应市场经济体制要求,这些乡镇企业面临改制,企业不再属于集体所有,但土地依然属于集体,如何处置存量集体建设用地是当时土地管理部门需要解决的主要问题。1994—1997年间,随着大批乡镇企业的改制,村集体企业资产卖给个人(多为原企业负责人),个人和村集体签订土地租赁合同,租用所占集体建设用地,租赁合同每3—5年签约一次,每次签约的租金涨幅在20%左右。

(2) 隐性流转阶段(1998—2003年)

1998年土地管理法对乡镇企业改制的土地资产处置作了明确规定,即符合规划并依法取得土地的企业,因破产、兼并等情形土地使用权可以依法转移,这为集体存量建设用地隐形入市提供了条件。集体经济组织在土地所有权不变的前提下,将土地使用权和地上建筑物一并租给改制企业,承租企业与集体经济组织签订租赁合同并支付租金。在法律例外条件和各项政策机遇下,部分存量集体建设用地通过土地置换进驻开发区。为鼓励企业安置搬迁,大批集体建设用地在这一阶段以买断50年租赁权(长租)的形式发生流转。

(3) 逐步规范阶段(2004年至今)

2004年后,未能置换进入开发区的存量集体建设用地依然以短租形式流转。各区借鉴宜兴市长租短约模式[169],由镇政府提出租赁指导价,村集体经济组织按照实际情况执行。国土部门不直接参与集体土地租赁管理,但集体土地租赁证需每隔5—10年到国土所登记更换。在2005年广东省出台集体建设用地流转办法的启发下,无锡市于2007年也制定了集体建设用地使用权流转管理暂行办法,对集体建设用地使用权流转方式、用途和收益分配办法作了明确规定,其中规定政府可以参与土地出让增值收益分成,但分成比例不得超过10%,而转让、转租收益全部归原土地使用者。此外,

2008年又制定了《无锡市土地使用权抵押管理实施意见》，规定"以出租方式取得的集体土地使用权，可随地上建（构）筑物抵押而抵押"，为集体建设用地使用者拓展了资金筹措渠道。

目前，无锡市集体工业用地流转以短期租赁为主，签约周期普遍在1—3年，租金由村集体自行确定，部分镇（街道）制定了租赁指导价，除税费外的全部收益由村集体自收自支，是一种政府和集体主导的入市模式。

2. 广州市集体建设用地市场概况

伴随着市场经济的发育和外向型经济、民营经济的发展，广州市农村集体建设用地市场经历了一个由自发、无序到规范的发展过程。

改革开放以来，以广州为代表的珠三角地区农村迎来了历史性发展机遇，凭借邻近港澳的优势，适应全球产业转移的大趋势，大力发展"三来一补"企业，快速实现了农村工业化。农村集体经济组织充分利用掌握土地资源的优势以地生财，包括将土地出租给企业盖厂房，或自己盖厂房出租，由此获得可观的土地增值收益，农村工业的快速发展也增加了地方政府税收。珠三角迅速成为"世界工厂"，吸引全国各地的农民工涌入，对生活服务用地的需求也快速增长。地方政府因此鼓励农民在宅基地上盖房出租，很多地方对宅基地的批准使用较为宽松，使得宅基地规模无序扩张，农民因此得益。因此，在20世纪八九十年代，珠三角大部分农村土地在国家实施用途管制前就已经转为建设用地，土地收益通过地租、房租最终分配给农民。

1986年《土地管理法》颁布，但对集体建设用地的管理和国有土地一样，没有按用途进行管制，相对来说管理比较宽松。广东省、广州市根据这些规定，结合本省、本市实际情况，分别于1986年11月29日出台了《广东省土地管理实施办法》、1995年1月13日出台了《广州市土地管理规定》。其中，《广东省土地管理实施办法》规定，对于乡（镇）村企业和公共设施、公益事业用地，县级人民政府只享有耕地3亩以下、其他土地10亩以下的审批权，但广州市政府享有耕地500亩以下、其他土地1000亩以下的审批权；广州市对省实施办法的审批权限分级制度进行了细化，将部分乡村建设用地审批权下放到县、乡两级，给予乡镇企业用地以便捷的审批制度。这使得广州市乡镇企业的土地审批手续较为简单,促进了乡镇企业的飞速发展。在80年代中期,广东南海就开始有征地留用的创举,当地政府征收农村土地不是全部征收,而是将15%—25%的土地作为留用地返还农村集体用于非农开发利用。广州市在吸收这种制度经验的基础上,在《广州市土地管理规定》第十六条中提出:"土地行政主管部门征用集体所有土地,按下列比例限额留出土地:(一)市区按所征土地总面积的8%—10%留出;(二)代管市可按所征土地总面积的10%—12%留出。"留出的土地,应于批准征地的同时,按照城市规划统筹划定,供被征地单位安置剩余劳动力,发展二三产业,但不得对外出售。与全国通行的一次性征地补偿相比,这一制度使被征地农民能够参与土地收益分配,分享城镇化、工业化带来的巨大土地增值,为农村集体经济发展、农民长远生活保障提供了坚实基础。

在上述政策背景下,广州市在发展"三来一补""三资企业"过程中,逐步自发形成了集体经营性建设用地隐性入市,入市模式主要表现为以地合作、房地出租、直接出让出租土地等形式。

2005年10月,广东省出台《广东省集体建设用地使用权流转管理办法》(广东省人民政府令第100号),成为第一个以地方立法形式允许集体建设用地入市流转的省份,打破了农村土地只能通过政府征收转为建设用地的传统模式。但广州市近年来经合法程序审批的建设用地中,新增集体建设用地只占非常小的比例。目前实际情况是,集体建设用地的流转为农民带来了稳定而可观的收益,因此,广州市集体土地私下流转已成常态,租金收入也成为广州市郊区相当多数乡镇农村集体收入的主要来源。从用地一方来说,从农民手中直接取得土地,也极大降低了用地准入的门槛。按传统的方式获得国有土地,企业付出成本非常之高:时间成本上,按照现行审批程序,一个企业得到所需土地要经过立项、规划选址、建设用地预审、申请建设用地规划许可证、办理土地征用手续、土地出让或划拨、办理建设用地批准书和办理建设工程规划许可证等程序,不仅手续复杂,而且耗时较长;经济成本方面,通过正规手续取得土地,必须缴纳耕地开垦费、新增建设用地有偿使用费、征地管理费等,数额巨大。出于节约成本、尽快投产的考虑,土地使用者当然倾向于直接使用集体土地。

2009年以来,原国土资源部与广东省合作,推进节约集约用地试点省工作,出台"三旧"改造政策,为集体经营性建设用地入市开辟了新途径。2010年1月15日广州市政府公布了《关于加快推进"三旧"改造工作的意见》,要用10年的时间完成广州市"三旧"改造,通过税费减免和返还等优惠政策,吸收社会资金参与。伴随着"三旧"改造政策的实施,纳入改造范围的集体经营性建设用地按照"政府主导、市场运作,统筹规划、节约集约,利益共享、公平公开"原则,以不同方式入市交易,集体经营性建设用地市场逐步进入规范、有序发展的新阶段。

3.2 研究区调研及结果分析

本研究所使用的数据和案例主要通过市场调研的手段获得,调研工作于2014年8月至2016年1月间在江苏省无锡市和广东省广州市进行。

3.2.1 调研设计与实施

1. 调研对象和内容

集体经营性建设用地市场利益相关方包括地方政府、集体经济组织、用地企业和农户,为全面了解市场参与各方对市场的认识、建议、决策行为及影响因素,本研究分别针对上述四类对象开展调研。

(1) 政府官员:通过调研,了解当地集体经营性建设用地入市总体情况、相关政策及实施情况,以及政府部门对入市的认识和建议等,并收集相关的资料和数据。

(2) 村集体:了解村集体人口、土地、社会经济发展和集体经营性建设用地入市情况,村干部对集体建设用地入市和低效用地再开发的认识、诉求、存在问题及建议等。

(3) 企业:包括研究区的典型工业和商服企业,主要了解企业土地取得方式、使用权性质、价格或租金、土地产出效益情况等,企业对集体建设用地入市和低效用地再开发的认识、诉求、存在问题及建议等。

（4）农户：了解农户家庭、人口、土地和经济状况，农户对宅基地流转和征地拆迁、土地整治、增减挂钩等相关政策的认识、诉求、存在问题及建议等。

2. 调研方法

（1）座谈和访谈：针对各级国土资源管理部门、"三旧"改造办公室等，通过会议座谈和访谈形式开展专题调研，就相关政策及配套措施、市场交易情况、低效用地再开发工作开展情况、相关市场主体对政策的认知和行为情况等进行现场交流，并收集相关的资料和数据。

（2）现场观摩：对有关集体建设用地入市和低效用地再开发典型项目进行现场观摩，进一步了解地块情况、市场运作模式、土地权益关系、土地租金和价格情况等。

（3）问卷调查：在一般性调研的基础上，根据研究区的集体经营性建设用地入市模式、土地利用状况、经济发展水平等的差异，设计调查问卷，选取典型村镇，随机抽样与重点调查相结合，针对政府官员、企业负责人、村干部、农户等，以访谈的形式开展深度调研。问卷调查采用典型性和非概率抽样的方式。

① 根据各乡镇经济发展水平、集体建设用地市场活跃程度，兼顾工作开展难度，从研究区选择样本乡镇。

② 根据主导产业类型，兼顾企业规模和不同土地集约利用水平，从每个样本乡镇选取 50—100 家样本企业。

③ 根据各村经济发展水平和集体土地入市情况，从每个样本乡镇选取 2—3 个样本村。

④ 每个样本村内随机抽样 5—10 户农户。

3. 调研实施步骤

（1）准备阶段

主要解决调研目标任务、内容和人员组织安排等问题，制订切实可行的调查实施计划。具体工作步骤是：

① 确定调研目标和任务，明确需要解决的问题；

② 明确调研的内容、对象和方式；

③ 设计各类调查表、资料收集清单和抽样方案；

④ 落实调研人员,安排任务分工。

(2) 试验和培训阶段

主要通过预调研对调研计划进行修改完善,再组织调研培训。

① 预调研:调研计划制订后,选择某个乡镇进行预调研,以了解调研过程中可能出现的问题,并对问卷进行测试。

② 调研计划完善:针对预调研情况,多次召开讨论会,对问卷进行修改,并邀请相关专家对经预调研和内部讨论修改后的问卷提出修改意见和建议。

③ 调研人员培训:在对调研问卷修改完善之后,对拟参加调研的人员进行培训,主要是向调研人员解释调研的主要目的和内容、问卷中问题设计的目的和含义,针对部分没有调研经历的人员讲述相关注意事项以及访谈的方法与技巧。

(3) 组织实施阶段

2014年8月,先后对无锡市滨湖区胡埭镇、惠山区钱桥街道、锡山区锡北镇开展了实地调研,调研内容主要包括镇政府相关部门的资料收集、政府领导访谈、村镇工作人员访谈、工业企业和农户问卷调查。2014年8月5日—8月8日,调研组共15人对滨湖区胡埭镇进行了全面调研,完成了116份农户问卷、41份企业问卷、11份行政村干部访谈问卷、9份政府领导问卷调查,并收集了集体建设用地流转的相关资料。2014年8月11日—8月15日,调研组共27人对惠山区钱桥街道、锡山区锡北镇进行了实地调研,完成了钱桥镇的盛峰村、西漳村、阳溪村三个村和锡北镇的八士村、光明村、周家阁村三个村的241份农户问卷,钱桥街道和锡北镇所有行政村的182份企业问卷、23份行政村干部访谈问卷、30份政府相关部门的领导访谈问卷。

2016年1月,调研组共22人,对广州市白云区江高镇进行了一个星期的集中调研,完成了107份农户问卷、77份企业问卷、17份行政村干部访谈问卷,并通过专题会议,全面了解了白云区集体建设用地入市和"三旧"改造工作开展情况,通过项目区现场调研,深入了解了广州市和白云区典型"三旧"改造项目的实施情况,观摩了改造效果。

(4) 整理录入阶段

在调查完成后，对所有问卷进行整理，检查问卷的完整性、正确性、有效性、可信度等，对部分资料或问卷进行补充调查，剔除缺失内容较多的问卷。对数据进行规范化处理，如土地面积和价格等单位换算、字段值规范化、行政代码赋值等，最后将修改完善的数据按 Excel 模板格式整理，导入自主研制的土地价格与土地市场模拟预测软件(图 3-3 至 3-5)。

查询条件 导入 自动获取

序号	行政区	项目名称	合同编号	项目总面积（公顷）	出让金额（万元）	土地用途	供应方式	签订日期	操作
1	江高镇	广州市温碧泉电子商务有限公司（商业用地）		0.419700	1833.000000	商务金融用地	挂牌	2015-06-26	✎ ✕
2	江高镇	广州市新志友房地产开发有限公司（市场用地（C26））		4.328400	14284.000000	批发零售用地	挂牌	2013-09-15	✎ ✕
3	江高镇	广州江南果菜批发市场有限责任公司（普通仓储）		19.914400	50000.000000	仓储用地	挂牌	2012-11-01	✎ ✕
4	江高镇	广东秋鹿实业有限公司（工业）		2.318100	1428.000000	工业用地	挂牌	2012-04-23	✎ ✕

图 3-3　江高镇国有土地出让信息

查询条件 导入 清空

序号	行政区	标题	发布时间	面积（m^2）	价格	价格单位	地址	操作
1	江高镇	广州市白云区江高镇泉溪村橙园9号	2016	860.000000	38.370000	元/平米/年	广州市白云区江高镇泉溪村橙园9号	✕
2	江高镇	广州市白云区江高镇泉溪工业区1—2号	2016	3000.000000	38.330000	元/平米/年	广州市白云区江高镇泉溪工业区1—2号	✕
3	江高镇	广州市五丰工业区	2016	140000.000000	40.930000	元/平米/年	广州市五丰工业区	✕
4	江高镇	广州市江高镇水沥工业园	2016	2800.000000	39.290000	元/平米/年	广州市江高镇水沥工业园	✕
5	江高镇	广州市江高镇古楼工业区	2016	8000.000000	41.250000	元/平米/年	广州市江高镇古楼工业区	✕
6	江高镇	广州白云区江高镇新广花二路18号	2016	1100.000000	40.910000	元/平米/年	广州白云区江高镇新广花二路18号	✕
7	江高镇	广州市江人一路	2016	5096.000000	218.010000	元/平米/年	广州市江人一路	✕
8	江高镇	广州市白云区江高镇雄丰村朕华北路63号	2016	6200.000000	43.550000	元/平米/年	广州市白云区江高镇雄丰村朕华北路63号	✕
9	江高镇	广州市江高镇南岗村	2016	8000.000000	44.130000	元/平米/年	广州市江高镇南岗村	✕
10	江高镇	广州市白云区江高镇泉溪村	2016	3000.000000	37.670000	元/平米/年	广州市白云区江高镇泉溪村	✕

记录总数：110 总页数：11当前页：1/11　　首页 上一页 下一页 尾页 1 转到

图 3-4　江高镇集体土地使用权出租信息

查询条件　导入　清空

序号	行政区	标题	发布时间	面积（m^2）	价格	价格单位	厂房类型	地址	操作
1	江高镇	广州大岭村市大岭南路79号	2016	5000.000000	158.000000	元/平米/年		广州大岭村市大岭南路79号	×
2	江高镇	广州市白云区江高镇蓼江村工业区	2016	1800.000000	166.670000	元/平米/年		广州市白云区江高镇蓼江村工业区	×
3	江高镇	广州市白云区江高镇泉溪工业区1—2号	2016	3000.000000	164.000000	元/平米/年		广州市白云区江高镇泉溪工业区1—2号	×
4	江高镇	广州市白云区江高镇江村村	2016	650.000000	161.540000	元/平米/年		广州市白云区江高镇江村村	×
5	江高镇	广州市白云区江高镇龙湖工业区龙滘路自编6号	2016	8000.000000	147.250000	元/平米/年		广州市白云区江高镇龙湖工业区龙滘路自编6号	×
6	江高镇	广州市白云区江高镇龙滘路38号	2016	1000.000000	178.000000	元/平米/年		广州市白云区江高镇龙滘路38号	×
7	江高镇	广州市江高镇水沥工业园	2016	20000.000000	124.250000	元/平米/年		广州市江高镇水沥工业园	×
8	江高镇	广州市江高镇古楼工业区	2016	6000.000000	178.330000	元/平米/年		广州市江高镇古楼工业区	×
9	江高镇	广州市江人一路	2016	2000.000000	192.500000	元/平米/年		广州市江人一路	×
10	江高镇	广州白云区江高镇新广花二路18号	2016	800.000000	136.630000	元/平米/年		广州白云区江高镇新广花二路18号	×

记录总数：84 总页数：9当前页：1/9　　首页　上一页　下一页　尾页　1　转到

图 3-5　江高镇工业厂房出租信息

3.2.2　无锡研究区调研结果及分析

集体经营性建设用地入市的交易双方一般为村集体和用地企业，它们的政策认知、入市决策、行为模式等对土地价格有直接影响。因此，以下重点分析村集体和用地企业调研样本情况。

1. 样本村基本情况及入市特征

样本村共 31 个，其中胡埭镇 10 个、钱桥街道 11 个、锡北镇 10 个。各村常住人口平均 6 424 人，最多的 13 562 人，最少的 2 225 人，中位数 5 177 人；居民文化程度主要为初中和高中；人均耕地平均 0.30 亩，最多的 1.23 亩，最少的 0.00 亩，中位数 0.18 亩；集体建设用地占城镇村及工矿用地比例平均 52.57%，最高的 100%，最低的 0.53%，中位数 54.11%；各村均有公交线路，最多的 8 条，最少的 1 条，中位数 3 条；村内工业企业数量平均 58 家，最多的 200 家，最少的 11 家，中位数 53 家；企业吸纳本村劳动力人数平均 906 人，最多的 3 000 人，最少的 68 人，中位数 678 人；本村劳动力占企业员工比例平均 46.35%，最高的 80%，最低的 20%，中位数 50%；大约一半的村有较明确的产业规划，并制定了招商方案；各村选择入驻企业考虑较多的因素为经济效益、本村劳动力就业、生态环境、企业实力、村基础设施或公共服务支持、产业升级、村民意愿,并将环保、安全作为限制条件;在对入驻企业的附加条件方面,有一半的村提出安置本村劳动力和提供公共服务支持。

在集体建设用地长期租赁(30—50年)方面,大部分村集中在2002—2005年间,当时的价格为5—6万元/亩,租赁年限多为50年;集体建设用地短期租赁主要从20世纪90年代开始并延续至今,一般1—3年重新签约一次,平均年租金2000年约10—15元/m^2,2014年约15—22元/m^2,2000—2014年间租金平均涨幅约50%;工业厂房租赁主要从1995年开始并延续至今,一般1—3年重新签约一次,平均年租金2000年约50—100元/m^2,2014年约100—130元/m^2,15年间租金平均涨幅约50%;工业厂房出售的情况较少;从租金确定方式看,主要为随行就市或根据上级指导价;宅基地房屋买卖的情况很少,村干部对买卖宅基地大多持反对态度;在土地权利方面,普遍对入市自主权、抵押权比较期待。

无锡市样本村基本情况见表3-5,样本村和样本企业分布情况见图3-6至3-8。

表3-5 无锡市样本村基本情况

指标	最小值	最大值	均值	中位数
常住人口(人)	2 225	13 562	6 424	5 177
人均耕地(亩)	0.00	1.23	0.30	0.18
集体建设用地占城镇村及工矿用地比例(%)	0.53	100.00	52.57	54.11
公交线路(条)	1	8	4	3
企业数量(家)	11	200	58	53
企业吸纳本村劳动力数量(人)	68	3 000	906	678
企业吸纳本村劳动力比例(%)	20.00	80.00	46.35	50.00
集体建设用地年租金(元/m^2)	15	22	19.36	18
工业厂房年租金(元/m^2)	100	130	115	110

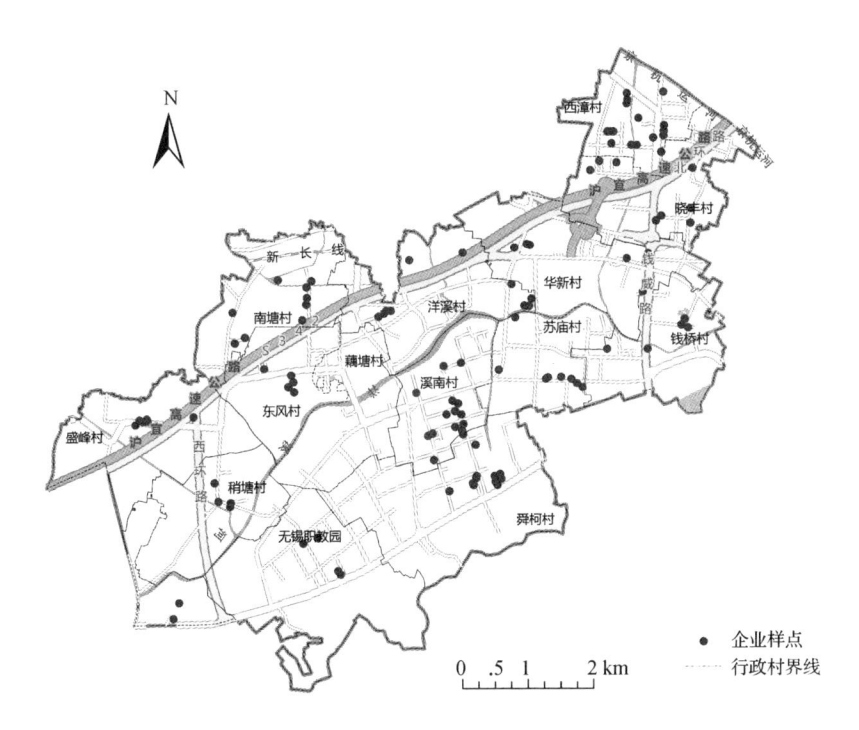

图 3-6 钱桥街道调研样本村和企业分布图

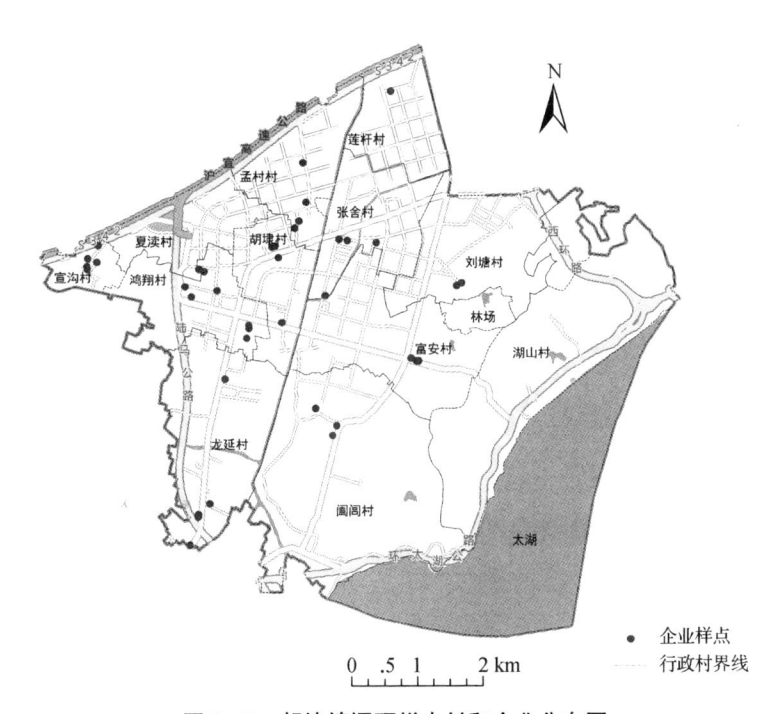

图 3-7 胡埭镇调研样本村和企业分布图

图 3-8　锡北镇调研样本村和企业分布图

2. 样本企业基本情况及入市特征

样本企业共 241 家,其中胡埭镇 45 家,钱桥街道 116 家,锡北镇 80 家。企业平均员工数 49 人,最多的 1 100 人,最少的 2 人,中位数 28 人,本地员工平均占比 57.33%,最高的 100%,最低的 0%,中位数 51.11%;土地取得时间,最近的 2015 年,最早的 1983 年;集体土地来源主要为村委会,占 81.99%,少量来源为乡镇政府和其他企业;从集体土地取得方式看,30—50 年长期租赁的有 80 家,占 33.20%,短期租赁的有 123 家,占 51.04%,其他取得方式的有 38 家,占 15.76%;从集体土地交易途径看,村镇招商和私下交易的 215 家,占 89.21%,中介交易的 5 家,占 2.07%,企业改制的 21 家,占 8.72%;从合同签订情况看,只有 1 家未签订合同;全部企业中 232 家为工业用地,另有少量仓储和商服用地等;土地年租金平均 19.06 元/m²,最高 35 元/m²,最低 7.5 元/m²,中位数 18 元/m²,签约周期为 1—3 年;用地面积平均 8 577.63 m², 最大的 151 230 m², 最小的 200 m², 中位数 3 900 m²; 集体土地有土地证的 106 家, 占 43.98%, 能抵押的 41 家, 占 17.01%, 其中成功办理抵押融资的只有 4 家; 在企业用地权利方面, 受访者普遍认为缺少抵押权、转让或转租权; 企业地均税收平均 18.44 万元/亩, 最高 200.20 万元/亩, 最低 0 万元/亩, 中位数 11.76 万元/亩; 企业年利润率平均 5.53%, 最高 20.00%, 最低 0.00%, 中位数 5.00%。

无锡市样本企业基本情况见表 3-6。

表 3-6 无锡市样本企业基本情况

指标	最小值	最大值	均值	中位数
用地面积(m²)	200.00	151 230.00	8 577.63	3 900.00
员工数(人)	2	1 100	49	28
本地员工比例(%)	0.00	100.00	57.33	51.11
土地取得时间(年份)	1983	2015		
土地年租金(元/m²)	7.50	35.00	19.06	18.00
地均税收(万元/亩)	0.00	200.20	18.44	11.76
年利润率(%)	0.00	20.00	5.53	5.00

在是否位于园区对租金的影响上, 认为影响很大的占 22.40%, 有影响的占 38.60%, 基本没影响占 39.00%; 在产业集聚对租金的影响上, 认为影响很大的占 18.20%, 有影响的占 38.20%, 基本没影响占 43.60%; 在地理位置对租金的影响上, 认为影响很大的占 36.30%, 有影响的占 44.80%, 基本没影响占 18.90%; 在产业类型对租金的影响上, 认为影响很大的占 16.60%, 有影响的占 44.40%, 基本没影响占 39.00%; 在抵押权对租金的影响上, 认为影响很大的占 31.00%, 有影响的占 38.60%, 基本没影响占 30.40%; 在抵押权对售价的影响上, 认为影响很大的占 45.00%, 有影响的占 39.00%, 基本没影响占 16.00%; 在吸纳本村劳动力、支持村镇建设对租金的影响方面, 认为影响很大的占 28.10%, 有影响的占 24.20%, 基本没影响占 47.70%。

在集体土地同权入市的看法上, 86.9% 的受访者支持集体土地不经过政府征收直接入市; 对于入市主导方, 认为应由政府、企业、村集体、村民主导的分别占45.6%、22.1%、23.3%和9%;对于土地取得方式,68.7%的受访者希望一次性买断30—50年使用权,15.2%的希望长租短约,还有少数希望租赁厂房、联营入股等;对于入市价格,15.5%的受访者主张由政府规定,43.9%的主张政府指导、市场调节,40.6%的主张由用地企业和土地权利人按市场情况协商确定;77.9%的受访者能承受租金上涨10%以内,10.4%的能承受租金上涨10%—20%,11.7%的能承受租金上涨20%以上;对于入市收益上缴政府的比例,83.49%的受访者认为不应超过10%,11.79%的受访者认为可以在10%—20%,认为可以超过20%的只占4.72%;集体土地同权入市后,93.64%的受访者表示希望依法完善用地手续,办理权属证书,但同时担心相关手续可能复杂,并增加税费等用地成本;在用地成本增加的情况下,92.92%的受访者表示将会更加节约集约利用土地;在入市收益分成方面,受访者中17.40%的主张政府拿大头,57.00%的主张集体拿大头,25.60%的主张政府和集体各一半,主要理由为土地是集体所有,而政府也需要进行投资;在集体内部分成方面,受访者中18.18%的主张村集体拿大头,63.64%的主张村民拿大头,18.18%的主张村集体和村民各一半,主要理由为村民对土地依赖性大,是重要的生存保障,集体获得的收益需用于发展集体经济,服务本村村民;在入市分成具体比例方面,受访者对政府、集体和村民的分成比例平均为30∶27∶43。

3.2.3 广州研究区调研结果及分析

1. 样本村基本情况及入市特征

样本村共17个,各村常住人口平均4 218人,最多的8 050人,最少的1 378人,中位数4 525人;居民文化程度主要为初中和高中;人均耕地平均0.37亩,最多的1.04亩,最少的0.00亩,中位数0.22亩;集体建设用地占城镇村及工矿用地比例平均64.55%,最高的100%,最低的0%,中位数99.45%;公交线路最多的12条,最少的0条,中位数2条;村内工业企业数量平均26家,最多的84家,最少的1家,中位数16家;企业吸纳本村劳动力人数平均200人,最多的1 000人,最少的8人,中位数100人;本村劳动力占企业员工比例平均13.59%,最高的30%,最低的0%,中位数10%;大约1/3的村有较明确的产业规划,但只有3个村制定了招商方案;各村选择入驻企业考虑较多的因素为生态环境、经济效益、企业实力、本村劳动力就业、村基础设施或公共服务支持、村民意愿,并将环保、安全作为限制条件;在对入驻企业的附加条件方面,有3个村提出安置本村劳动力,大多数村没有发表意见;在优惠政策方面,有的村反映以前有租金优惠,现在基本没有,有的提出租期可以长一些。

集体建设用地长期租赁(30—50年)的情况基本没有;集体建设用地短期租赁从1978年就有了,20世纪90年代开始比较普遍,延续至今,租期一般为30—50年的长租短约或5—10年的短期租赁;平均年租金2000年约10—20元/m²,2014年约10—40元/m²,各村租金差异较大,最低的不到10元/m²,最高的超过40元/m²,2000—2014年间租金涨幅差异也较大,有的村涨幅不到20%,有的村达到3倍;工业厂房租赁主要从1990年开始并延续至今,租期一般为5—15年,平均年租金2000年约30—80元/m²,2014年约100—220元/m²,2000—2014年间租金平均涨幅约2—3倍;工业厂房出售的情况较少;从租金确定方式看,主要通过三资平台公开竞价,有的随行就市;宅基地房屋买卖的情况很少,但出租较普遍,村干部对买卖宅基地部分持反对态度、部分置之不管;在土地权利方面,对出让权、自主开发权、规划权比较期待。

广州市样本村基本情况见表3-7。

表3-7 广州市样本村基本情况

指标	最小值	最大值	均值	中位数
常住人口(人)	1 378	8 050	4 218	4 525
人均耕地(亩)	0.00	1.04	0.37	0.22
集体建设用地占城镇村及工矿用地比例(%)	0.00	100.00	64.55	99.45
公交线路(条)	0	12	3	2
企业数量(家)	1	84	26	16
企业吸纳本村劳动力数量(人)	8	1 000	200	100
企业吸纳本村劳动力比例(%)	0.00	30.00	13.59	10.00

续 表

指标	最小值	最大值	均值	中位数
集体建设用地年租金(元/m²)	10.00	40.00	26.68	25.00
工业厂房年租金(元/m²)	100.00	220.00	158.57	150.00

2. 样本企业基本情况及入市特征

样本企业共77家,企业平均员工数88人,最多的700人,最少的4人,中位数36人;本地员工平均占比23.71%,最高的100%,最低的0%,中位数16.67%;土地取得时间最近的2015年,最早的1976年;集体土地来源主要为村委会和村民小组,占86.30%,少量来源为乡镇政府和其他企业;从集体土地取得方式看,30—50年长期租赁的有6家,占7.79%,短期租赁的有71家,占92.21%;从集体土地交易途径看,村镇招商和私下交易的75家,占97.40%,公开竞价的2家,占2.60%;从合同签订情况看,只有3家未签订合同,合同签订率为96.10%;全部企业中71家为工业用地,占92.21%,另有少量仓储和商服用地等;土地年租金平均21.89元/m²,最高59元/m²,最低8.4元/m²,中位数24元/m²,签约周期为1—3年;用地面积平均8 112.34 m²,最大的140 000 m²,最小的400 m²,中位数3 000 m²;集体土地有土地证的21家,占27.27%,能抵押的3家,占3.90%,但没有成功办理过抵押融资;在企业用地权利方面,受访者普遍认为缺少抵押权、转让或转租权;企业地均税收平均24.59万元/亩,最高266.80万元/亩,最低0万元/亩,中位数11.12万元/亩;企业年利润率平均7.10%,最高30.00%,最低0.00%,中位数7.00%。

广州市样本企业基本情况见表3-8。

表3-8 广州市样本企业基本情况

指标	最小值	最大值	均值	中位数
用地面积(m²)	400.00	140 000.00	8 122.34	3 000.00
员工数(人)	4	700	88	36
本地员工比例(%)	0.00	100.00	23.71	16.67

续 表

指标	最小值	最大值	均值	中位数
土地取得时间(年)	1976	2015		
土地年租金(元/m^2)	8.4	59.00	21.89	24.00
地均税收(万元/亩)	0.00	266.80	24.59	11.12
年利润率(%)	0.00	30.00	7.10	7.00

在是否位于园区对租金的影响上,认为影响很大的占16.40%,有影响的占63.90%,基本没影响占19.70%;在产业集聚对租金的影响上,认为影响很大的占17.70%,有影响的占58.80%,基本没影响占23.50%;在地理位置对租金的影响上,认为影响很大的占42.50%,有影响的占39.00%,基本没影响占18.50%;在产业类型对租金的影响上,认为影响很大的占9.86%,

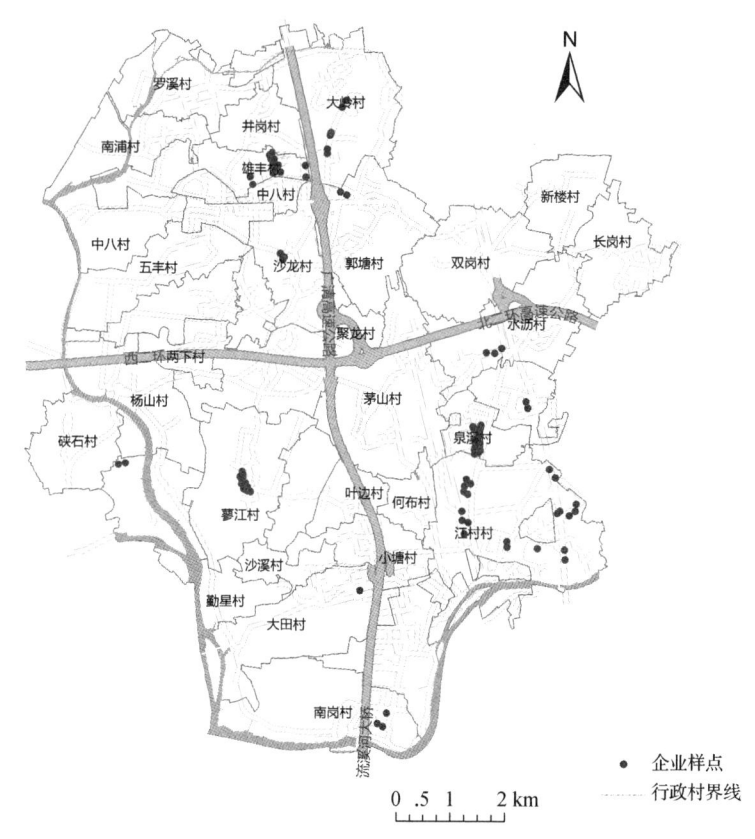

图3-9 江高镇调研样本村和企业分布图

有影响的占 66.20%,基本没影响占 23.94%;在抵押权对租金的影响上,认为影响很大的占 12.99%,有影响的占 67.61%,基本没影响占 19.40%;在抵押权对售价的影响上,认为影响很大的占 11.11%,有影响的占 73.61%,基本没影响占 15.28%;在吸纳本村劳动力、支持村镇建设对租金的影响方面,认为影响很大的占 2.82%,有影响的占 66.20%,基本没影响占 30.98%。

在集体土地同权入市的看法上,91.5% 的受访者支持集体土地不经过政府征收直接入市;对于入市主导方,认为应由政府、企业、村集体、村民主导的分别占 47.5%、8.5%、26.7% 和 17.3%;对于土地取得方式,51.2% 的受访者希望一次性买断 30—50 年使用权,25.6% 的希望长租短约,还有一部分希望租赁厂房、联营入股等;对于入市价格,10.9% 的受访者主张由政府规定,41.4% 的主张政府指导、市场调节,47.7% 的主张由用地企业和土地权利人按市场情况协商确定;76.8% 的受访者能承受租金上涨 10% 以内,9.7% 的能承受租金上涨 10%—20%,13.5% 的能承受租金上涨 20% 以上;对于入市收益上缴政府的比例,85.66% 的受访者认为不应超过 10%,14.34% 的受访者认为可以在 10%—20%;集体土地同权入市后,79.17% 的受访者表示希望依法完善用地手续,办理权属证书,但同时担心相关手续可能复杂,并增加税费等用地成本;在用地成本增加的情况下,95.83% 的受访者表示将会更加节约集约利用土地;在入市收益分成方面,受访者中 9.33% 的主张政府拿大头,68.00% 的主张集体拿大头,22.67% 的主张政府和集体各一半,主要理由为土地是集体所有,集体收益高了,可以自己进行基础设施投资;在集体内部分成方面,受访者中 16.00% 的主张村集体拿大头,61.33% 的主张村民拿大头,22.67% 的主张村集体和村民各一半,主要理由为村民对土地依赖性大,是重要的生存保障,但集体也需要为村民提供更多公共服务,也应有一定收益;在入市分成具体比例方面,受访者对政府、集体和村民的分成比例平均为 28∶30∶42。

3.3 研究区市场特征及差异分析

3.3.1 无锡研究区集体经营性建设用地入市特征

1. 政府引导、集体主导模式下的隐性流转

通过调研可知,无锡市三个典型镇街集体土地入市模式基本相似,均为村集体主导下的隐性流转。无锡市在 2007 年出台了《无锡市集体建设用地使用权流转管理暂行办法》,对流转方式、程序等作了统一规定,但并没有建立统一的交易平台,也没有出台统一的租赁指导价,实际操作中集体建设用地入市主体主要为村委会,少数为乡镇政府。从入市动机看,最初源于 20 世纪 90 年代末的乡镇企业改制,将原来集体所有的企业转为私营性质,土地相应地实行有偿使用,当时正值国内掀起了一股开发区热,村镇也竞相兴办工业园区,因此在 20 世纪 90 年代末到 2005 年左右出现集体工业用地大批入市,有的是 50 年长期租赁,租金为 5—6 万元/亩,每五年办一次证;有的则是短期租赁,按年支付租金。

2. 市场机制不健全,价格主要参照国有土地

在 2020 年新《土地管理法》实施前,县市级层面尚未制定统一的入市实施细则,主要等待国家层面入市政策的进一步明朗。而各镇街对入市的管理有松有紧,有的管理比较完善,例如胡埭镇出台了租赁指导价,根据区位条件划分片区,各片区年租金从 1.2—1.5 万元/亩,有的则基本放任不管,价格主要由村集体和用地企业参照国有建设用地价格协商确定,有的出租协议是十几年前签订的,而租金一直未变。由于集体土地权能不完整,部分尚未确权登记,实际交易价格总体上略低于周边国有建设用地价格。从交易途径看,多为村镇招商和私下交易,没有统一的交易场所,没有做到市场信息公开透明。

3. 企业规模小、效益低,有明显地缘和人缘性

按中位数统计,企业用地面积为 3 900 m²,员工 28 人,本地员工占

51.11%,地均税收11.76万元/亩,年利润率约5%,反映出企业主要为小微企业,土地利用效益较低。而本地员工超过一半,说明企业员工很多为本村劳动力,势必与村集体存在千丝万缕的联系,在调研中发现有企业就直接为村集体提供基础设施建设或公共服务,而村集体相应地也为企业生产经营提供便利,这种情况下企业基本不太愿意或很难迁址到其他地区,即使区位、基础设施条件更好,有的企业就表示只有规模做得很大才可能迁址,但也不是迁往其他村镇,而是进入省级或国家级开发区。

4. 企业希望完善土地产权,期待同权入市

目前,企业用地部分有土地证,但需五年换一次证,部分按年租赁的土地则没有土地证,只和村里签协议,抗风险能力比较低,无法实现抵押融资。调查发现,企业主大部分支持集体土地入市政策,特别是希望融资的企业,迫切希望集体土地和国有土地获得同等权利。一般情况下,企业规模大小影响用地行为选择,规模小的倾向于租赁集体土地,规模大的倾向于购买国有土地,而实际中大部分是小微企业,因此主要通过租赁的方式获得土地使用权。企业普遍赞成集体土地入市收益在政府、集体、村民之间分配,分配比例平均为30∶27∶43。企业对国家土地政策认知度较高,大多认为国家需要进行基础设施和公共服务投资,需要分享部分入市收益,而村民对土地依赖性大,土地是重要的生存保障,收益分配应向村民倾斜,集体获得的收益需用于发展集体经济,服务本村村民。不管入市政策如何,对企业用地行为影响不大,大部分企业主是本地人,有较强的人缘和地缘情结,无论租金高低,都会继续选择在当地经营。企业普遍希望通过入市完善用地手续,但也担心手续复杂,还可能会增加税费等用地成本。

5. 地方政府强势特征明显,对直接入市持谨慎乐观态度

通过对政府官员的调研发现,大部分领导对集体建设用地同权同价入市比较谨慎,认为政策落地尚面临利益分配、产权完善、征地等相关制度完善、价格体系建立、规划编制、交易平台建设及监管等有待解决的问题。大部分人认为集体建设用地入市获得的收益,政府应该多分点,而村集体和农户少分点,因为政府投资道路、供水供电、医院、学校等基础设施建设会提升

土地价值,并且政府还需解决民生问题,应该多获得土地收益。这表明地方政府仍没有从城乡土地二元市场收益分配格局的套路中走出来,认为集体土地就应该由政府实际控制和支配,政府负责农村基础设施建设,没有充分认识"让市场在资源配置中起决定性作用"的内涵,忽视了农村长期发展的基础和未来收益。

3.3.2　广州研究区集体经营性建设用地入市特征

1. 市场主导、集体自发形成的隐性流转

通过调研可知,广州市白云区江高镇的集体经营性建设用地入市主要由市场需求推动,当地没有类似无锡的乡镇企业改制这一特殊历史背景,但却处于中国改革开放的前沿地区,外向型经济起步较早、发展较快,产生了大量的用地需求,而国家层面的土地管理法律法规尚未跟上,在利益驱动下出现了土地利用失控局面,大量集体建设用地甚至耕地绕开政府直接流转,在当地已经形成常态,时至今日地方政府不得不接受这种既成的事实。

2. 市场机制逐步健全,主要依据市场定价

白云区江高镇地处广州市北郊,远离广州主城区,不是广州市城市建设重点区域,加之大量土地在八九十年代就已经入市流转,近年来供应的国有建设用地很少,土地市场以集体建设用地交易为主。入市主体为村集体和村民,入市方式基本上都是租赁,包括土地出租和厂房出租,每1—3年签约一次,租金主要根据市场行情,由村集体和用地企业协商确定,区政府和镇政府均未出台指导价格。2015年以来,白云区按照广东省农业厅统一要求,逐步建立完善了农村集体资产交易的"三资"(资金、资产、资源)平台,为集体经营性建设用地入市提供了统一的交易平台,交易程序逐步规范,市场信息更加公开透明,价格机制进一步健全。近年来江高镇土地租金和厂房租金总体与经济发展状况相吻合,并体现出明显的区位差异,反映出集体建设用地市场发展较为成熟,市场机制作用较明显。

3. 企业规模小、效益低,地缘和人缘特征不明显

按中位数统计,企业用地面积为 3 000 m²,员工 36 人,本地员工占

16.67%，大幅低于无锡市的51.11%，地均税收11.12万元/亩，年利润率约7%，反映出企业主要为小微企业，土地利用效益不高，但企业员工中本村劳动力较少，以外来务工人员为主，因此企业与村集体主要为经济关系，相互依赖性较低，村集体主要希望获得较高较稳定的租金收益，而企业则主要通过市场竞争谋求利润最大化，这种情况下企业大多没有人缘和地缘特征，企业迁址的可能性明显高于无锡，如果租金太高或遇上行业不景气，就有可能迁往成本更低的地区或放弃经营。

4. 企业期待同权入市，但操作难度较大

由于历史原因，广州市的集体经营性建设用地几乎都没有办理土地证，只和村里签协议，无法实现抵押融资。调查发现，企业主大部分支持集体土地入市政策，特别是希望融资的企业，迫切希望集体土地和国有土地获得同等权利，但由于前期土地取得没有任何合法手续，符合土地利用规划和城市规划的地块很少，补办手续还有可能增加税费，因此普遍认为可行性不大。企业普遍赞成集体土地入市收益在政府、集体、农户之间分配，分配比例平均为28∶30∶42。企业对土地集体所有的认同度较高，认为入市收益应主要归集体所有，集体有了收益，就可以进行基础设施投资，而不需要依赖国家投资。此外，也认为村民对土地依赖性大，土地是重要的生存保障，集体内部的收益分配应向村民倾斜，集体获得的收益需用于发展集体经济，服务本村村民。

5. 地方政府以引导为主，对直接入市持观望态度

通过对政府官员的调研发现，地方政府对集体建设用地同权同价入市比较谨慎，认为政府应加强引导，先把现有隐形市场规范起来，政府在税费上适当让利，后面再逐步完善。如果一开始就征税过高，村集体可能不愿进入公开市场，仍隐性流转。广州市集体经营性建设用地涉及面广，几乎都为违法用地，因此政策的衔接性和稳定性很重要，否则容易引发社会矛盾。尤其是2009年以来"三旧"改造政策经历了多次调整完善，市场各方已有所顾忌。因此集体经营性建设用地入市要因地制宜、稳妥推进，要给市场利益各方都有明确、稳定的预期，否则村集体不愿意入市，企业也不敢投资。上述

调研结果表明地方政府的市场意识较强,基本默认了现有的集体经营性建设用地隐性流转,重点考虑如何引导和规范市场,充分发挥市场机制作用,实现土地资源的优化配置。

3.3.3 两地的市场共性特征、差异及原因分析

综上所述,无锡市和广州市集体经营性建设用地入市有三方面共性特征:一是入市模式主要为隐性流转,即由市场需求引致的自发流转,政府干预较少;二是土地产权都不完善,土地权益呈现异质化特征;三是企业规模小、用地效益低。

两地市场的差异性主要体现在五个方面:一是运作模式不同。无锡市是政府引导、集体主导模式;广州市是市场主导、集体和村民自发模式。二是价格机制不同。无锡市是熟人定价、政府定价和市场定价兼有,市场机制不健全;广州市市场发育更成熟,以市场定价为主。三是企业特征不同。无锡市主要为改制后的乡镇企业,企业主大多为本地人,具有较强的人缘和地缘性;广州市主要为私营企业,企业主和员工大多为外来务工人员,无明显的人缘和地缘特征。四是产权状况不同。无锡市集体经营性建设用地大多来源于乡镇企业改制,有一定的合法合规性,完善产权的可行性较大;而广州市集体经营性建设用地主要来源于改革开放初期村集体和村民将土地以租代征流转,基本都是违法用地,且大多不符合规划,完善产权的难度较大。五是政府态度不同。无锡市政府官员希望通过同权入市,进一步加强对集体建设用地的控制和支配,由此获得土地收益;而广州市政府官员对现有市场状况基本认同,重点考虑如何引导和规范,而认为同权入市难度较大,应稳妥推进。

从土地所有者和土地使用者的权益关系看,无锡类似分成合约,即企业支付的土地租金相对较低,但需承担一定的公共服务职能,包括村民就业、村镇基础设施建设和公共服务保障等,地价受政府、村集体等市场外部因素影响较大,不是完全由市场竞争形成,这一点在无锡市下辖的宜兴市和毗邻的常州市武进区更加明显,其土地年租金均只有约 6 元$/m^2$;广州则类似租赁合约,即集体经济组织和企业在充分竞争的市场中达成合约,地价是市场竞争的结果,

双方的经济关系主要为土地租赁关系，土地使用的限制条件少。

通过调研和查阅相关文献，本书认为以上差异主要是历史原因形成，有其合理性。我国现行土地制度最早源于1986年出台的《土地管理法》，基本框架形成于1998年修订的《土地管理法》，随后地方政府将农用地转为建设用地的自由空间逐步缩小。而从经济发展角度看，改革开放至2000年前后，是我国乡镇企业高速发展的阶段。也就是说，乡镇企业的快速发展期刚好避开了土地用途的严格管制，在严格实施土地用途管制前，长三角和珠三角农村就已经实现了工业化，大量农用地转为建设用地，形成了今天的集体经营性建设用地。

由于长三角和珠三角农村工业化的道路不同，这些地方实践中形成了各不相同的农村土地权益关系与权利意识。苏南乡镇企业改制前为集体所有，起决定作用的是村干部的经营能力。虽然土地都是集体的，但不是所有利用集体土地的乡镇企业都能发展好，都能为本村提供就业机会和经营利润。也就是说，在乡镇企业发展上，村干部的经营能力是关键，即所谓的"能人经济"，因此土地的作用被忽视，从而切断了农民与土地的直接利益联系。而珠三角地区企业主要为外地人经营，村集体只管收租，再给村民分红。因此，农民作为集体成员，就认为企业的土地租金也有自己的份儿，由此产生强烈的地权意识。另外，当地农民在宅基地上盖房出租成为常态，宅基地上盖高层、握手楼随处可见，长期获得的巨大土地利益进一步强化了他们的地权意识。

珠三角地区在20世纪八九十年代的快速工业化中，由于国家土地管理政策的滞后，未对土地用途进行严格管制，因此产生了土地无序扩张的状况，导致土地上附着了巨大的既得利益。农民长期以来从土地出租中获利，农村土地市场非常成熟，从规模和影响力看不比城市国有土地市场小，有些地方的产业用地甚至主要由农村土地市场提供，为地方经济发展作出了巨大贡献，这种特殊的城乡二元土地市场在珠三角已成常态，集体建设用地归集体所有，宅基地归个人所有，这种观念已根深蒂固。而苏南的集体经济模式使得农民和土地之间基本没有直接利益关系，农民认为其收入源于乡镇企业、源于"能人"的经营管理，而忽视了土地价值。因此在苏南，无论是土地征收还是集体经营性建设用地入市，政府都能实施强有力的干预。而在珠三角，长期以来形成的农民地权意识使得地方政府控制集体土地的能力较弱，只能对土地用途进行必要的规划管控，对农村集体建设用地流转基本采取默认的态度，因此其市场化程度很高。随着新时期珠三角城市转型发展和产业优化升级的推进，土地供需矛盾不断加剧，中央政府不得不给予广东特殊的土地政策，"三旧"改造政策也就应运而生。

3.4 本章小结

本章主要阐述了研究区选择的思路及其典型性、代表性，介绍了无锡和广州两个实证研究区的基本情况、市场调研情况及调研结果，总结了两个研究区的共性与差异及其原因。从土地权益关系看，无锡和广州分别类似分成合约和租赁合约形式，前者地价受政府、村集体等市场外部因素影响较大，不是完全由市场竞争形成，交易双方的经济关系较复杂，土地使用的限制条件多；后者地价主要是市场竞争的结果，交易双方的经济关系主要为土地租赁关系，土地使用的限制条件少。形成上述差异的原因主要是两个地区不同的经济发展背景，孕育了不同的土地市场模式和农民地权意识。

第四章 基于土地权益的集体经营性建设用地价格形成机理与模型构建

本章在研究区调研基础上,针对研究区的集体经营性建设用地市场特征及其差异性,进一步剖析集体经营性建设用地使用权权益及价格内涵、价格形成基础,借鉴西方经济学思想,运用交易成本理论、合约理论、竞租理论等,探索性地提出基于分成合约和租赁合约的地价形成机理和土地总收益竞租模式,并运用土地收益理论、特征价格理论构建集体经营性建设用地使用权价格模型。

4.1 集体经营性建设用地使用权权益、价格内涵及形成基础分析

4.1.1 集体经营性建设用地使用权权益分析

1. 基于产权理论的土地权益分析

马克思从产权角度,对作为生产资料的土地在市场经济中的作用进行了深入研究,认为土地产权是一种生产关系表现形式,包括土地所有权以及派生而来的占有、使用、收益和处分权等[170]。马克思认为土地占有权反映的是社会经济关系,是指经济主体实际掌握和控制土地的权利,而土地使用权是指开发经营土地的权利,这两项权利一般为一个经济主体同时掌握。土地收益权包括向土地使用者收取租金的权利,以及土地使用者开发经营土地获得利润的权利。土地处分权是指在法律范围内对土地归属作出决定的权利。

西方经济学中,产权是一系列权利束,它以资产为载体,反映了产权主体享有的排他性权利关系,具体包括四个方面:一是所有权,强调对资产绝对拥有;二是使用权;三是收益权;四是处分权,包括转让、抵押等。其中所有权是核心,是其他各项权利的基础,占有、使用、收益和处分这四大权能均受所有权影响。

科斯提出的交易成本理论是现代产权理论的基础。科斯第一定理认为在交易成本为零的情况下,即使没有明确界定产权,市场在完全竞争下也能实现帕累托最优。而实际交易中成本是客观存在的,至少包括谈判、合同签订等成本,而且外部性还可能引起市场失灵。因此,科斯第二定理指出了实现资源优化配置、提高经济运行效率的路径,首先要清晰界定产权,然后要运用价格机制减少交易摩擦并消除外部性,最终达到降低交易成本的目的。因此,权利的充分界定是市场交易的基本前提。权利的界定应遵循三个基本原则:一是权利与义务对等,在享有权利的同时还应承担相应的责任。二是排他性,只有权利人可以获得收益。三是可交易性,即可以通过市场交易实现权利分配[171]。

正如西方产权理论中所述,在市场运行中,权利的充分界定是交易的前提。权利义务关系不明确的市场交易容易引发权利纠纷,影响市场运行效率,从而难以实现资源优化配置。长期以来我国农村集体土地产权不明晰、权能不完整、市场机制不健全,导致土地使用者的交易成本增加、土地权益受损,进而影响土地价格。因此,集体经营性建设用地入市的前提是要完善产权权能、明晰产权主体,打破城乡二元土地制度,建立符合市场经济需求的集体土地产权制度,促进城乡土地要素平等交换。

2. 基于法律法规的土地权益分析

根据产权理论,土地权利人能享有的权益主要取决于三方面:一是权利主体的清晰界定;二是各项权能的清晰界定,包括权利和义务两方面;三是产权的可交易性。以下从法律法规角度对这三个方面进行分析。

(1) 权利主体的界定

我国《宪法》《土地管理法》《物权法》等均确立了农村土地集体所有的制

度。然而,"集体"的概念抽象、模糊,村民小组和村委会的权属界定不清,加之很多地方村民自治组织发展滞后,集体土地所有权主体地位出现虚置[172,173]。在实践中,村民作为集体成员,其素质相对较低,权利意识淡薄,行使权利的能力有限,处于弱势地位,因而失去了话语权;村镇干部及一些集体经济组织的管理者成为集体土地的实际控制和直接利益支配者,行使所有权人的权利,成为集体土地征收、入市、经营中的最大受益者。学术界对此论述颇多,此处不予详叙。

(2) 权能的界定和产权的可交易性

土地权能反映了权利人能实现的利益,权能是否完整将决定土地价格高低。我国集体土地权能主要通过相关法律赋予,包括《土地管理法》《物权法》等。计划经济体制下,我国实行国有土地划拨制度,划拨的土地具有无偿、无期限、无流转的特点,土地处分权受到限制。改革开放以来,适应市场经济发展需要,我国通过《宪法》《土地管理法》等法律法规对国有土地使用权的权能进行了界定和完善。然而出于耕地保护和利益分配考虑,国家一直限制集体建设用地入市,对其权能严格加以限制,由此形成城乡二元土地制度。

虽然集体建设用地入市在法律上是受限的,但是在市场经济体制下,对集体建设用地的市场需求却是客观存在的,因此相关部门和地方政府在集体土地流转方面进行了不断的探索和实践。20世纪90年代,以苏南为代表地区的乡镇企业出现了效益低下、产业低端、结构不合理等问题,因此实行了企业改制,但乡镇企业所使用的集体建设用地却限制入市,显然这种土地使用制度与企业改制不适应。因此,国家从乡镇企业改制需求考虑,逐步放开存量集体建设用地流转。2003年,国家鼓励乡镇企业向小城镇集中,促进产业集聚发展,部分乡镇企业用地因此通过土地置换实现了流转。2004年以来国家加大对各类开发区的清理整顿,开始限制征地范围,鼓励乡镇企业向开发区、工业园区集聚,对集体建设用地进入市场进行积极探索,从中央政策层面一定程度上许可了存量集体建设用地的转让。

2008年10月,中央提出建立城乡统一的建设用地市场,集体建设用地入市政策实现了较大突破。2013年,中央肯定了集体经营性建设用地与国有土地同权同价,提升了其权利地位。2015年,33个县(市、区)入市试点开启,在全国人大授权、突破现行法律下开展入市探索和实践,集体经营性建设用地入市进入实践操作阶段。2020年施行的新《土地管理法》则正式破除了集体经营性建设用地入市的法律障碍。

综上,从法律法规层面看,随着市场经济发展不断深入,我国农村土地制度也在不断改革和完善,集体建设用地使用权权能不断完善,城乡割裂的土地市场逐步融合。当前,国家已确立了集体经营性建设用地与国有土地同等入市、同权同价的总体方向,但在实践中,集体经营性建设用地入市改革关乎中国6亿农村居民的切身利益,是牵一发而动全身的浩大工程,需要一系列配套措施的支撑,需在实践中逐步摸索和完善。

3. 基于与国有土地同权的土地权益分析

由上文可知,集体经营性建设用地权益受损,要通过改革实现与国有建设用地同权同价,下面重点分析集体经营性建设用地与国有建设用地的权益差异及对同权的理解。

1987年深圳的中国土地第一拍,吹响了中国国有土地有偿使用的号角,此后,经营性用途的国有建设用地逐步实行有偿方式取得,取得方式主要包括出让、租赁和作价入股等。合法取得的国有建设用地,通过土地权属证书明确界定权利人,确保了权利的排他性,在法律上赋予了完整的占有、使用、收益和处分权能,国家逐步建立完善了土地有形市场,使得土地权利人可通过公开市场交易实现其权益价值。因此,国有建设用地使用权权属清晰,权能完整,具备可交易性,能通过土地开发经营、转让、出租、抵押等实现其权益价值。

从集体经营性建设用地看,对于33个试点县(市、区)及新《土地管理法》施行后的其他试点县(市,区),可在法律授权下,在符合规划的前提下入市交易,入市的集体经营性建设用地在办理不动产登记后,获得了物权上的合法效力,享有与国有建设用地使用权同等的权益。但是在实践中,由于长期以来集体建设用地存在产权歧视,社会已形成共识,这种观念的扭转需要一个过程。例如在入市试点中,虽然法律赋予了土地抵押权,但一些大型国有银行却仍不愿意接受集体建设用地抵押融资,这就意味着真正意义上的同权还需要时间让市场各方充分接受和认可。对于没有入市交易的存量集体经营性建设用地,现行《土地管理法》《担保法》对其转让、出租、抵押等权利作了限制。一些试点地区则参照国有划拨用地使用权补办出让的做法,规定存量集体土地可以补办出让手续、补缴出让金,获得转让、抵押等权利。实际上,存量集体经营性建设用地无论是取得方式,还是权利限制都类似国有划拨土地,具有无偿、无限期、无流转的特点,其使用权类似国有划拨土地使用权。

实践中,更多的是在法律未授权的情况下隐性流转取得的集体经营性建设用地使用权,其土地权利与《物权法》中的建设用地使用权有本质差别。《物权法》规定,不动产依法登记后才可获得物权效力。对于以私下签订合同的方式实现的建设用地使用权,《物权法》规定交易双方签订的合同适用《合同法》,物权是否登记不影响合同效力。也就是说,隐性流转的集体经营性建设用地使用权不属于《物权法》中的建设用地使用权,但由于受到《合同法》的保护,实际上是一种合同债权。这部分土地,在实践中有不同情况,对于珠三角等地区,此类土地大部分取得手续不完善、程序不合法,如果用地不符合现行规划,其很难像集体划拨土地使用权一样补办手续,因而难以实现与国有建设用地同权,如果用地符合规划,则有可能在缴纳罚款后补办手续,实现与国有建设用地同权,例如广东省佛山市南海区出台了相关规定;而对于苏南等地区,此类土地大部分源于乡镇企业设立和改制,其用地手续和程序有一定的合法性,在符合规划的情况下,有较大可能转为合法的集体建设用地使用权。

综上,实践中的集体经营性建设用地使用权权益存在三种情况。

一是试点地区入市取得的集体经营性建设用地与国有土地在法律上同权,但在实践中实现同权还需要一个市场接受和认可的过程。

二是未入市但依法取得的存量集体经营性建设用地,在符合规划的情况下,可通过补办出让、租赁等手续实现与国有建设用地同权入市;不符合规划的可以采用异地调整的方式入市。

三是未通过合法途径取得的存量集体经营性建设用地,如不符合规划,则权益受限,只能界定为合同债权,或者在缴纳罚款、补办手续后实施异地调整入市;如符合规划,则可能通过缴纳罚款、补办手续实现与国有建设用地同权入市。

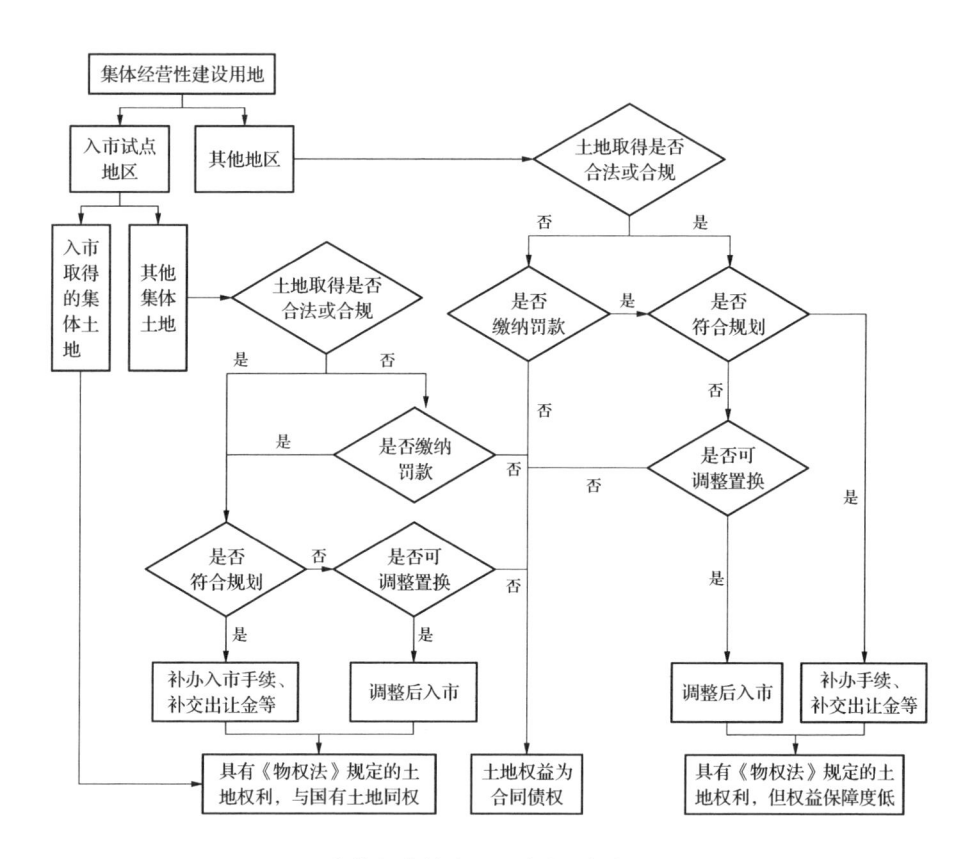

图 4-1 集体经营性建设用地使用权权益实现路径

4.1.2 集体经营性建设用地使用权价格内涵分析

对地价的认识,一般源于马克思主义地租理论,即地价是地租的资本化,地价可以看作地租除以平均利息率。2014 年修订的《城镇土地估价规程》(GB/T 18508—2014)中,地价指"市场条件下形成的土地权利价格,包括在公开市场条件下形成的客观合理价格和在特定市场条件下形成的市场关联各方可接受的价格"。该地价定义主要强调了两点：一是地价反映的是土地的权利价格；二是地价可以是市场机制形成，也可以有其他形成机制，只要市场相关方认可即可。因此，下面就从权利和价格形成机制两方面来分析集体经营性建设用地使用权价格内涵。

如前所述，权利通常包含权能和利益两个方面，价格则是利益的表现形式。而在任何社会关系中，权利和义务是对等的，权利能带来价值回报，义务则需要价值付出，因此，土地价格除了考虑土地权利能带来的利益，还要考虑在达成合约时所需承担的义务对应的价值付出，可以简单看作价格是权利带来的价值回报与义务带来的价值付出之差。正如房地产估价上的房地产价格定义，将价格界定为获得房地产所需付出的代价，包括货币、商品或其他有价物。价格通常用货币来表示，但也可以用实物、劳务等其他形式来偿付，即土地价格既包括达成合约所需支付的一次性货币额或分期货币额，也包括合约中约定的在土地使用过程中所需付出的实物、劳务等形成的代价。前者相当于通常所指的实际交易价格，后者可以看作分期支付的、以其他形式表现的地价。

综上，本研究所指集体经营性建设用地价格，是指在特定的政策和市场条件下形成的市场关联各方可接受的土地权利价格，具体包括四种类型。

（1）交易价格：指交易合约约定的以货币形式表现的土地价格或土地租金。

（2）责任补偿价格：工业用地对土地所有者的收益贡献主要体现在后期土地利用中。因此，为促成市场交易，降低土地使用者前期成本，在实践中，交易合约往往将交易价格压低，而要求土地使用者在后期土地利用中承担更多的责任，如缴纳税收[①]，提供实物、劳务等，以对土地所有者进行补偿，这种补偿折算为货币额即为责任补偿价格。从交易成本理论看，土地价格压低相当于土地所有者为企业提供了部分廉价土地等生产要素，这样就分散了企业经营风险，即分摊了一部分本应企业承担的风险成本，土地所有者

---

① 这种情况下，企业缴纳的税收可以看作由两部分构成：一是政府提供公共服务的报酬，即真正的税收；二是按年偿付的土地价格。

作为理性经济人,其分摊风险需获得相应的回报,这种回报即为责任补偿价格。

(3) 实际权益价格:等于交易价格与责任补偿价格之和,即实际权益价格不仅表现为货币形式的价格,也表现为税收等准价格形式。交易合约影响着实际权益价格的实现。从交易成本理论看,土地所有者分摊风险使得企业经营的风险成本降低,即交易成本降低,那么企业获得的土地经营收益相应就会提高,也就是增加了企业的土地权益。

(4) 完整权益价格:指在土地权益充分保障、不受限制,市场机制健全的情况下,按地租地价理论,以经济效率最大化为目标的集体建设用地价格。

因此上述价格存在以下关系:

$$交易价格=完整权益价格-权能残缺损失-$$
$$权能实现损失-责任补偿价格$$
$$实际权益价格=交易价格+责任补偿价格$$

其中,权能残缺损失为交易的制度缺陷成本,权能实现损失为市场机制不健全产生的信息成本,责任补偿价格为风险成本。

因此,总的来看,通常所指的土地交易价格高低除受区位条件和土地自身条件影响外,还主要取决于权益状况,而权益状况由三方面决定:一是政策和市场条件所赋予的土地权能;二是权能实现机制;三是交易合约约定的土地使用者责任。

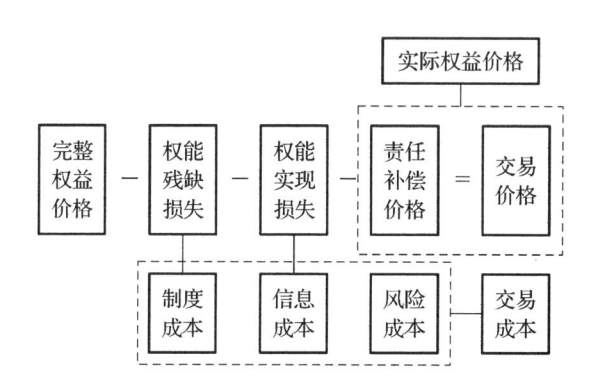

图4-2 集体经营性建设用地使用权价格内涵

4.1.3 集体经营性建设用地使用权价格形成基础分析

根据土地估价理论,土地价格形成的基础包括土地的稀缺性、土地的效用、土地的有效需求和土地的可交易性,以下就从这几个方面分析集体经营性建设用地价格形成基础。

1. 土地的稀缺性

作为不可再生资源,农村集体经营性建设用地与城镇国有土地一样具有稀缺性。随着工业化与城市化的推进,对土地的需求不断上升,供需矛盾持续扩大,而在土地用途管制的政策控制下,国有土地的可扩展空间逐步缩小,农村集体建设用地的稀缺性日益突出,成为诸多市场主体关注的目标。土地所有者希望能够借助资本化实现土地收益,土地使用者希望通过农村集体建设用地开发利用实现其资本增值,在供需双方的推动下,市场自发形成,土地价格由此产生。

2. 土地的效用

在市场经济下,人们购买商品是因为其存在效用,能够满足人们物质上或精神上的需要。因此,土地价格的形成也要求土地能给使用者带来一定效用,而土地的效用源于土地权利,土地权利的可分割性使得权利的转移成为可能[174],从土地所有权中分离的土地使用权能给权利人带来相应的利益,因此与一般商品一样具有效用。

3. 土地的有效需求

土地作为最基本的生产和生活资料,其有效需求自古以来就存在,且在社会经济快速发展的背景下不断扩大。

4. 土地的可交易性

细分的土地产权一旦明确界定且可交易,则相应的市场就会形成,通过市场机制人们就会达成合理的价格进行交易[175,176]。因此,稀缺性的土地使用权的可交易性为农村集体建设用地使用权价格的形成奠定了基础。在经济快速发展的背景下,经济利益的驱动以及相对较高的政府监管成本,增强了农村集体经济组织或农民的产权实施意愿,由此自发形成了农村集体建设用地使用权隐性流转的灰色交易。

4.2　不同入市模式下的土地权益及地价形成机理分析

当前,集体经营性建设用地入市尚处于试点阶段,全国各地的集体经营性建设用地市场存在多种交易模式,包括不规范的私下交易、规范的公开交易以及合法直接入市等,此外政府征收也可以看作一种特殊的入市模式。不同入市模式下的土地收益分配机制不同,具体采用何种模式,是市场利益相关方围绕土地权益进行博弈的结果。

4.2.1　市场利益主体及行为特征

1. 中央政府

中央政府在我国行政系统中居于最高领导地位,统一领导所属各部、委和全国各级地方政府的工作,这也决定了中央政府在所有形式的土地入市中都有参与主体的地位。中央政府根据全局性的耕地保护、土地节约集约利用和维护社会稳定等目标,为集体经营性建设用地使用权入市提供政策方针指引,进行总体控制、指导和监督检查。

2. 地方政府

在集体经营性建设用地入市过程中,地方政府具有多重角色特征。作为国家各项政策文件的执行者,需要积极落实中央的总体部署和安排;作为公共服务提供者,需要承担所辖区域基础设施和公共服务设施建设等多项社会事业,还要保障区域社会经济稳定发展。因此,针对集体经营性建设用地入市,地方政府主要谋求在国家政策指引下,根据地方特点制定相应的入市办法,引导地方经济的发展,最终实现区域整体利益的最大化,而不仅是村民或村集体利益的最大化。在地方政府以税收收入为主的财政模式下,无论是从社会公共利益还是个人政绩考虑,地方政府必然会追求自身机构利益的最大化。在允许集体建设用地入市的政策下,地方政府作为集体土地的最终控制者,会利用其行政权力,进一步加强对集体建设用地的实际控制,通过合理合法的方式以地生财,增强地方政府财力,提高社会公共服务水平,同时也彰显政府官员的政绩。

此外,地方政府官员作为具有垄断特权的经济人,面对庞大的市场需求和利益诱惑,在相关制度不健全的情况下,不可避免地会产生以寻租为目的的行为,利用垄断特权来实现自身利益。

3. 集体经济组织

由于农村土地产权制度和村民自治制度尚不完善,在集体经营性建设用地入市中,村干部或者集体经济组织的实际控制人就理所当然地成为入市主体,主导入市的相关决策。在很多地方,地方政府对村镇的投资能力有限,村镇发展主要靠村集体自身力量,因此,与地方政府类似,村集体经济组织也追求自身机构的收益最大化,以筹集更多的资金用于村镇发展建设;此外,入市中村干部一般掌握着实际权利,在监管不到位的情况下不可避免会进行寻租活动,例如与企业主合作压低入市价格谋取私利等。

4. 农民

长期以来,由于自身素质及农村自治组织不健全等,我国农民处于弱势地位,村干部以权谋私较普遍,一定程度上损害了农民群众的知情权、收益权等。近年来国家政策逐步向三农倾斜,农民利益逐步得到保障。农民在入市中主要通过行使集体成员的权利,参与入市决策,与相关市场主体进行协调,争取自己满意的补偿,包括社会保障、安排就业等。

5. 用地企业

在经济持续增长,国家严格控制新增建设用地指标的情况下,土地供需矛盾日益突出,导致建设用地价格不断上涨。因此,对于用地企业来说,在市场中将结合自身情况通过多种途径获得土地,如何选择取决于其自身规模和实力,以及对土地产权完整性、稳定性的要求。在国有出让土地交易周期长、成本高、开发利用限制条件多的情况下,集体建设用地具有成本低、开发利用限制少、使用方式灵活等优势,成为广大中小企业的首选,不断引导着集体建设用地使用权的隐性流转。

4.2.2 市场利益主体的博弈模型构建

2020年新《土地管理法》实施前,集体经营性建设用地使用权进入市场交易有四种模式:国家征收后再出让、直接入市、规范流转、私下流转。其中直接入市指33个试点县(市、区)在全国人大授权下的入市模式;规范流转指未得到国家授权,但按地方政策规定实施的入市模式;私下流转指绕开政府监管或政府未建立公开流转市场,交易双方直接协商的入市模式。

具体采用哪种方式,是地方政府、集体经济组织与用地企业三方围绕土地权益博弈的结果。三方进行博弈的动机源于不同交易模式下的土地权益关系决定了能给三方带来的效用。作为理性经济人,三方必然追求自身效用最大化。马克思认为,构成土地价格的并不仅仅是地租,还包括投入土地的资本折旧和利息、利润等。因此,集体建设用地价格由绝对地租(R_0)、级差地租Ⅰ(R_1)、级差地租Ⅱ(R_2)、土地资本折旧和利息利润组成。地方政府、集体经济组织与用地企业以实现自身效用最大化为目标,基于土地收益的分配而进行博弈。地方政府作为管理机构,承担土地交易监管者的角色,目标是通过制定相关政策法规,通过税费、土地出让金、规划和用途管制等形式,使自身效用最大化,而地方政府代表国家,因此实质上是社会总效用的最大化;农村集体经济组织和用地企业通过交易合同谈判,选择对自己有利的交易方式和权责关系,使自身效用最大化。

1. 基本假设

根据三方博弈的特点,本研究构建完全信息动态博弈模型,基本假设如下。

(1) 非合作假设。博弈参与人都是具有平等地位的、独立的利益相关者,彼此是非合作的。

(2) 理性及风险中性假设。博弈参与人都是理性经济人,以追求自身效用最大化为目的,以中性态度对待风险。

(3) 完全信息假设。博弈参与人掌握充分信息,完全了解其他参与人的行为特征、策略选择和效用函数等。

2. 基本要素

（1）参与人集合：本研究主要设计三大主体参与集体经营性建设用地入市的博弈：一是土地供给方即集体经济组织，二是土地需求方即用地企业，三是土地交易监管方即地方政府。参与人集合 $N=\{G,J,Q\}$，G 代表地方政府，J 代表集体经济组织，Q 代表企业。

（2）参与人的行动集合：a_i 表示参与人 i 的一次特定行动，$A_i=\{a_i\}$ 表示行动集合。参与人 G 的行动分为两个阶段：$A_{IG}=\{$支持入市，不支持入市$\}$，表示在允许集体经营性建设用地入市的情况下，地方政府是积极支持辖区内集体经营性建设用地直接入市，还是消极应对或观望；$A_{IIG}=\{$监管，不监管$\}$，表示在集体经济组织选择流转模式入市交易的情况下，地方政府采取的行动是实施有效监管，还是置之不管。参与人 J 的行动：$A_J=\{$直接入市，流转，征收$\}$，即在地方政府支持入市的情况下，集体经济组织可采取直接入市或流转的方式；在地方政府不支持入市的情况下，集体经济组织可采取流转或被政府征收的方式。参与人 Q 的行动：$A_Q=\{$直接入市，流转，出让$\}$，企业根据地方政府和集体经济组织的行动选择，可采取直接入市、流转或国有土地出让的方式获得土地。

（3）策略集合：s_i 表示参与人 i 的一个特定策略，$S_i=\{s_i\}$ 表示策略集合。地方政府与集体经济组织博弈中，集体经济组织的策略集合 $S_J=\{($支持，[直接入市，流转]），（不支持，[征收，流转]）$\}$；地方政府的策略集合 $S_G=\{($流转，[监管，不监管]）$\}$；企业的策略集合 $S_Q=\{($支持，[直接入市，流转]），（不支持，[出让，流转]）$\}$。

（4）效用函数：不同入市模式给参与人带来的效用。参与人 i 的效用函数一方面受自身行动影响，另一方面也取决于其他参与人的行动选择，$U=(U_G,U_J,U_Q)$ 为参与人的效用函数组合。地方政府的效用（U_G）主要由集体建设用地入市过程中取得的收益和相应的监管成本决定。集体经济组织和企业的效用（U_J 和 U_Q）主要受三方面影响：一是在集体建设用地入市过程中所获得的收益（R）；二是集体建设用地隐性流转过程中的风险成本，包括违规交易受到惩罚的风险、产权不受保护的风险等；三是其他交易成本，包括交易过程中的税费、信息搜寻和谈判费用、寻租成本等。各支付函数都由预期收益和成本之差组成。

博弈树为:

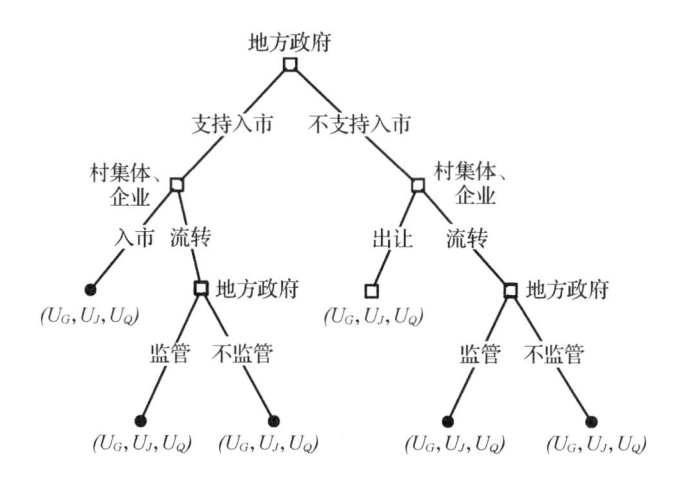

图 4-3 土地市场利益主体博弈树

3. 征地模式下的三方效用分析

根据现行法律规定,除试点地区外的其他地区集体建设用地上市交易,必须先经地方政府征收为国有土地,同时支付集体经济组织征地补偿费,然后进行必要的土地一级开发后再出让给用地单位。市场参与方在此过程中获得的效用如下。

(1) 集体经济组织:其作为土地所有者,理应获得农村土地的绝对地租。此外,征收前集体经济组织和村民在土地上进行了长期投资,改善了土地肥力和区位条件,应获得相应的级差地租补偿。故其效用 $U_{J1}=R_{0农}+(1-\lambda_1)\times(R_1+R_2)$。$(1-\lambda_1)$ 为集体经济组织获得级差地租的份额。

(2) 地方政府:在征收过程中,地方政府不仅直接对地块进行开发投资,还通过地块外的基础设施、公共设施建设,对地块进行间接投资,改变了地块的区位条件,按照"谁投资谁获益"的原则,其获得的收益应包括级差地租Ⅱ和级差地租Ⅰ的一部分。另外,目前土地征收没有考虑土地发展权补偿,地方政府还获得了征收后城镇土地的绝对地租。此外,出让过程中还能获得用地企业缴纳的各种税费C_{11},但同时需承担土地出让及其后续的管理和监督成本C_{12}。故其效用$U_{G1}=R_{0城}+\lambda_1\times(R_1+R_2)+C_{11}-C_{12}$。$\lambda_1$为地方政府获得级差地租的份额。

(3)用地企业:其通过土地出让,从地方政府手里获得了一定年限的完整权益土地使用权。因此,其获得的收益应为全部地租,即$R_0+R_1+R_2$。同时,需支付的成本包括出让过程中的相关税费C_{11}、信息搜寻和谈判成本C_{13},以及为获得廉价土地所需承担的责任成本,也就是本书所指的责任补偿价格C_{14}。土地出让过程中可能存在地方政府的寻租行为,但在市场机制较为成熟的情况下,其发生概率较低,故此处不考虑寻租成本。其效用$U_{Q1}=R_0+R_1+R_2-C_{11}-C_{13}-C_{14}$。

4. 私下流转模式下的三方效用分析

一方面,由于现行征地制度不完善,造成农村集体经济组织权益受损,而乡镇经济的快速发展产生了大量的用地需求,为了规避土地征收带来的"产权侵害"问题,获得相对较高的土地收益,农村集体经济组织就产生了私下进行土地流转的动机;另一方面,现行的土地征收再出让的交易模式周期长、成本高,企业拿到土地时可能已经错失投资机会,而私下流转获得土地的周期短、成本低,且土地使用方式较灵活,为企业快速获取土地提供了方便;再者,国家法律的不完善导致土地执法监督可能存在无法可依、法不责众的现象,私下流转的风险较低,而政府监管成本较高,因此政府大多数情况下采取默认的态度,也助长了集体经济组织和用地企业私下流转的行为。以下分析市场参与方在私下流转过程中的效用情况。

(1)集体经济组织:在不受地方政府监管的情况下,土地流转完全为集体经济组织和用地企业的私下行为,大多在熟人之间进行,具有人缘、地缘性特点,有的甚至只是口头协议,其信息搜寻和谈判成本很低,一般情况下也不需要缴纳相关税费,但相应地就存在较大的合同履约风险。在此情况下,集体经济组织作为土地所有者,能获得绝对地租和级差地租(包括本应属于国家的级差地租部分),但地方政府没有参与土地收益分配,相应地就缺乏在地块周边进行基础设施和公共设施投资的动力,因此地块的级差地租相对较低。在私下交易过程中,集体经济组织可能还会要求企业为村镇经济发展提供相关服务,如基础设施投资、吸纳本村劳动力等,甚至产生一些以权谋私的寻租行为。此外,由于私下交易的土地不能办理产权证,其土地权益相应地弱化。其效用 $U_{J2}=(R_0+R_1+R_2)\times Q_2-C_{25}-C_{26}$。其中,$Q_2$ 为土地产权的权益系数(在 0—1 之间,反映土地权能完整性和可实现程度。下同),C_{25}、C_{26} 为寻租成本和合同履约风险成本。

(2)地方政府:由于集体建设用地直接私下交易,地方政府不进行监管,也就不参与收益分配,其收益和成本均为 0。

(3)用地企业:其通过土地长期或短期租赁,从集体经济组织手里获得了一定年限的土地使用权,但由于私下交易,企业没有办理土地产权证,相应的土地权益大打折扣。因此,其获得的收益应为集体建设用地地租的一部分,同时需支付的成本包括信息搜寻和谈判成本 C_{23}、为村镇社会经济发展提供的附加服务成本(即责任补偿价格)C_{24}、可能产生的寻租成本 C_{25}、合同履约风险 C_{26}。故其效用 $U_{Q2}=(R_0+R_1+R_2)\times Q_2-C_{23}-C_{24}-C_{25}-C_{26}$。

5. 规范流转模式下的三方效用分析

近年来,随着国家逐步放开集体经营性建设用地入市,很多地方政府对集体建设用地流转市场进行了监管,出台了相关管理办法,地方政府也相应地参与了土地收益分配。因此,对于集体建设用地流转的交易模式,除私下流转外,还存在政府监管下的规范流转模式。以下分析该模式下市场参与各方的效用情况。

(1)集体经济组织:在受地方政府监管的情况下,土地流转为地方政府、集体经济组织和用地企业三方行为,合同履约和土地产权的保障度明显提高,但同时政府也参与土地收益分配。在此情况下,集体经济组织作为土地所有者,能获得绝对地租和部分级差地租;地方政府参与土地收益分配,会对地块周边进行相应投资,但投资力度一般弱于国有土地出让的地块,因此地块的级差地租介于出让地块和私下流转地块之间。此类交易一般能办理土地产权证,但由于交易未得到国家层面的法律授权,其土地权益也有所弱化。因此,其效用 $U_{J3}=[R_0+(R_1+R_2)\times(1-\lambda_3)]\times Q_3$。其中,$Q_3$ 为土地产权的权益系数,$(1-\lambda_3)$ 为集体经济组织获得级差地租的份额。

(2) 地方政府:地方政府通过地块周边的基础设施和公共设施投资,分享部分级差地租。此外,交易过程中还能获得用地企业缴纳的各种税费 C_{31},但同时需承担土地交易的管理和监督成本 C_{32}。故其效用 $U_{G3}=(R_1+R_2)\times\lambda_3\times Q_3+C_{31}-C_{32}$。$\lambda_3$ 为地方政府获得级差地租的份额。

(3) 用地企业:其通过土地长期或短期租赁,从集体经济组织手里获得了一定年限的土地使用权。因此,其获得的收益应为集体建设用地地租,同时,需支付的成本包括交易过程中的税费 C_{31}、信息搜寻和谈判成本 C_{33}、责任补偿价格 C_{34}。规范流转过程中还可能存在集体经济组织的寻租行为,但发生概率较低,故此处不考虑寻租成本。其效用 $U_{Q3}=(R_0+R_1+R_2)\times Q_3-C_{31}-C_{33}-C_{34}$。

6. 直接入市模式下的三方效用分析

2015年以来,中央在33个县(市、区)开展集体经营性建设用地入市试点,允许集体经营性建设用地通过出让、租赁等方式合法入市。该模式与规范流转类似,主要区别是企业获得的集体建设用地使用权在法律上得到了认可,管理制度比较健全,交易方式比较公开透明,这些都与国有建设用地使用权交易类似。以下分析该模式下市场参与各方的效用情况。

(1) 集体经济组织:在直接入市的情况下,土地交易为地方政府、集体经济组织和用地企业三方行为,合同履约和土地产权的保障度等同于国有建设用地使用权交易,同时政府也参与土地收益分配。但由于集体建设用地长期受到的"产权歧视",社会尤其是金融部门对其仍存在偏见,其土地权益在短期内还难以做到与国有土地同权同价,例如在一些试点地区,银行对集体建设用地使用权抵押还是有一定顾虑,不愿意主动提供相关服务。在此情况下,集体经济组织作为土地所有者,能获得部分绝对地租和级差地租;地方政府参与土地收益分配,会对地块周边进行相应投资,但投资强度取决于地方政府的土地收益分成比例。因此,其效用 $U_{J4}=[R_0+(R_1+$

$R_2)\times(1-\lambda_4)]\times Q_4$。$Q_4$ 为土地产权的权益系数,$(1-\lambda_4)$ 为集体经济组织获得级差地租的份额。

(2) 地方政府:在入市过程中,地方政府参与土地收益分配,与国有土地一样,会对地块及其周边进行基础设施投资,相应获得级差地租Ⅱ和级差地租Ⅰ的一部分,但投资强度取决于地方政府的土地收益分成比例。此外,入市过程中还能获得用地企业缴纳的各种税费 C_{41},但同时需承担土地入市及其后续的管理和监督成本 C_{42}。故其效用 $U_{G4}=(R_1+R_2)\times\lambda_4\times Q_4+C_{41}-C_{42}$。$\lambda_4$ 为地方政府获得级差地租的份额。

(3) 用地企业:其通过集体经营性建设用地直接入市,从集体经济组织手里获得了一定年限的土地使用权。因此,其获得的收益应为集体建设用地地租,同时需支付的成本包括交易过程中的税费 C_{41}、信息搜寻和谈判成本 C_{43}、责任补偿价格 C_{44}。直接入市过程中还可能存在集体经济组织的寻租行为,但发生概率较低,故此处不考虑寻租成本。其效用 $U_{Q4}=(R_0+R_1+R_2)\times Q_4-C_{41}-C_{43}-C_{44}$。

4.2.3 市场利益主体的博弈决策分析

根据上述博弈模型,整理得到不同交易模式下市场利益主体的效用情况。

表 4-1 不同交易模式下市场利益主体效用情况

交易模式	地方政府效用(U_G)	集体经济组织效用(U_J)	企业效用(U_Q)
征收后出让	$R_{0城}+\lambda_1\times(R_1+R_2)+C_{11}-C_{12}$	$R_{0农}+(1-\lambda_1)\times(R_1+R_2)$	$R_0+R_1+R_2-C_{11}-C_{13}-C_{14}$
私下流转	0	$(R_0+R_1+R_2)\times Q_2-C_{25}-C_{26}$	$(R_0+R_1+R_2)\times Q_2-C_{23}-C_{24}-C_{25}-C_{26}$
规范流转	$(R_1+R_2)\times\lambda_3\times Q_3+C_{31}-C_{32}$	$[R_0+(R_1+R_2)\times(1-\lambda_3)]\times Q_3$	$(R_0+R_1+R_2)\times Q_3-C_{31}-C_{33}-C_{34}$
直接入市	$(R_1+R_2)\times\lambda_4\times Q_4+C_{41}-C_{42}$	$[R_0+(R_1+R_2)\times(1-\lambda_4)]\times Q_4$	$(R_0+R_1+R_2)\times Q_4-C_{41}-C_{43}-C_{44}$

续 表

交易模式	地方政府效用(U_G)	集体经济组织效用(U_J)	企业效用(U_Q)

R_0、R_1、R_2 分别表示绝对地租、级差地租Ⅰ和级差地租Ⅱ；Q_2、Q_3、Q_4 为不同交易模式下的土地权益系数；C_{11}、C_{31}、C_{41} 为不同交易模式下的交易税费；C_{12}、C_{32}、C_{42} 为不同交易模式下的政府管理和监督成本；C_{13}、C_{23}、C_{33}、C_{43} 为不同交易模式下的信息搜寻和谈判成本；C_{14}、C_{24}、C_{34}、C_{44} 为不同交易模式下的责任补偿价格；C_{25}、C_{26} 为私下流转模式下的寻租成本、履约风险成本；λ_1、λ_3、λ_4 为不同交易模式下地方政府获得级差地租的份额。

根据理性经济人假设，地方政府、集体经济组织和用地企业在博弈过程中均追求效用最大化。

从地方政府来看，显然私下流转是最不经济的，因此大多数地方政府都积极出台集体建设用地流转管理办法，并参与土地收益分配。从征收后出让和直接入市两种模式来看，地方政府获得的税费与支付的管理和监督成本基本相当，即 $C_{11}-C_{12} \approx C_{41}-C_{42}$，两种模式下的土地产权虽然略有差异，但长远来看必然是同地同权，因此 Q_4 接近等于 1。两种模式的效用主要在于获得的地租的高低，即 $R_{0城}+\lambda_1 \times (R_1+R_2)$ 与 $\lambda_4 \times (R_1+R_2)$ 孰高孰低，在实践中主要取决于征收补偿标准和集体经营性建设用地入市中地方政府分成比例，两者要保持平衡，确保 $R_{0城}+\lambda_1(R_1+R_2)$ 与 $\lambda_4(R_1+R_2)$ 相当，否则地方政府就没有推动直接入市的积极性。从直接入市和规范流转两种模式来看，两种情况主要区别在于国家层面是否授权，而实际运作中地方政府获得的税费与支付的管理和监督成本基本相当，即 $C_{31}-C_{32} \approx C_{41}-C_{42}$。两种模式下的土地产权有一定差异，虽然都能办理产权证，但直接入市的土地产权得到国家法律认可，权益保障程度更高，因此 Q_4 略大于 Q_3。在中央积极推进集体经营性建设用地入市的政策指引下，地方政府大多会响应政策，并通过合理的土地收益分成比例，确保其在直接入市模式下的效用不低于规范流转模式。综上，地方政府在入市决策中，在国家政策指引下，倾向于现行征收和直接入市两种模式，而合理确定征地补偿标准和集体经营性建设用地入市中的政府分成比例，确保地方政府在两种交易模式下的收益均衡是关键。

从集体经济组织来看，当前征地补偿标准偏低，集体经济组织只能按征收前的土地利用现状获得补偿,而征收后的城镇土地增值明显,加之集体建设用地相关管理制度不健全,在巨额的利益驱动下,集体经济组织往往倾向于在土地不征收的情况下直接流转或入市交易。从具体方式看,私下流转往往在熟人间进行,不需要复杂的程序,也不需要支付交易税费,因此直接的交易成本很低,相应地就存在一定的履约风险,集体经济组织虽然能获得全部地租,但此情况下政府也就没有对地块及周边进行基础设施投资的动力,因此私下流转的地块大多配套条件较差,级差地租较低,加之土地产权没有保障,集体经济组织实际能获得的地租较低。其选择该模式的动机主要有三个方面:一是不管怎样,土地还是自己的,对于集体经济组织和村民来说是重要的社会保障;二是交易在熟人间进行,不管收益高低,都是"肥水不流外人田",而且用地企业还能为集体提供基础设施投资、吸纳劳动力等服务,起到了一部分地方政府应承担的职能;三是交易不需要办理复杂的手续,成本低,周期短,适于小企业或小作坊的用地需求。因此该模式的存在有其合理性,在一定程度上促进了农村社会经济发展,但对于全社会来说,土地效用没有得到充分发挥,不利于资源优化配置。从规范流转和直接入市两种模式看,如前所述,本质上差异不大,主要是国家层面是否认可的问题,随着集体经营性建设用地入市政策的全面推广,直接入市将取代规范流转,但前提是两者给集体经济组织带来的效用应相当,即$[R_0+(R_1+R_2)\times(1-\lambda_3)]\times Q_3 \approx [R_0+(R_1+R_2)\times(1-\lambda_4)]\times Q_4$,由于$Q_3 \approx Q_4$,因此主要是确保$\lambda_3$和$\lambda_4$相当,即集体经营性建设用地入市后,集体经济组织的收益分成应不低于原有的规范流转模式。综上,集体经济组织在入市决策中,对于熟人间的交易,特别是小面积地块仍倾向私下流转,针对外地投资者或面积较大的土地交易,则通过规范流转或直接入市交易,具体看收益分成孰高孰低。

从企业来看,如前所述,对于本地小企业,私下流转能大幅节省交易成本,而且租约灵活,一般可短租,有利于降低经营风险,企业在规模较小、经营前景不明朗的情况下一般会选择通过该模式获得土地。对于出让、直接入市和规范流转,三种模式下的效用类似,主要区别是获得的土地使用权的权益有差异,另外交易过程中的税费、信息搜寻和谈判成本也有所差异。具体来看，土地使用权权益由高到低是出让、直接入市和规范流转，但差异不大，重点是抵押权和排他权的差异，而长期来看，出让和直接入市的土地应趋向同地同权。《关于支持农村集体产权制度改革有关税收政策的通知》（财税〔2017〕55号）文件对改革中的税收作了规定，明确减免契税、印花税，因此交易税费目前情况下出让最高，直接入市和规范流转较低；信息搜寻和谈判成本方面，出让和直接入市一般都有完善的交易制度和交易平台，相应成本较低，而规范流转各地情况不一，总的来说成本略高。综上，企业在入市决策中，会根据自身的规模和经营状况选择私下流转还是公开交易，而公开交易三种模式主要是土地权益的差异，企业对土地产权完整性、稳定性要求较高的选择通过国有土地出让获得土地，要求不高的可以通过规范流转或直接入市获得集体土地。

4.2.4 基于土地收益理论的土地价格模型

土地收益理论认为土地价格是土地收益（即地租）的资本化，这里的地租是土地总收益扣除总成本的余额，即经济地租。因此，上一节分析的各种交易模式下土地给企业带来的效用，从土地收益理论来看，就相当于土地价格。

表4-2 不同交易模式下的土地价格

交易模式	土地价格
征收后出让	$P_1=(R_0+R_1+R_2)/r\times[1-1/(1+r)^n]-C_{11}-C_{13}-C_{14}$
私下流转	$P_2=(R_0+R_1+R_2)\times Q_2/r\times[1-1/(1+r)^n]-C_{23}-C_{24}-C_{25}-C_{26}$
规范流转	$P_3=(R_0+R_1+R_2)\times Q_3/r\times[1-1/(1+r)^n]-C_{31}-C_{33}-C_{34}$
直接入市	$P_4=(R_0+R_1+R_2)\times Q_4/r\times[1-1/(1+r)^n]-C_{41}-C_{43}-C_{44}$

R_0、R_1、R_2分别表示绝对地租、级差地租Ⅰ和级差地租Ⅱ；Q_2、Q_3、Q_4为不同交易模式下的土地权益系数；C_{11}、C_{31}、C_{41}为不同交易模式下的交易税费；C_{12}、C_{32}、C_{42}为不同交易模式下的政府管理和监督成本；C_{13}、C_{23}、C_{33}、C_{43}为不同交易模式下的信息搜寻和谈判成本；C_{14}、C_{24}、C_{34}、C_{44}为不同交易模式下的责任补偿价格；C_{25}、C_{26}为私下流转模式下的寻租成本、履约风险成本；r为土地还原利率；n为土地使用年限。

根据前面的分析，不同交易模式下地方政府对地块及周边进行基础设施投资的动力和强度不同，而集体经济组织的投资能力较低，因此一般情况下的地租关系为：出让≥直接入市≈规范流转＞私下流转，土地权益系数：$1 \geqslant Q_4 \geqslant Q_3 > Q_2 > 0$，出让和直接入市、规范流转下的交易成本总体差异不大，私下流转下交易成本较高，主要是可能需要为集体经济组织提供附加服务的成本、寻租成本和履约风险成本。因此，从理论上看，$P_1 \geqslant P_4 \geqslant P_3 > P_2$。

实践中，经常会出现政府低地价甚至零地价、负地价（指考虑返还、减免、补贴等因素后的实际地价）出让工业用地的情况，但一般会对用地企业的地均税收等产出效益有较高要求，实质上是地方政府为了吸引企业入驻，降低企业前期投资和经营风险，将一部分地租以税收等形式逐年偿付，即企业缴纳的税收中既包括政府提供公共服务的报酬，即真正的税收，也包括一部分地租，这部分地租即本书所指的责任补偿价格。

此外，在广东等地实行的"三旧"改造政策，本质上也可以看作一种政策创新的集体经营性建设用地入市模式，其土地权益关系类似私下流转，即政府让利，很少或基本不分享级差地租收益，主要看重改造带来的综合社会效益。村集体和开发商合作，村集体提供部分土地给开发商，开发商通过这部分土地的开发经营获得收益，但同时需为村集体提供附加的实物或服务，例如负责村庄综合整治或拆迁、建设安置小区、建设村集体经营性物业（物业产权为集体所有，开发商可以返租）等。开发商为村集体提供的实物和服务不同，其实际享有的土地权益就不同，因此地价也不同。

从土地权益看，政府低地价招商和"三旧"改造中村集体引入开发商合作开发有共同的特点，即土地所有者以较低的价格提供土地，相当于降低了土地使用者的经营风险，分摊了一部分本应土地使用者承担的风险成本。这部分风险成本也就是本书所指的责任补偿价格，需要土地使用者以其他形式偿付。在未偿付前，其土地权益是受限的，因此土地交易价格较低。

4.3 不同合约形式下的土地权益及地价形成机理分析

4.3.1 典型合约形式及特点

合约理论是现代经济学的一个重要发展，合约形式影响交易成本和风险分担,进而影响要素价格[177-179]。在地主出土地,佃农出劳动,产出农产品的生产领域中,常见的合约形式包括工资(雇佣)合约、租赁(固定租金)合约以及分成合约。

工资合约是指土地所有者享有生产剩余并承担生产风险,而劳动者则获得固定报酬,不承担风险。工资合约适用于劳动者的工作量、产品数量和质量较容易测度,即劳动者的监察费用相对较低的领域。

租赁合约是指土地所有者收取固定租金,承租人获得剩余并承担生产风险。资产使用者即劳动者多劳多得,因此不需要监督其生产,监察成本低。但由于租金是固定的,承租者往往会为了自身利益过度利用土地,或不合理利用土地,因此需加强监督。

分成合约是指土地所有者和使用者按照一定比例来分享收益、分担风险。一般适用于生产风险高、产出难以预测的领域,由于预期的收入水平不确定,就难以确定固定租金,而土地使用者也有规避风险的倾向。经济学家张五常作为合约理论的创始人之一,其在《佃农理论》中认为,在交易费用一定的条件下,分成合约形式更能规避未来产量不确定带来的风险[180]。虽然分成合约的监管费用大于工资合约与租赁合约,但当规避风险的收益大于增加的监管费用时,分成合约是更有效率的。也就是说,分成合约下,双方按比例来分配风险和利润,主要是能节省生产风险和未来收益的信息费用。分成合约要对实际产出进行监督,因而执行费用较高。在风险成本高于监督成本的情况下,分成合约更有效率。

张五常在后来的《中国的经济制度》一文中,基于佃农理论的思想解释了中国经济腾飞的主要原因在于县际竞争,并以购物商场为例做了形象说明[181]。一个县可以看作一个大购物商场,由一家企业(地方政府)管理,租用商场的客户即为该县的投资者。商场租户交一个固定的最低租金(相当于投资者支付较低的地价),此外还需缴纳分成租金(相当于政府收的税)。因为有分成,商场的业主往往会认真选择商家,并给商家提供全方位服务,还会给有市场影响力的商家提供不少优惠条件。地方政府招商引资也是如此,一般会设置一定的门槛,注重择商选资,对有影响力的大企业、大项目,一般会提供地价优惠、税收减免等各项优惠政策。在整个国家都是这样的大商场的情况下,做生意的每个商场相对独立经营,因此它们的竞争非常激烈,在这种机制下全国经济得以快速发展。也就是说,县际竞争的本质是一种分成合约,地方政府和投资者分成,从而实现利益捆绑,互惠互利。

4.3.2 租赁合约和分成合约的土地权益及地价形成机理分析

从合约理论来看,当前我国农村集体经营性建设用地的开发利用也存在类似租赁合约和分成合约的情况。

在珠三角地区,集体经营性建设用地主要为隐性流转,集体经济组织租赁土地给企业,企业在土地上从事生产经营活动,支付集体固定租金后获得剩余利润,这种即类似租赁合约。在这种合约形式下,村集体获得固定租金,不需要关注企业用地效益,只要企业安全生产、符合环保要求、不妨碍公共利益即可,没有过多的监督管理成本,也就没有进行村镇基础设施和公共服务设施投资、为企业提供生产经营服务的动力。企业只需缴纳固定租金,利润都是自己的,风险也要自己承担,在这种情况下企业会按市场规律选择可行的投资方向,在土地上追加合理的投资,并优化内部管理,加大技术创新,追求收益的最大化。企业在缴纳固定租金后,与村集体基本不存在其他利益关系,不需要为村集体提供附加的服务,因此其获得的土地权益是较充分的。总的来看,企业无论是土地取得,还是生产经营,都具有高度的市场化特征,地价是通过市场机制形成,效益好、竞租能力强的企业能占据较好的位置,地价空间分布总体上符合竞租规律。而地方政府虽然不能从土地上获得直接收益,但能获得企业生产经营带来的税收、就业等综合效益,因此也会积极为企业提供公共服务保障。在珠三角很多地区,一方面自发形成的市场经济非常成熟,降低了企业经营的风险成本;另一方面企业主和劳动者主要来自外地,没有人缘、地缘特征,企业经营稳定性较差,分成合约的监督成本较高,效率降低,因此普遍采用了租赁合约。

而在长三角等全国其他很多地区,地方政府或集体经济组织往往会提供廉价土地等其他资源,企业在土地上从事生产经营活动,按合约约定缴纳相应的税收,可能还需要为土地所有者提供实物、劳务等服务,剩余利润归企业所有。这种即类似分成合约。在分成合约下,如果税收等未达到约定的要求,即土地所有者拿不到预期的分成,那么土地可能会被收回。对于国有土地,地方政府一般是对企业的税收、增加就业、投入资金、技术水平等提出明确要求;对于集体土地,村集体一般会要求企业提供实物、村民就业、村庄基础设施和公共服务设施建设、维护等服务。在这种合约形式下,集体经济组织和企业的利益是捆绑的,村集体有动力做好基础设施和公共服务设施建设,并为企业提供各种力所能及的服务,优化企业经营环境,帮助企业提高经营业绩。同时加强企业监督管理,有的可能直接安排村干部等参与企业管理。对于企业来说,与村集体的合作有利于其降低生产经营成本,共享信息资源,从而降低经营风险。因此,这种模式下,企业在土地取得、生产经营等方面都带有明显的政府或集体干预特征,地价往往是政府或集体主导下形成,而非市场机制竞争形成,空间区位性不明显。政府或集体利用所掌握的土地资源,选择能为其带来最大收益的企业。这里的收益中,地价是次要的,税收、就业、资金、技术、其他实物或服务等是主要的,地价的高低由后者决定,即企业能提供给土地所有者的除地价以外的其他利益越多,地价

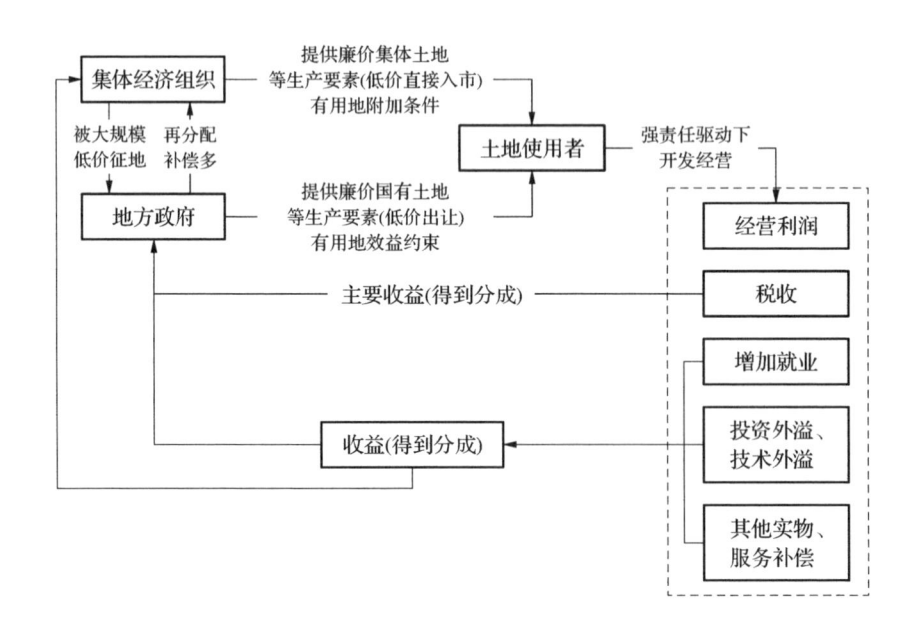

图4-4 分成合约下的土地经营与收益分配模式

就越低。当然在实际中地价还会受到上级政府的干预,如中央政府为保护耕地、保障社会公共利益,制定了工业用地最低保护价。在长三角一些地区,企业的人缘、地缘特征明显,经营相对稳定,合约的监督成本较低,能规避分成合约的弊端,因此采用分成合约更有效率。

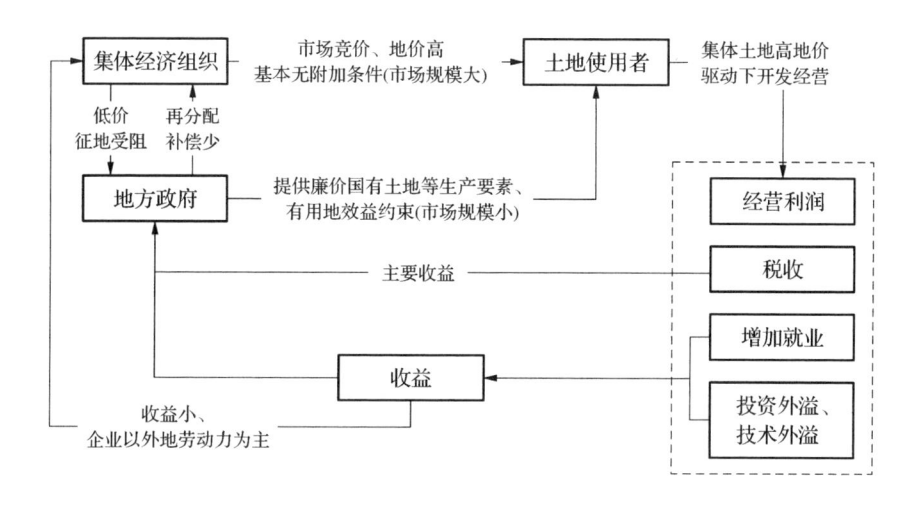

图 4-5　租赁合约下的土地经营与收益分配模式

根据上述分析,在分成合约下,为确保达到预期目标,实现比租赁合约更高的社会生产效率,需要满足三个基本条件:一是合约中要约定土地使用者责任,例如地均税收、为集体提供的服务内容等,确保政府或集体的利益;二是要加强履约监管,确保企业按时投产达效,或按要求为集体提供附加服务;三是政府或集体应不断优化投资环境,为企业生产经营提供"保姆式服务",即政府应为服务型政府。

根据阿兰索竞租理论,由于土地使用者对区位的偏好,地价会因与市中心距离的增加而下降。在我国集体经营性建设用地入市中,由于存在上述租赁合约和分成合约的不同入市模式,相应的竞租曲线就有所不同。

从租赁合约看,与传统竞租理论基本相符,企业根据自身的竞租能力,在市场机制作用下选择适合的区位,地价的空间梯度较明显,如图 4-6 中 P_2 所示。在竞租规律作用下,效益好的企业能占据较好的区位,因此土地的总收益也是从市中心向外围递减,如图 4-6 中 R_2 所示。

从分成合约看,由于政府与企业合作经营,为降低企业前期成本,政府往往对地价进行干预,但在国家政策限制下(如工业用地最低保护价),其土地价格总体上符合竞租规律,只是地价水平总体偏低,同等条件下一般会低于租赁合约的地价水平,此外地价的空间异质性不明显,空间梯度较小,如图 4-6 中 P_1 所示。而由于政府对企业用地设置了较高的土地利用门槛,如各地对工业园区都有地均投资、地均税收等要求,不同区位、不同等级的园区和不同行业门槛不同。很多地方还尝试先租后让的方式,如果地均税收等达不到要求,政府将收回土地。这些做法起到了很好的择商选资、优胜劣汰的作用,有利于提升土地利用综合效益。因此,从土地的总收益看,也是从市中心向外围递减,如果政府严格限制土地利用门槛且后期履约监管到位,其总收益曲线总体上应在租赁合约的曲线之上。因此,政府低地价招商、高土地利用门槛的策略,表面上看政府干预较大,类似政府定价,实质上也是利用市场机制实现资源的优化配置,只不过在市场上竞的"租"不是纯地价,而是土地给地方政府带来的总收益。

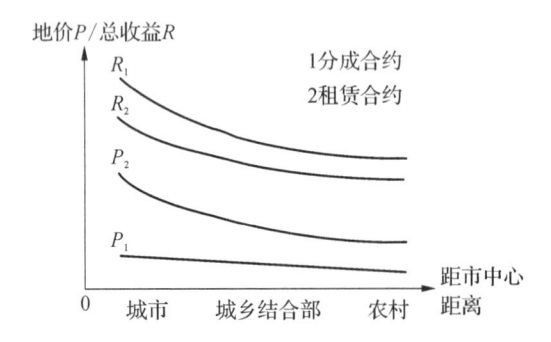

图 4-6 分成合约和租赁合约的工业用地竞租曲线[①]

---

① 假设集体土地与国有土地同权同价。实践中,市中心一般不安排工业用地,所以竞租曲线一般从城郊开始,并且会受到各级开发区、工业园区影响,呈现以工业园区为波峰的波浪式递减的形态。

4.4 集体经营性建设用地使用权特征价格模型构建

4.4.1 集体经营性建设用地使用权价格影响因素分析

土地价格的影响因素复杂,有研究对土地价格的影响因素进行了总结,多达一百多种[182],因此学者们一般将影响土地价格的因素进行梳理分类。德国经济学家韦伯将工业用地价格影响因素分为三类:一是区位因素,二是区域集聚与扩散因素,三是自然技术和社会文化因素[183]。美国学者温茨巴奇等(2001)将影响城市土地价格的一般因素分为行政、人口、经济、社会和心理因素。日本学者野口悠纪雄(1998)从需求和供应两方面对影响城市土地价格的因素进行分类。国内学者在城市土地价格影响因素方面研究较多,而对集体建设用地价格影响因素的研究较少。本书参考相关研究成果[184-191],将集体经营性建设用地使用权价格影响因素分为宏观因素和微观因素两大方面。

宏观因素是指对一个地区的集体经营性建设用地使用权价格具有普遍性和共同性影响的因素,决定宏观区域尺度的地价水平差异。宏观因素主要包括政策因素、社会经济因素、社会文化因素等。微观因素是指在一定时间范围内,对区域内不同位置的集体经营性建设用地使用权价格具有显著性和个别性影响的因素,它主要决定区域内地块尺度的土地价格高低。微观因素包括区位因素、邻里环境、土地自身条件等。

1. 宏观因素

宏观因素往往影响范围广,影响时间长,短期内难以改变,一般是地方政策性因素或整体地域和文化特征。本书通过归纳分析,提出以下几方面的宏观因素:入市政策、区位条件、社会经济状况、规划情况、市场发育情况、市场结构、地权意识。

(1) 入市政策

改革开放以来,适应社会经济快速发展的需求,我国的农村集体建设用地入市政策逐步放开，各地陆续出台了集体建设用地流转管理办法及相关配套制度。从目前来看，各地入市政策总的分为三类：一是入市试点地区，在新《土地管理法》指引下开展试点，制定集体经营性建设用地入市的一整套政策和配套制度；二是全国大多数未纳入试点范围的地区，适应地方经济发展需要，结合自身实际制定了集体建设用地流转管理办法及相关配套政策，政策的具体内容各不相同；三是少数地区，由于缺乏市场需求或管理滞后，尚未制定相关入市政策，集体建设用地仍然为隐性流转。试点地区在国家政策支持下，形成了较为优越的外部环境和较规范的服务体系，丰富了土地权能，降低了交易成本，完善了价格形成机制；而其他地区，集体建设用地入市的政策参差不齐，有的比较完善，市场机制健全，与试点地区基本相当，有的只是出台了政策文件，缺乏可操作性的实施细则，市场机制有待完善，还有的没出台政策文件或政策流于形式，实际中仍然以隐性流转为主。因此，由于入市政策的差异，入市过程中的土地权益、交易成本、收益分配模式也不尽相同，入市价格随之受到一定影响，具体的影响需要进一步定量分析。

(2) 区位条件

一般所说的区位包括自然地理区位、经济区位和交通区位。区位条件还有宏观和微观等不同尺度，但无论是宏观还是微观尺度，区位因素都对土地价格产生显著影响。宏观区位是将城市作为一个整体，看其在更广区域中所处的位置及与周边城市的关系。一般宏观区位条件优越的城市，大多位于沿海、沿江地区或者区域交通节点，交通便利，具有发展经济的先天优势，因此用地需求旺盛，地价稳步上升；而宏观区位条件较差的城市，一般位于内陆地区，交通不便，经济较落后，土地的产出效用较低，因而地价较低。区位条件对集体建设用地的价格是否也有显著影响，不同区域的影响效果和程度有无明显差异，值得进一步研究。

(3) 社会经济状况

地价是地租的资本化，而地租很大一部分是投资形成的级差地租，经济发展良好，社会稳定，土地投资的风险相对较小，会吸引社会投资持续增长，地价水平就会随之上扬。此外，经济发达地区，用地需求旺盛，土地资源更加稀缺,对集体建设用地的需求更紧迫,导致土地价格上涨。各地城乡一体化的进程也决定了城乡发展差异,长三角、珠三角等城乡高度融合的地区,城乡基础设施、公共服务差距较小,集体建设用地价格相对较高;而城乡割裂明显的地区,城乡基础设施、公共服务差距较大,集体建设用地价格较低。除上述因素外,金融状况、物价变动、利率水平、产业政策、居民收入和消费水平等都会影响地区经济发展,间接影响地价水平,国土空间规划、行政隶属变更等能改变区域发展前景,改变社会预期,吸引社会投资,从而影响地价水平。

(4) 规划情况

土地开发具有强烈的外部性,会对相邻地块及周边区域产生影响,而土地权利人作为理性经济人,总是追求土地利用效益的最大化,为此,需对不同土地权利人的利益进行统一协调,对地块的开发利用进行合理约束,以提高区域土地开发的协同性,促进区域土地价值提升,实现社会总福利的最大化。因此,建设用地的开发利用应以政府批准的规划利用条件为前提,通过科学合理的设计和布局使得土地价值最大化。规划的完善程度会直接影响土地经济价值的实现。国有土地已形成了较为完善的规划体系,包括土地利用总体规划、城市规划、年度土地利用计划、产业规划、生态红线保护规划等。通过编制土地利用总体规划,土地用途管制得以实施,土地未来的利用方向被划分确定[192];通过编制年度土地利用计划,实现了建设用地的有序供应,稳定了市场预期;通过编制城市规划,确保了区域土地开发利用的统筹性、互补性,维护了土地权利人的利益;通过编制产业规划,明确了区域产业发展方向,有利于形成产业集聚,增强企业间的协作,降低生产成本,提高土地利用效率。相反,在相关规划滞后或缺失的情况下,土地利用缺乏统筹安排,地块开发缺乏相应的标准,导致开发建设的随意性较大,出现低水平重复建设、生产和生活功能区混杂、环境恶化、基础设施薄弱、配套设施缺失等现象,对集体经营性建设用地的价格形成不利影响。

(5) 市场发育情况

经过长期的市场培育和政策引导,我国国有建设用地市场已基本成熟,形成了公开、公平、公正的市场竞争环境,通过价格机制实现了土地资源的优化配置,在经济发展带动下,城市土地价格快速上涨,土地价值得到充分显现。

而集体经营性建设用地长期缺乏政策支持,市场交易制度缺失或不完善,大部分地区未建立公开交易平台,信息公开的渠道有限,导致市场竞争的范围较小,市场活力未得到有效激发,从而市场化程度低,土地价值低[193]。同时,集体经营性建设用地入市也缺乏完善的价格指导,各地在集体建设用地基准地价方面大多处于探索研究阶段,市场交易缺乏科学的价格依据,影响了集体经营性建设用地市场机制的实现。实践中,各地市场发育程度存在一定差异,例如珠三角地区市场化程度高,土地交易活跃,通过建立农村产权交易平台实现了公开交易,价格机制作用较明显;而中西部地区很多地方集体土地主要是私下交易,定价的随意性较大,有的则是政府直接定价,价格机制没有发挥作用,因而总体价格偏低。

(6) 市场结构

对于集体经营性建设用地来说,一个地区的市场结构即集体经营性建设用地交易总量占该地区全部经营性用地交易总量的比例。集体经营性用地交易比例高的地区,集体土地市场发育更成熟,更加具有市场定价的主导权,受国有建设用地出让价格的影响相对较小,且由于集体建设用地以租赁为主,需求群体有别于国有建设用地,两个市场相互间竞争性较小,因此一般能形成相对封闭的独立市场。反之,集体经营性建设用地交易比例低的地区,集体土地市场发育不成熟,容易被边缘化,更容易受到产权歧视,价格一般参照周边国有土地价格确定,由于土地产权缺陷,其价格一般低于国有土地价格。

(7) 地权意识

我国地域广阔,各地历史文化背景、社会经济发展水平存在较大差异,以经济最发达的长三角和珠三角为例,两地农民在不同的经济发展背景下形成了不同的地权意识,由此导致对土地收益的依赖性不同,形成了完全不同的集体土地市场模式及价格水平。在珠三角,村民将集体土地收入当作全体村民的贡献,即每个村民都有份,从而要求将集体收入按人头分红,并未考虑村集体收入的公共服务性质。苏南农民则大多认为村集体经济与集体土地都是公有制性质,最终是国家控制的,国家要支持村镇建设,因此政府主要通过卖地收入投资农村基础设施和公共服务、完善村民社会保障等。在珠三角的农民意识里,土地可以自由买卖、租赁,没有形成征地的概念,很多地方镇政府用地都要租用农民土地。"在苏州,农村土地集体所有制里的这个集体是公有制的一种实现形式,而珠三角土地集体所有制的这个集体不过是全体村民利益的集合。"[194]这种地权意识下,两地虽然社会经济发展水平相当,集体经营性建设用地价格却出现较大差异,苏南受政府干预较大,土地价格偏低,珠三角则是完全的市场机制主导,土地价格较高。

2. 微观因素

(1) 交通条件

众所周知,交通影响运输成本,而运输成本作为产品成本的重要组成部分,影响企业生产效益,进而影响土地价格。在农村集体建设用地中,交通条件主要包括两方面:一是道路状况,包括道路类型、等级、路网密度等;二是对外交通条件,包括车站、码头、高速公路出入口、公交站点和公交线路等,车站、码头、高速公路出入口一般布置在中心城镇,因此农村的对外交通条件重点是公交站点和公交线路情况。

(2) 基础设施条件

此处的基础设施既包括通路、通水、通电、排水、通讯、通气等为生产生活提供基本保障的设施,也包括教育文化、医疗卫生等公共服务设施。基础设施主要通过降低生产和生活成本影响土地价格。但农村地区的基础设施一般差异不大,且与区位和交通条件相关性强,因此对于区域发展较均衡的地区,该因素也可不考虑。

(3) 产业集聚状况

一般来说,产业集聚对地价有积极影响,主要体现在:产业集聚可以促进信息交流和技术协作,减少运输费用和能源消耗,充分利用公共设施,节约生产建设投资,从而降低生产成本,提高生产效率和利润,获得规模效益,进而提升土地价格。但过高的集聚也有一些负面影响,例如环境承载力达到饱和、污染严重、用地用水紧张、地价和劳动力成本上涨、出现争夺公共设施的现象等,进而影响区域投资吸引力。

(4) 土地自身条件

主要包含地块形状、面积、坡度、地质条件、城市规划限制、土地使用年限等。宗地面积、临街宽度和深度适宜,形状规整,宗地基础设施条件良好,城市规划限制较少,土地使用年限较长等,对地价都有积极影响。

(5) 土地产权状况

在前面章节中,对于土地产权已经进行了较全面的分析。针对农村集体建设用地,土地产权状况是最重要的地价影响因素之一,是否有完善、有效的土地确权证明,直接影响土地权益的实现,进而影响土地价格。近年来,全国统一开展了农村集体建设用地确权登记发证工作,但部分地区农村地籍调查工作基础薄弱,土地确权登记工作滞后。一些土地虽然权属清晰,但由于各种历史遗留问题尚未进行登记,而更多的土地则是权属不明、来源不合法。因此,农村集体建设用地产权状况复杂,是分析地价形成机理及价格水平的主要考虑因素。

(6) 市场主体行为

集体经营性建设用地使用权价格是市场主体围绕土地权益博弈形成的,地方政府主要负责制定政策和交易规则,建立交易平台,并对交易过程及交易后的合同履行进行管理和监督;集体经济组织主要负责交易过程的组织实施,包括发布交易信息、寻找目标用地企业、进行合同谈判等;用地企业通过搜寻市场信息或借助人缘、地缘关系,寻找市场机会,参与相应的土地交易,和政府、集体经济组织进行合同谈判。在交易过程中,各方的行为特点、价值取向会对交易过程和谈判决策产生一定影响,进而影响土地价格。例如,地方政府、集体经济组织如存在寻租行为,或有低地价招商引资的行为动机,则会压低土地价格;而如果地方政府、集体经济组织从维护土地权益考虑,完善交易规则,规范交易程序,制定交易指导价等,则会提升土地价格。

4.4.2 特征价格模型的函数形式

根据特征价格理论,土地作为一种异质性商品,由一系列特征构成,如位置、基础设施完善度、土地权能等。在完全竞争的土地市场上,土地的每个特征都有一个隐含的市场,对应一个隐含的特征价格,这些特征价格之和即为土地的总价格。在土地市场上,这些特征就是土地价格的影响因素,这些因素通过对土地生产力的影响,进而影响土地的产出效果,即土地效用。

就一个县(市、区)而言,影响土地价格的宏观因素在短期内基本保持稳定,影响土地价格的主要为微观因素,因此可以重点从微观因素考虑,针对不同地区建立相应的集体经营性建设用地使用权特征价格模型。为了说明不动产与机器设备等固定资产、知识产权等无形资产的本质差异,通常认为不动产是实物、权益和区位三者的结合体。因此,集体经营性建设用地使用权特征价格模型的地价影响因素也按实物、权益和区位分为三大类,则土地价格(P)与土地特征之间关系的基本模型可以表达为:

$$P = a + \sum b_i M_i + \sum c_i Q_i + \sum d_i L_i$$

式中,P 为土地价格;a 是常量,表示除特征变量外,其他所有影响价格的常量之和;M_i、Q_i、L_i 分别表示影响土地价格的实物因素、权益因素和区位因素特征变量;b_i、c_i、d_i 表示相应特征变量的系数。a、b、c、d 均为所要估计的系数。

4.4.3 特征价格模型的变量选择

特征价格模型的变量分为因变量和自变量。因变量一般采用市场中实际成交的土地价格,而对于集体建设用地,实践中按年租赁土地是主要的交易形式,因此因变量主要采用年租金。自变量即土地价格影响因素,自变量的选择是构建模型的关键。以下针对集体经营性建设用地的特点,分析实物、权益和区位三类因素的变量选择及其实证意义。

1. 实物变量

土地实物是指看得见、摸得着的部分，主要对应上一节地价影响因素中的土地自身条件，例如土地的形状、面积、开发程度、临路状况、地势、地质条件等。

2. 权益变量

相对实物而言，土地权益是指无形的、看不到的部分，是在实物基础上衍生出来的权利和利益，主要对应上一节地价影响因素中的土地产权、入市政策和市场发展状况等。具体来看，土地权益变量包括以下几方面因素。① 土地产权的稳定性和权能的完整性，如是否办理土地证、是否能转让、是否能抵押等。② 入市政策。入市政策的支持度和完善度不同，权益的保障程度就不一样。③ 市场机制。包括是否有交易平台、是否制定指导价、是否本地企业、本地员工比例、集体建设用地比例等。一般而言，有交易平台、有指导价的价格较高；本地企业或本地员工比例较高的，往往企业承担的责任也较多，地价会相对偏低；集体建设用地比例高的地区，其市场发育成熟，价格往往偏高。④ 交易方式。在租赁土地的情况下，不同的租期和付款方式都可能对年租金产生影响。⑤ 空间规划。在城镇规划区范围内，土地稳定性较高，且合理的规划确保了相邻土地利用的协调性，有利于保障土地权利人的利益。

3. 区位变量

因土地不可移动，区位成为土地特征的重要组成部分，是影响土地价格的主要因素。如前所述，土地区位包括宏观区位和微观区位，在建立特定城市的集体经营性建设用地特征价格模型时，只需考虑微观区位，具体对应上一节地价影响因素中的交通条件、基础设施条件、产业集聚状况等，例如位置、交通、周围环境和景观、外部配套设施等方面，特别是与重要场所（如市中心、汽车客运站、火车站、机场、码头）的距离，以及进出该地块的方便程度。衡量区位优劣最常见的指标是距离，分为直线距离、交通路线距离、通行时间距离等。农村交通系统没有城市复杂，在地形平坦、空间自然阻隔不明显的地区，采用直线距离一般就能满足要求。

综上,本书选择集体经营性建设用地3个实物指标、14个权益指标和9个区位指标作为模型的自变量,特征变量的量化以及基于理论预期的影响符号见表4-3。

表4-3 集体经营性建设用地特征价格模型变量

变量性质	特征类型	特征名称	量化指标	变量名	预期符号
因变量	土地价格	出让价格	P_1一次性支付的一定年限土地使用权价格	PRICE	
		年租金	P_2按年支付的租金	RENT	
自变量	实物因素	宗地面积	M_1宗地面积	AREA	−
		基础设施完善度	M_2根据是否通路、通上水、通下水、通电、通讯、通气、场地平整,将基础设施完善程度分为"三通一平""五通一平"等,定性赋分	DEVELOPMENT	+
		临路情况	M_3按临省级以上道路、临县道、临乡村道、不临路,定性赋分	FRONTAGE	+
	权益因素	土地权能	Q_1是否办理土地证	CERTIFICATE	+
			Q_2是否可转让、转租	TRANSFER	+
			Q_3是否可抵押	MORTAGE	+
			Q_4是否有附加条件	ADDITION	−
		入市政策	Q_5土地权能完善程度	POLICY1	+
			Q_6土地权能实现机制	POLICY2	+
			Q_7是否私下流转	PRIVATE	−
			Q_8是否建立交易平台	PLATFORM	+
		市场机制	Q_9是否制定指导价	GUIDANCE	?
			Q_{10}是否本地企业	LOCAL	−
			Q_{11}企业本地员工比例	LOCALSTAFF	−
			Q_{12}集体建设用地比重	JTRATE	+

续表

变量性质	特征类型	特征名称	量化指标	变量名	预期符号
区位因素		交易方式	Q_{13}是否短租	SHORTRENT	+
		空间规划	Q_{14}是否位于城镇规划区范围	PLANAREA	+
	地理区位		L_1距中心城镇距离	DISTTOWN	−
			L_2距省级以上开发区距离	DISTZONE	−
	经济区位		L_3所在村人均纯收入	INCOME	+
			L_4所在村人均耕地	CULTIVATED	+
			L_5是否位于工业园区	INDUSTRYPARK	+
			L_6基础设施完善度	BASIC	+
			L_7公用设施完善度	PUBLIC	+
	交通区位		L_8道路通达度	ROAD	+
			L_9对外交通便利度	TRAFFIC	+

以上变量数据如何采集、整理、量化，模型如何构建，将在第五章实证分析中论述。

4. 变量的实证意义

本章第一节中，通过分析集体经营性建设用地价格内涵，提出了以下理论假设：

交易价格＝完整权益价格－权能残缺损失－
权能实现损失－责任补偿价格

上式中的完整权益价格主要由土地的实物状况和区位状况决定，对应实物变量和区位变量；权能残缺损失主要受土地制度、政策、规划等因素影响，对应土地权能、入市政策、空间规划等相关变量；权能实现损失主要受入市政策、市场发育、市场结构等因素影响，对应土地权能实现机制、是否私下流转、是否建立交易平台、集体建设用地比重等变量；责任补偿价格主要受市场主体行为等因素影响，对应是否有附加条件、是否本地企业、企业本地员工比例等变量。因此,上述模型变量选择全面反映了集体经营性建设用地价格内涵,并与前述理论假设相呼应,可以基于该模型对价格形成机理进行实证分析。

4.5　本章小结

本章总结了我国集体经营性建设用地价格的发展历史,对现状价格进行了分类;分别从土地产权理论和相关法律法规的角度,分析集体经营性建设用地的权益状况,并与国有建设用地使用权权益对比,将集体经营性建设用地使用权分为出让、租赁、作价入股和划拨土地使用权,指出隐性流转下的集体土地使用权实际上是一种合同债权;在权益分析的基础上,将集体经营性建设用地价格界定为在特定的政策和市场条件下形成的市场关联各方可接受的土地权利价格,具体包括交易价格、责任补偿价格、实际权益价格、完整权益价格。交易价格＝完整权益价格－权能残缺损失－权能实现损失－责任补偿价格;实际权益价格＝交易价格＋责任补偿价格。其中,权能残缺损失为交易的制度缺陷成本,权能实现损失为市场机制不健全产生的信息成本,责任补偿价格是土地所有者为企业提供廉价土地等生产要素,为企业分摊经营风险的回报,对于企业来说则是风险成本。因此,交易价格除受传统区位等因素影响外,主要取决于土地权益状况,包括政策和市场条件所赋予的土地权能、权能实现机制、交易合约约定的土地使用者责任。

在上述土地权益及价格内涵分析基础上,运用博弈论分析了不同入市模式下的土地权益及地价形成机理,建立了基于土地收益理论的价格模型;运用合约理论分析了分成合约和租赁合约形式下的土地权益及地价形成机理,指出两种合约形式下的土地交易价格及形成机制有显著差异,但都能实现土地资源的优化配置;探索性地描绘了两种合约形式下的工业用地竞租曲线,指出政府低地价招商、高土地利用门槛的策略实质上也是利用市场机制实现资源的优化配置,只不过在市场上竞的"租"不是纯地价,而是地方政府所能获得的全部土地收益。最后从宏观和微观角度全面分析了集体经营性建设用地价格影响因素,建立了基于特征价格理论的价格模型。

第五章 集体土地隐性流转下的地价形成机理实证研究

本章承接上一章,基于特征价格模型,利用无锡市和广州市实证区的调研样本,分别建立实证区集体经营性建设用地价格模型,对两地的集体经营性建设用地价格形成机理及土地产出效益响应展开实证研究和对比分析。

5.1 实证模型构建

5.1.1 模型函数形式

在土地价格评估及土地价格影响因素研究领域,特征价格模型应用较为广泛[195],学者们对特征价格模型的建模方法已经形成了较为丰富的经验[196-208],目前普遍采用线性函数(式1)、对数函数(式2)和半对数函数(式3)三种函数形式建立模型。因此,本书在前人研究的基础上,基于研究区的调研样本,按三种函数分别建立研究区的集体经营性建设用地特征价格模型。

$$P = a_0 + \sum a_i X_i + \varepsilon \qquad (1)$$

式中,P 为集体经营性建设用地入市价格;a_0 是常量,表示特征变量以外的所有其他影响价格的常量之和;X_i 为影响土地价格的各种特征变量;a_i 为相应特征变量的系数;ε 为随机扰动项,反映其他无法观测到的影响因素。a_0、a_i 均为所要估计的系数。

在线性函数形式中,每个特征变量的特征价格可通过相应的回归系数表示,即特征变量每增加或减少一个单位时,土地使用者愿意增加或减少的价格。线性函数形式直观简便,但是不能反映特征变量变动时的边际效用递减规律。

$$\ln P = a_0 + \sum a_i \ln X_i + \sum a_j X_j + \varepsilon \qquad (2)$$

式中，P 和 a_0 含义同上；X_i 指影响土地价格的各种连续性特征变量，如距城镇中心距离；X_j 指影响土地价格的各种虚拟特征变量，如是否可抵押；a_i、a_j 表示相应特征变量的系数；ε 为随机扰动项，反映其他无法观测到的影响因素。a_0、a_i、a_j 均为所要估计的系数。

在对数函数形式中，回归系数表示每个特征变量的特征价格弹性，可反映特征价格变动时的边际效用递减规律；也就是说特征变量每变动1%，特征价格随之变动的百分比。

$$\ln P = a_0 + \sum a_i X_i + \varepsilon \qquad (3)$$

在半对数函数形式中，字母含义和线性函数相同，其中回归系数表示每个特征变量的特征价格弹性，即各特征变量每增加或减少一个单位时，特征价格增加或减少的百分比。

5.1.2 模型估计和比选

模型估计一般采用普通最小二乘法（Ordinary Least Square, OLS），在误差项存在异方差的情况下，可采用加权最小二乘法（Weighted Least Square, WLS）来提高模型的精确度。

模型的评价和比选需要相应的参考标准。本书主要从以下四个方面进行评价。一是拟合度。拟合度主要反映模型中的解释变量能解释因变量变化的程度，实践中一般采用调整后的判定系数 R^2 来度量拟合度，R^2 介于0和1之间，反映回归模型对因变量变异的解释程度，例如 R^2 为0.8，表示该回归模型可以解释因变量80%的变异，因此 R^2 越高，模型就越好。二是回归方程的显著性。即判断模型中被解释变量与解释变量之间的线性关系总体上是否显著成立，也就是说解释变量对被解释变量的联合作用是否显著。三是回归系数的显著性。即对模型中被解释变量与某个解释变量之间的线性关系总体上是否显著成立作出推断，以决定模型中是否保留该解释变量。回归系数的统计检验主要用来剔除不显著的因素，得到最优的模型。四是理论一致性。无论拟合度有多高，如果模型中有多个系数的符号不符合理论预期或无法作出合理解释,该模型就难以成立。也就是说,模型的结果应该得到理论的支持,在理论上能进行合理的解释。

建模数据来源于无锡市和广州市 4 个镇(街道)的实地调研,具体情况见第三章。其中无锡市采集有效样本企业 241 家,样本村 31 个;广州市采集有效样本企业 77 家,样本村 17 个。由于无锡市与广州市的集体经营性建设市场特征和价格水平都有明显差异,本书对两个研究区的样本分别建立模型,并进行对比分析。

5.1.3 变量选取及量化

1. 变量选取及理论预期

通过基础理论研究,结合研究区实证特征和实际数据采集情况,本书选择年租金作为因变量,宗地面积、基础设施完善度、临路情况、是否办理土地证、是否可抵押、是否制定指导价、本地员工比例、集体建设用地比例、是否位于城镇规划区范围、距中心城镇距离、距省级以上开发区距离、所在村人均纯收入和人均耕地、是否位于园区、基础设施完善度、道路通达度、对外交通便利度作为模型的自变量,特征变量及其理论预期的影响符号见表 5-1。

表 5-1 集体经营性建设用地特征价格模型变量

变量性质	特征类型	特征名称	量化指标	变量名	预期符号
因变量	土地价格	年租金	按年支付的租金	RENT	
自变量	实物因素	宗地面积	宗地面积	AREA	−
		基础设施完善度	根据是否通路、通上水、通下水、通电、通讯、通气、场地平整,将基础设施完善度分为"三通一平""五通一平"等,定性赋分	DEVELOPMENT	+
		临路情况	按临省级以上道路、临县道、临乡村道、不临路,定性赋分	FRONTAGE	+

续 表

变量性质	特征类型	特征名称	量化指标	变量名	预期符号
权益因素		土地权能	是否办理土地证	CERTIFICATE	＋
			是否可抵押	MORTAGE	＋
	市场机制		是否制定指导价	GUIDANCE	？
			企业本地员工比例	LOCALSTAFF	－
			集体建设用地比例	JTRATE	＋
区位因素	地理区位	空间规划	是否位于城镇规划区范围	PLANAREA	＋
			距中心城镇距离	DISTTOWN	－
			距省级以上开发区距离	DISTZONE	－
	经济区位		所在村人均纯收入	INCOME	＋
			所在村人均耕地	CULTIVATED	－
			是否位于工业园区	INDUSTRYPARK	＋
			区域基础设施水平	BASIC	＋
	交通区位		道路通达度	ROAD	＋
			对外交通便利度	TRAFFIC	＋

注:预期符号中,"＋"表示该因素对集体经营性建设用地入市价格的影响为正,即正相关;"－"表示影响为负,即负相关;"？"表示影响方向尚无法确定。

变量选取的主要理由及理论预期如下。

(1) 年租金:无论是无锡还是广州,土地租赁、按年支付租金都是当地集体经营性建设用地入市的主要交易方式,能反映市场价格水平及其区域差异。

(2) 土地面积、基础设施完善度和临路情况:这三个变量主要反映土地自身条件,在调研样本中数据也比较完整、可靠。其中土地面积原则上与租金呈负相关关系,即面积越大,租金总额就越高,企业承担的土地成本也就提高,对企业经济实力要求较高,有效需求就会减少,单位租金会下降;基础设施完善度原则上与租金呈正相关关系,基础设施越完善,土地效用就越高,土地租金相应也提高;临路情况原则上与租金呈正相关关系,即临接的道路等级越高,场地进出就越方便,租金相应就高。

(3) 土地权能:包括是否办理土地证和是否可抵押,反映土地权能完整性。这两个变量在调研样本中数据比较完整,针对村干部和企业均进行了了解,可以相互验证以确保数据可靠性。两个变量均与租金均呈正相关关系,即在有土地证、可抵押的情况下,土地利用更加稳定可靠,不易产生权益纠纷,且能进行融资,有利于企业减少生产经营中的产权摩擦成本,稳定预期,扩大生产规模,因此租金相应提高。

(4) 市场机制:包括是否制定指导价、企业本地员工比例、集体建设用地比例。其中是否制定指导价这个变量通过村和企业调研获取,对租金的影响可能为正,也可能为负,主要看指导价水平,指导价高于市场交易价的,对租金有正向影响,反之有负向影响;企业本地员工比例通过企业调研获取,对租金的影响原则上为负,即本地员工越多,说明企业在一定程度上承担了部分村民的社会保障功能,租金应相应减少,此外本地员工多的企业,往往与村集体存在人缘地缘关系,村集体给予租金优惠的可能性较大;集体建设用地比例指某村集体建设用地总面积占城镇村及工矿用地面积的比例,该变量数据通过土地利用现状数据库计算获取,集体建设用地比例高的,说明该村集体经济发展较早、市场较成熟,市场机制作用较大,与其他村同等条件下租金偏高的可能性较大。

(5) 空间规划:主要通过是否位于城镇规划区范围反映,与租金原则上呈正相关关系。位于规划区范围的,一方面土地利用的稳定性较好,后期完善用地手续的可行性也较大;另一方面规划区范围内的基础设施投资强度一般明显高于规划区外,企业能更多地受益于政府基础设施投资的外溢效应。

(6) 地理区位:包括距离中心城镇距离和距离省级以上开发区距离。这两个指标均通过图上量算获取,原则上与租金呈负相关关系,即距离城镇和省级开发区近的企业,在市场销售、技术资源、基础设施等方面均可受到城镇和开发区的辐射带动,有利于提高生产效率,租金相应就高。

(7) 经济区位:包括所在村人均收入和人均耕地、是否位于工业园区、区域基础设施水平。其中所在村人均收入、人均耕地通过乡镇统计部门和土地利用现状数据库获取,是否位于工业园区通过企业调研获取,区域基础设施水平通过乡镇统计部门提供的所在村人均集体资产间接表示。所在村人均收入反映村经济发展水平,间接反映土地需求,与租金呈正相关关系;人均耕地反映所在村土地资源稀缺程度,与租金呈负相关关系;是否位于工业园区反映区域产业集聚和配套设施情况,与租金呈正相关关系;区域基础设施水平反映区域基础设施和公共服务设施配套条件,与租金呈正相关关系。

(8)交通区位:包括道路通达度和对外交通便利度。其中道路通达度通过路网密度间接反映,对外交通便利度通过所在村公交线路数量间接反映。这两个指标均通过图上量算获取,原则上与租金呈正相关关系。

模型中未选取的变量及主要理由如下。

(1)是否可转让、转租:调研样本中大部分是从村集体租赁土地,不能转让、转租,因此缺乏可比较的样本,这两个变量对租金的影响无法通过现有样本建模反映。

(2)是否有附加条件:实际中难以通过调研获得真实信息,且附加条件不好量化,但企业本地员工比例相对较容易采集,能在一定程度上间接反映村集体对企业用地是否有附加条件。

(3)入市政策:该变量在同一县(市、区)一致,地块之间没有差异,且无锡和广州的入市政策也没有明显的差异,都只是出台了集体建设用地流转管理办法,但缺乏实施细则,实际中基本都是隐性流转,故该变量对租金的影响无法通过现有样本建模反映。

(4)是否私下流转:虽然广州市2015年开始建立了集体资产交易的"三资"平台,集体土地均纳入该平台统一交易,但调研期间白云区尚未正式启用该平台。因此调研样本均为私下流转,没有差异性,该变量对租金的影响无法通过现有样本建模反映。

(5)是否直接入市:截至调研时点,无锡市和广州市均未纳入全国集体经营性建设用地入市试点城市,该变量对租金的影响无法通过现有样本建模反映。

(6)是否建立交易平台:该变量在同一县(市、区)一致,地块之间没有差异,且截至调研时点,无锡市和广州市均未建立交易平台,因此该变量对租金的影响无法通过现有样本建模反映。

(7) 是否短租:调研样本大部分为短租,缺乏可比较的样本,该变量对租金的影响无法通过现有样本建模反映。

2. 变量量化

在建模前,需对部分变量进行定量化处理,具体量化方法如下:

(1) 基础设施完善度分为六通一平、五通一平、四通一平、三通一平,①分别赋值6、5、4、3;

(2) 临路情况按临省级以上道路、临县道、临乡村道,分别赋值6、4、3;

(3) 区域基础设施水平采用所在村人均集体资产间接反映,即区域基础设施水平指标分=所在村集体资产总额/常住人口;

(4) 道路通达度采用所在村路网密度计算得到,即道路通达度指标分=所在村各类道路总长度/土地面积;

(5) 对外交通便利度采用停靠该村的公交线路数量表示;

(6) 是否型变量按1和0赋值,均为虚拟变量。

5.2 无锡研究区样本回归结果及解释

5.2.1 变量描述与相关分析

1. 变量描述

变量的描述性统计结果见表5-2,样本年租金的空间插值结果分别见图5-1至图5-3,总体呈现多核心组团式的空间格局,其核心一般位于区位条件较好、基础设施较完善的工业园区。

---

① 六通一平指宗地外通路、通电、通上水、通下水、通讯、通燃气及宗地内土地平整;五通一平、四通一平、三通一平依次缺少通燃气、通讯、通下水。

表5-2 无锡研究区样本变量的描述性统计

变量名	中文名	单位	最小值	最大值	平均值	标准偏差
RENT	年租金	元/m²	7.50	35.00	19.06	5.16
AREA	土地面积	m²	24.00	151 230.00	8 577.63	14 603.63
DEVELOPMENT	基础设施完善度		3.00	6.00	4.24	1.10
FRONTAGE	临路情况		0.00	6.00	4.86	1.35
CERTIFICATE	是否有土地证		0.00	1.00	0.48	0.50
MORTAGE	是否能抵押		0.00	1.00	0.35	0.48
GUIDANCE	是否制定指导价		0.00	1.00	0.33	0.47
LOCAL STAFF	本地员工比例	%	0.00	100.00	57.53	28.24
PLANAREA	是否位于规划区范围		0.00	1.00	0.48	0.50
DISTTOWN	离城镇距离	km	0.30	6.70	2.72	1.54
DISTZONE	离开发区距离	km	7.00	20.0	13.10	4.14
CULTIVATED	人均耕地	亩	0.00	1.23	0.26	0.34
INDUSTRY PARK	是否位于园区		0.00	1.00	0.34	0.48
ASSETS	村人均资产	万元	0.07	1.76	0.78	0.38
ROAD	路网密度	km/km²	0.38	7.36	4.28	1.35
TRAFFIC	公交线路		1.00	8.00	3.88	2.16
JTRATE	所在村集体土地比重	%	0.53	100.00	52.58	27.53

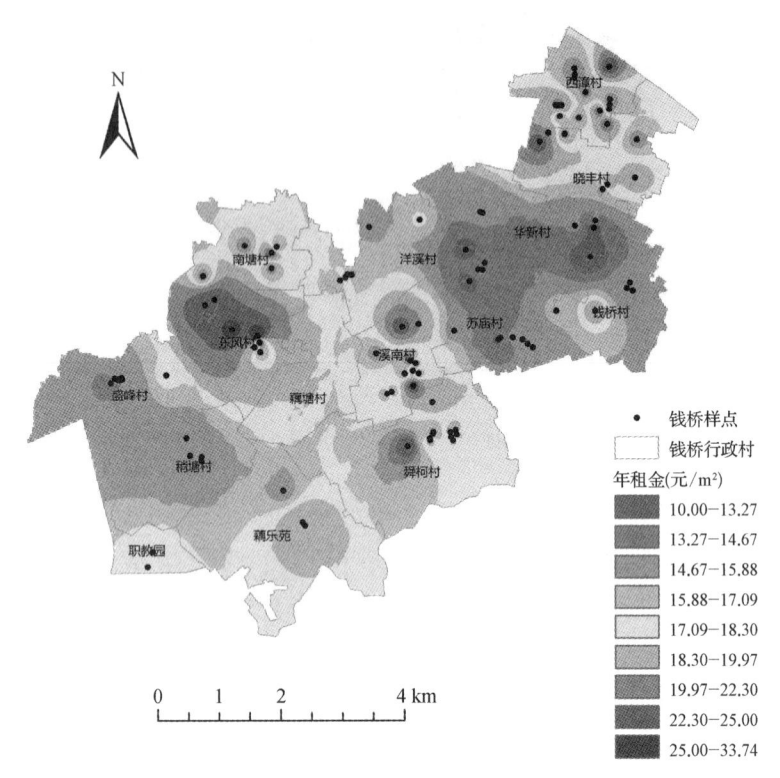

图 5-1 无锡研究区样本年租金空间插值图(钱桥街道)

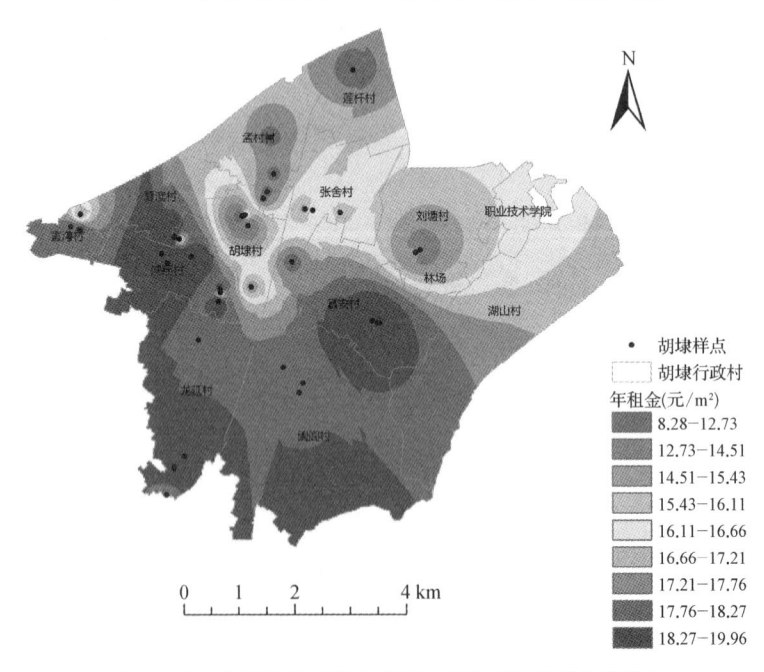

图 5-2 无锡研究区样本年租金空间插值图(胡埭镇)

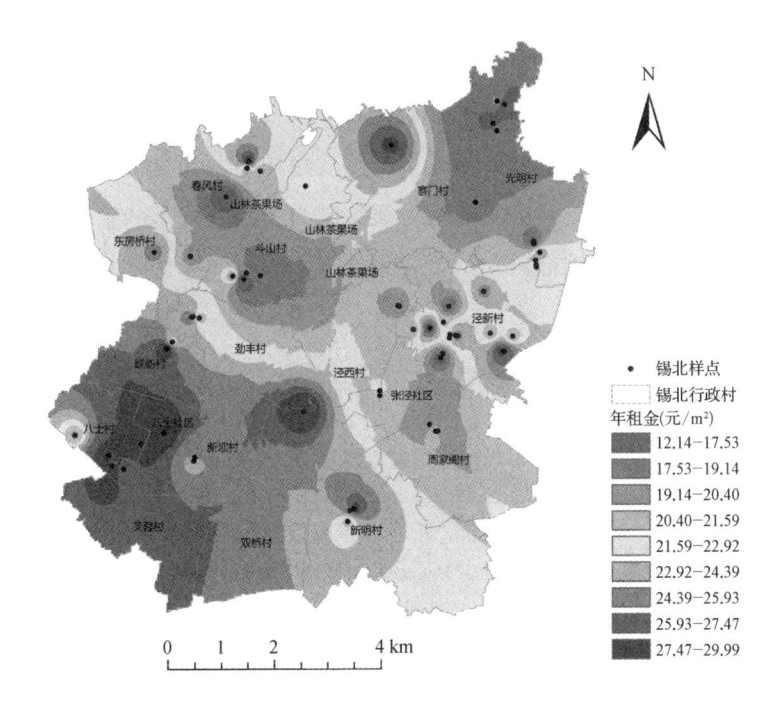

图 5-3 无锡研究区样本年租金空间插值图(锡北镇)

2. 因变量与自变量相关性分析

相关性分析是衡量变量之间是否具有相关关系的统计方法,主要用来判断选取的自变量是否对因变量有相关影响,没明显影响的可以考虑剔除。实践中常用 Pearson 相关系数、Spearman 相关系数等表示变量间相关性大小。本书利用最常用的 Pearson 相关系数来分析集体经营性建设用地年租金与各影响因素的相关性。

Pearson 相关系数描述了两个定距变量间的线性关系,公式为:

$$r = \frac{\sum(X-\overline{X})(Y-\overline{Y})}{\sqrt{\sum(X-\overline{X})^2 \sum(Y-\overline{Y})^2}}$$

式中,r 表示相关系数,反映两个变量之间线性相关程度大小;$X,\overline{X}$ 分别为变量 X 的观测值和均值;$Y,\overline{Y}$ 分别为变量 Y 的观测值和均值。相关系数介于 -1 和 1 之间,大于 0 时,两个变量成正相关关系;小于 0 时,两个变量成负相关关系;等于 0 时,两个变量不存在相关关系。

本书利用SPSS 22.0统计软件进行Pearson相关系数分析,得到年租金与所有自变量的相关性分析结果,具体见表5-3所示。其中除临路情况、本地员工比例、人均耕地外,其他变量与因变量均显著相关。年租金与临路情况、本地员工比例相关性不明显,可能是因为大部分样本的临路情况均较好、人均耕地均较低,因此对租金的影响不大;而本地员工比例虽然差异性明显,但总体较高,平均达57.53%,说明大多数样本企业均承担了一定的村民社会保障功能,对租金的影响也就不那么明显。

表5-3 无锡研究区样本年租金与解释变量的Pearson相关系数及显著性

自变量		分析结果
土地面积	Pearson 相关性	0.138*
	显著性(双尾)	0.033
基础设施完善度	Pearson 相关性	0.450**
	显著性(双尾)	0.000
临路情况	Pearson 相关性	0.072
	显著性(双尾)	0.264
是否有土地证	Pearson 相关性	0.385**
	显著性(双尾)	0.000
是否能抵押	Pearson 相关性	0.420**
	显著性(双尾)	0.000
本地员工比例	Pearson 相关性	−0.096
	显著性(双尾)	0.138
是否有指导价	Pearson 相关性	0.525**
	显著性(双尾)	0.000
是否位于规划区范围	Pearson 相关性	0.135*
	显著性(双尾)	0.036
离城镇距离	Pearson 相关性	−0.180**
	显著性(双尾)	0.005
离开发区距离	Pearson 相关性	−0.472**
	显著性(双尾)	0.000
人均耕地	Pearson 相关性	0.123
	显著性(双尾)	0.056
是否位于园区	Pearson 相关性	0.287
	显著性(双尾)	0.000
村人均资产	Pearson 相关性	0.177**
	显著性(双尾)	0.006

续 表

自变量		分析结果
路网密度	Pearson 相关性	0.141*
	显著性(双尾)	0.029
公交线路	Pearson 相关性	0.217**
	显著性(双尾)	0.001
集体土地比重	Pearson 相关性	0.188**
	显著性(双尾)	0.003

*. 在显著性(双尾)为 0.05 时,相关性是显著的。
**. 在显著性(双尾)为 0.01 时,相关性是显著的。

5.2.2 模型估计

上述相关性检验,反映的只是因变量和单个自变量的相关性,而实际上因变量受到多个自变量的共同影响,某些自变量虽然与因变量相关性不明显,但可能是受到了其他自变量的干扰,掩盖了其对因变量的作用。因此,为全面反映因变量和自变量的因果关系,以下再利用 SPSS 22.0 统计软件,采用逐步回归法,分别建立反映因变量和自变量关系的线性模型、对数模型和半对数模型。

1. 线性函数模型

模型回归结果见表 5-4 至表 5-6。

表 5-4 无锡研究区样本线性函数模型拟合度及 DW 值

模型	R	R^2	调整后的 R^2	标准估计误差	Durbin-Watson
线性函数模型	0.697	0.486	0.473	3.747	1.424

表 5-5 无锡研究区样本线性函数模型方差分析结果

模型		平方和	自由度	均方	F	显著性
线性函数模型	回归	3 095.301	6	515.884	36.746	0.000
	残差	3 271.122	233	14.039		
	总计	6 366.423	239			

表 5-6　无锡研究区样本线性函数模型回归系数及共线性检验

模型		非标准化系数 B	标准错误	标准系数 贝塔	t	显著性	共线性统计 容差	VIF
线性函数模型	（常量）	10.323	1.359		7.595	0.000		
	是否有指导价	4.808	0.792	0.440	6.070	0.000	0.420	2.383
	是否能抵押	3.086	0.545	0.287	5.660	0.000	0.860	1.162
	公交线路	0.497	0.130	0.209	3.826	0.000	0.740	1.352
	基础设施完善度	0.685	0.282	0.146	2.428	0.016	0.612	1.634
	集体土地比重	0.039	0.013	0.205	2.880	0.004	0.434	2.305
	人均耕地	-2.668	1.353	-0.177	-1.972	0.050	0.275	3.637

根据线性回归使用的基本条件，得到的回归模型应满足线性、独立、正态和方差齐性等条件，回归模型才被认为是无偏估计。因此，下面分别进行拟合度检验、显著性检验、共线性检验和异方差检验等，综合判断回归方程是否为无偏估计。

由表 5-4 可知，线性函数模型的模型 R^2 为 0.486，调整后的 R^2 为 0.473，表明模型能解释 47.30% 的因变量变化，虽然拟合度不是很好，但考虑到集体经营性建设用地租金影响因素复杂，很多属于人为因素，难以调查和量化，因此虽然模型解释能力一般，但仍具有研究意义。模型 DW 检验值为 1.424，远离 0 而较接近 2，表明残差不存在明显的自相关。

由表 5-5 可知，线性函数形式的回归方程方差分析的 F 值为 36.746，对应显著性检验值为 0.000，小于 0.001，说明上述回归模型的显著性强，进入方程的特征变量与集体经营性建设用地年租金之间的关系能够成立。

由表 5-6 可知，所有变量的 VIF 从 1.162 到 3.637，均远小于 10，表明所选变量之间的共线性不严重。

为检验回归模型是否存在异方差，下面通过残差频率直方图、P-P 图和散点图进行分析判断，如图 5-4 所示。

从直方图来看，标准化的残差直方图满足正态分布；从 P-P 图来看，样

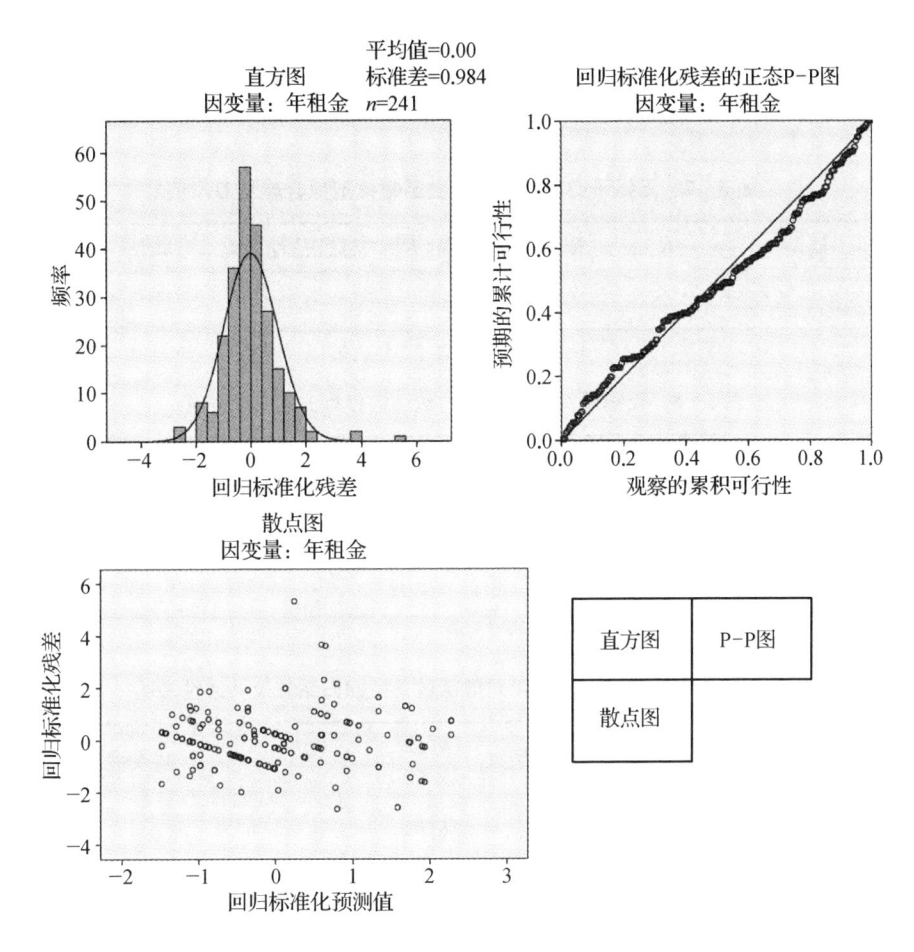

图 5-4 无锡研究区样本线性函数回归模型的直方图、P-P图、散点图

点数据分布在对角线附近,近似于直线;从散点图来看,绝大部分观测量随机分布在正负 3 之间,符合方差齐性的假设,因此,也可以判断标准化残差符合正态分布,与直方图的判断结果一致。

因此线性函数回归模型基本上满足了线性、独立、正态性、方差齐性等假设,在统计学上是有意义的;模型调整后的 R^2 为 0.473,表明模型能解释 47.30% 的因变量变化,可以利用线性函数模型对集体经营性建设用地价格的形成机理进行分析。

2. 半对数函数模型

模型回归结果见表 5-7 至表 5-9 和图 5-5。

表 5-7 无锡研究区样本半对数函数模型拟合度及 DW 值

模型	R	R^2	调整后的 R^2	标准估计误差	Durbin-Watson
半对数函数模型	0.682	0.465	0.454	0.193	1.533

表 5-8 无锡研究区样本半对数函数模型方差分析结果

模型		平方和	自由度	均方	F	显著性
半对数函数模型	回归	7.552	5	1.510	40.695	0.000
	残差	8.685	234	0.037		
	总计	16.237	239			

表 5-9 无锡研究区样本半对数函数模型回归系数及共线性检验

模型		非标准化系数		标准系数	t	显著性	共线性统计	
		B	标准错误	贝塔			容差	VIF
半对数函数模型	（常量）	2.417	0.066		36.39	0		
	是否有指导价	0.183	0.034	0.331	5.421	0	0.614	1.629
	是否能抵押	0.162	0.028	0.298	5.780	0	0.862	1.161
	公交线路	0.026	0.006	0.213	3.986	0	0.802	1.247
	基础设施完善度	0.048	0.014	0.202	3.514	0.001	0.694	1.442
	集体土地比重	0.001	0.001	0.151	2.499	0.013	0.622	1.607

根据半对数函数模型的回归结果，按照前述分析方法，得出半对数函数回归模型基本上满足线性、独立、正态性、方差齐性等假设，在统计学上是有意义的；模型调整后的 R^2 为 0.454，表明模型能解释 45.40% 的因变量变化，可以利用半对数函数模型对集体经营性建设用地价格的形成机理进行分析。

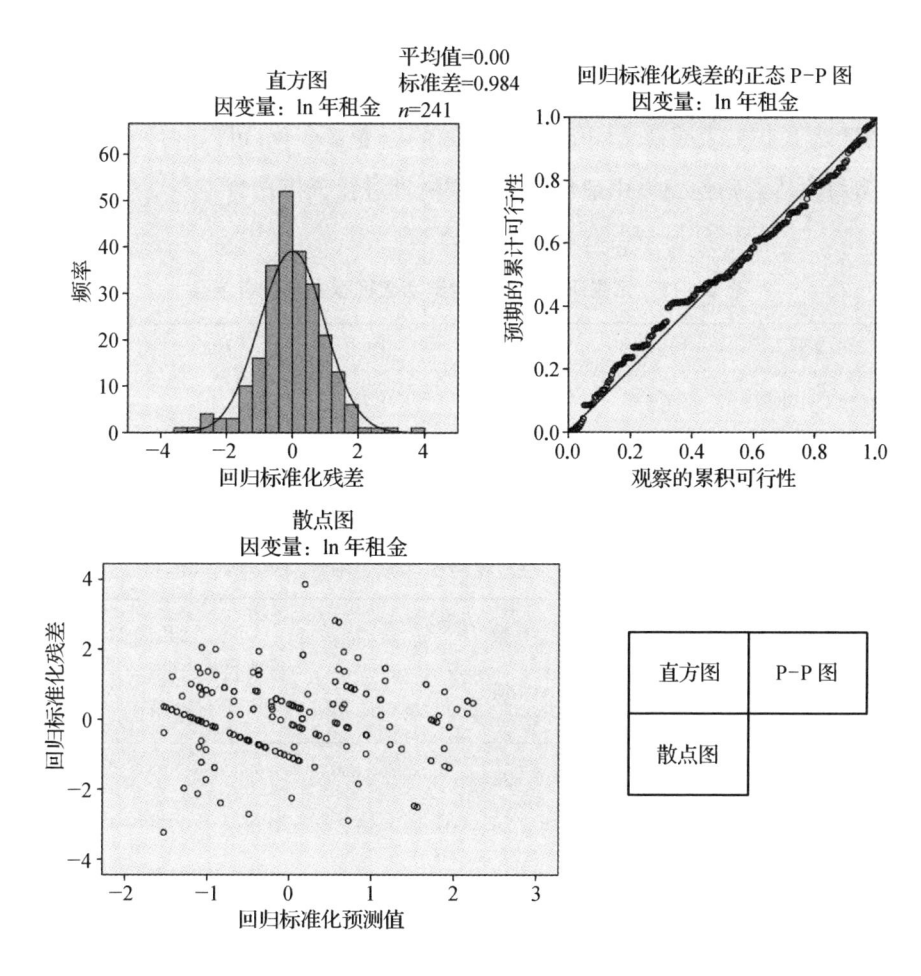

图 5-5 无锡研究区样本半对数函数回归模型的直方图、P-P 图、散点图

3. 对数函数模型

模型回归结果见表 5-10 至表 5-12 和图 5-6。

表 5-10 无锡研究区样本对数函数模型拟合度及 DW 值

模型	R	R^2	调整后的 R^2	标准估计误差	Durbin-Watson
对数函数模型	0.695	0.484	0.465	0.191	1.564

根据回归结果,按照前述分析方法,得出对数函数回归模型基本上满足线性、独立、正态性、方差齐性等假设,在统计学上是有意义的;模型调整后的 R^2 为 0.465,表明模型能解释 46.50% 的因变量变化,可以利用对数函数模型对集体经营性建设用地价格的形成机理进行分析。

表 5-11　无锡研究区样本对数函数模型方差分析结果

模型		平方和	自由度	均方	F	显著性
对数函数模型	回归	7.635	8	0.954	26.101	0.000
	残差	8.154	223	0.037		
	总计	15.789	231			

表 5-12　无锡研究区样本对数函数模型回归系数及共线性检验

模型		非标准化系数		标准系数	t	显著性	共线性统计	
		B	标准错误	贝塔			容差	VIF
对数函数模型	(常量)	2.424	0.133		18.240	0.000		
	是否有指导价	0.229	0.036	0.413	6.292	0.000	0.538	1.857
	是否有土地证	0.084	0.037	0.161	2.295	0.023	0.470	2.127
	ln 基础设施完善度	0.166	0.062	0.164	2.671	0.008	0.613	1.631
	ln 公交线路	0.055	0.021	0.141	2.634	0.009	0.811	1.233
	是否能抵押	0.121	0.040	0.222	3.058	0.003	0.438	2.285
	ln 集体建设用地比例	0.052	0.019	0.159	2.731	0.007	0.681	1.468
	ln 土地面积	−0.027	0.011	−0.128	−2.386	0.018	0.802	1.247
	ln 人均耕地	−0.026	0.012	−0.158	−2.252	0.025	0.473	2.114

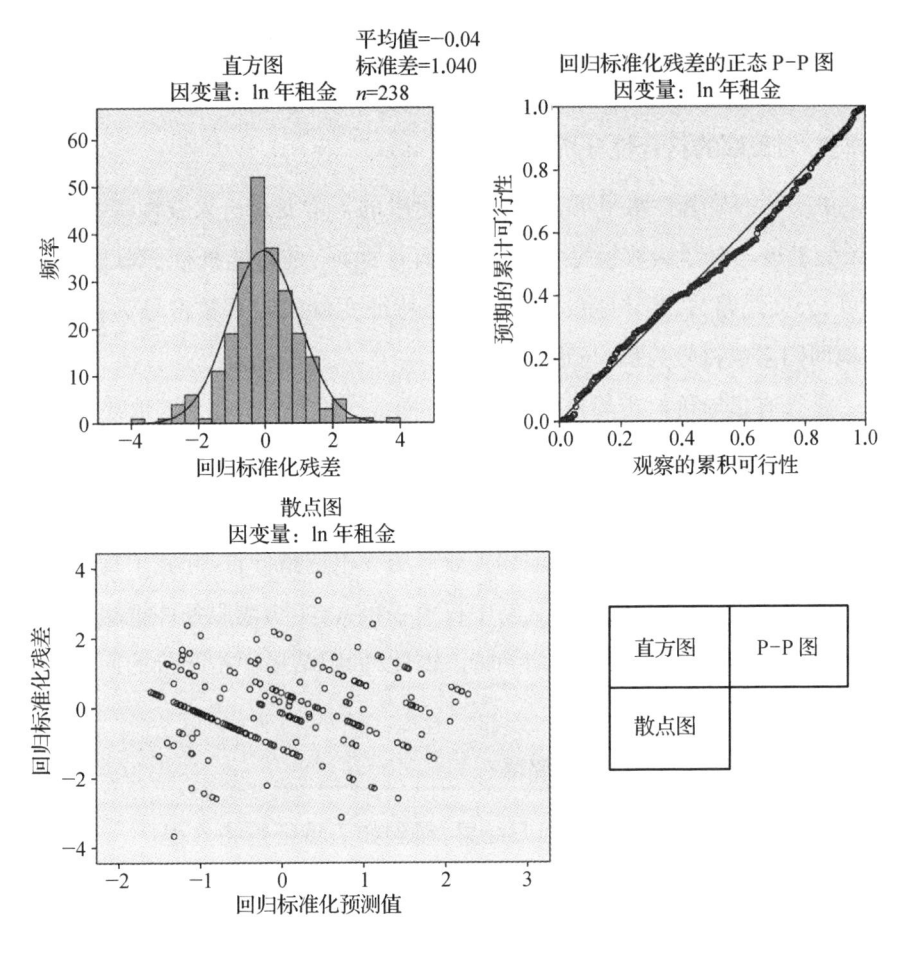

图 5-6　无锡研究区样本对数函数回归模型的直方图、P-P 图、散点图

5.2.3　模型比选

上述三个模型均具有统计学意义,模型的解释能力总体相差不大,半对数函数模型略差。而线性函数和对数函数模型的解释意义不同,线性函数的回归系数对应某一特征的隐含价格,而对数函数的回归系数反映了相应特征变量的价格弹性,即在其他特征变量不变的情况下,该特征变量每增加或减少1%,特征价格增加或减少的百分比。因此,为全面反映集体经营性建设用地价格形成机理,本书拟对线性函数和对数函数的结果分别进行解释并对比分析。

5.2.4 结果解释

1. 与预期的符合性分析

在5%的显著性水平下,17个自变量中的6个变量进入线性函数模型、8个变量进入对数函数模型,其中是否有土地证、是否能抵押、基础设施完善度、公交线路数、集体建设用地比例等特征变量回归系数符号为正,人均耕地回归系数符号为负,与预期相符。

是否有指导价对市场价格可能有正向或负向的影响,主要取决于地方政府干预市场的动机。无锡市及下辖区均未制定统一的集体经营性建设用地指导价。研究区中胡埭镇从防止集体资产流失、维护集体资产权益出发,按照市场行情,制定了工业用地和工业厂房等租赁指导价,起到了良好的市场引导作用,减少了一些私下交易中权力寻租、以实物或服务冲抵租金等行为,而另外两个镇则没有制定指导价。因此,回归结果中指导价的回归系数符号为正,符合实际。

2. 价格形成机理的模型解释

(1) 根据线性函数模型回归结果,得到如下特征价格方程:

年租金 = 10.323 + 4.808 × 是否有指导价 + 3.086 × 是否能抵押 + 0.497 × 公交线路数 + 0.685 × 基础设施完善度 + 0.039 × 集体建设用地比例 − 2.668 × 人均耕地

根据线性函数模型的标准化回归系数(见表 5-6),对集体经营性建设用地年租金具有显著性影响的因素依次为是否有指导价、是否能抵押、公交线路数、集体建设用地比例、人均耕地、基础设施完善度[①],贡献度分别为 30.06%、19.60%、14.28%、14.00%、12.09%、9.97%,即权益因素贡献度最大,达 63.66%,区位因素贡献度为 26.37%,实物因素贡献度只有 9.97%。从线性函数模型的特征价格方程可知,有指导价的比没有指导价的年租金提高 4.808 元/m^2;能抵押的比不能抵押的年租金提高 3.086 元/m^2;公交线

[①] 在回归结果中,标准化回归系数是将原始变量数据标准化、统一为同一量纲后得出的回归系数,因此标准化回归系数能反映各特征变量对因变量的贡献程度,此处贡献度按表 5-6 的标准系数计算。

路每增加 1 条,年租金提高 0.497 元/m²;集体土地比重每提高 1 个百分点,年租金提高 0.039 元/m²;人均耕地每增加 0.1 亩,年租金下降 0.267 元/m²;基础设施完善度每提高一个等级,年租金提高 0.685 元/m²。

(2) 根据对数函数模型回归结果,得到如下特征价格方程:

$$\ln 年租金 = 2.424 + 0.229 \times 是否有指导价 + 0.084 \times 是否有土地证 + 0.121 \times 是否能抵押 + 0.166 \times \ln 基础设施完善度 + 0.055 \times \ln 公交线路数 + 0.052 \times \ln 集体建设用地比例 - 0.027 \times \ln 土地面积 - 0.026 \times \ln 人均耕地$$

根据对数函数模型的标准化回归系数(见表 5-12),对集体经营性建设用地年租金具有显著性影响的主要因素依次为是否有指导价、是否能抵押、基础设施完善度、是否有土地证、集体建设用地比例、人均耕地、公交线路数、土地面积,贡献度分别为 26.71%、14.36%、10.61%、10.41%、10.29%、10.22%、9.12%、8.28%,即权益因素贡献度最大,达 61.77%,区位因素贡献度为 19.34%,实物因素贡献度为 18.89%。从对数函数模型的特征价格方程可知,有指导价的比没有指导价的年租金高出 25.73%($e^{0.229}-1$);能抵押的比不能抵押的年租金高出 12.86%($e^{0.121}-1$);有土地证的比没有土地证的年租金高出 8.76%($e^{0.084}-1$);基础设施完善度每提高 1%,年租金上涨 16.6%;公交线路数量每增加 1%,年租金上涨 5.50%;集体建设用地比例每增加 1%,年租金上涨 5.20%;土地面积每增加 1%,年租金下降 2.70%;人均耕地每增加 1%,年租金下降 2.60%。

5.3 广州研究区样本回归结果及解释

5.3.1 变量描述与相关分析

1. 变量描述

变量的描述性统计结果见表 5-13,样本年租金的空间插值结果见图 5-7,与无锡研究区相比,其企业本地员工比例明显偏低,而地价的空间梯度更明显。

表5-13 广州研究区样本变量的描述性统计

变量名	中文名	单位	最小值	最大值	平均值	标准偏差
RENT	年租金	元/m²	8.40	59.00	22.13	8.29
AREA	土地面积	m²	400.00	140 000.00	8 112.34	16 976.83
DEVELOPMENT	基础设施完善度		4.00	5.00	4.48	0.50
FRONTAGE	临路情况		1.00	3.00	1.83	0.47
CERTIFICATE	是否有土地证		0.00	1.00	0.27	0.45
MORTAGE	是否能抵押		0.00	1.00	0.13	0.34
LOCAL STAFF	本地员工比例	%	0.00	100.00	23.71	29.00
PLANAREA	是否位于规划区范围		0.00	1.00	0.23	0.43
DISTTOWN	离城镇距离	km	0.20	6.40	2.02	1.39
DISTZONE	离开发区距离	km	0.50	3.50	2.16	0.63
CULTIVATED	人均耕地	亩	0.09	0.73	0.36	0.21
INDUSTRY PARK	是否位于园区		0.00	1.00	0.48	0.50
ASSETS	村人均资产	万元	0.00	1.25	0.43	0.42
ROAD	路网密度	km/km²	1.07	8.31	4.40	1.71
TRAFFIC	公交线路		2.00	12.00	6.14	2.88
JTRATE	所在村集体土地比重	%	0.00	100.00	64.55	47.64

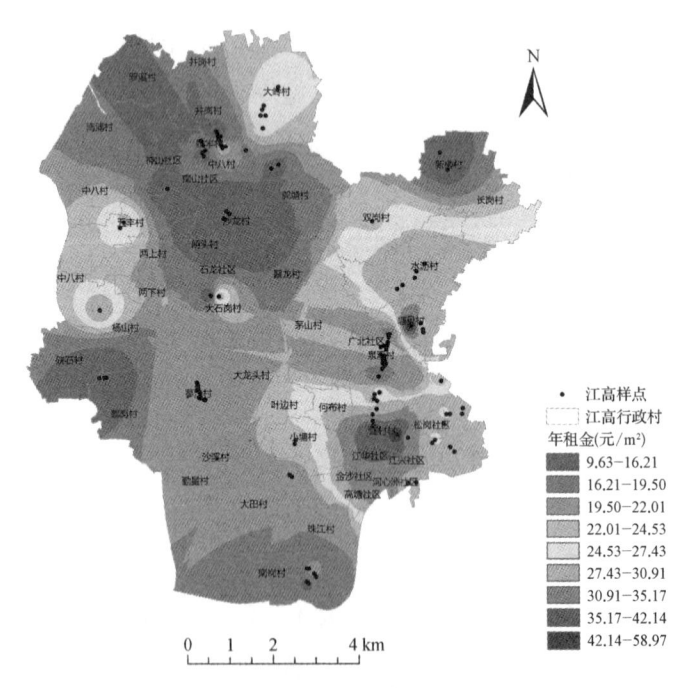

图5-7 广州研究区样本年租金空间插值图

2. 因变量与自变量相关性分析

因变量与所有自变量的相关性检验结果见表 5-14。结果显示，自变量中与因变量显著相关的包括是否有土地证、是否能抵押、是否规划区范围、离城镇距离、人均耕地、路网密度、集体土地比重，而其他自变量则相关性不显著，主要可能有两方面原因：一是广州研究区样本数相对较少，相关性分析结果受到影响；二是相关性检验反映的只是因变量和单个自变量的相关性，而因变量同时受到多个自变量的共同影响，由于其他自变量的干扰，会掩盖某些自变量对因变量的单独作用。

表 5-14 广州研究区样本年租金与解释变量的 Pearson 相关系数及显著性

自变量	分析结果	
土地面积	Pearson 相关性	0.101
	显著性（双尾）	0.383
基础设施完善度	Pearson 相关性	−0.049
	显著性（双尾）	0.669
临路情况	Pearson 相关性	0.079
	显著性（双尾）	0.498
是否有土地证	Pearson 相关性	0.325**
	显著性（双尾）	0.004
是否能抵押	Pearson 相关性	0.377**
	显著性（双尾）	0.001
本地员工比例	Pearson 相关性	−0.003
	显著性（双尾）	0.979
是否位于规划区范围	Pearson 相关性	0.442**
	显著性（双尾）	0.000
离城镇距离	Pearson 相关性	−0.236*
	显著性（双尾）	0.039
离开发区距离	Pearson 相关性	−0.017
	显著性（双尾）	0.880
人均耕地	Pearson 相关性	−0.319**
	显著性（双尾）	0.005
是否位于园区	Pearson 相关性	−0.049
	显著性（双尾）	0.669
村人均资产	Pearson 相关性	−0.202
	显著性（双尾）	0.078

续 表

自变量		分析结果
路网密度	Pearson 相关性	0.362**
	显著性(双尾)	0.001
公交线路	Pearson 相关性	0.206
	显著性(双尾)	0.072
集体土地比重	Pearson 相关性	−0.304**
	显著性(双尾)	0.007

*. 在显著性(双尾)为 0.05 时,相关性是显著的;**. 在显著性(双尾)为 0.01 时,相关性是显著的。

5.3.2 模型估计

如前所述,利用 SPSS 22.0 统计软件,采用逐步回归法,分别建立线性模型、对数模型和半对数模型。

1. 线性函数模型

模型回归结果见表 5-15 至表 5-17 和图 5-8。

表 5-15 广州研究区样本线性函数模型拟合度及 DW 值

模型	R	R^2	调整后的 R^2	标准估计误差	Durbin-Watson
线性函数模型	0.715	0.511	0.469	4.481	1.498

表 5-16 广州研究区样本线性函数模型方差分析结果

模型		平方和	自由度	均方	F	显著性
线性函数模型	回归	1 467.419	6	244.570	12.181	0.000
	残差	1 405.476	70	20.078		
	总计	2 872.895	76			

表5-17 广州研究区样本线性函数模型回归系数及共线性检验

模型		非标准化系数 B	非标准化系数 标准错误	标准系数 贝塔	t	显著性	共线性统计 容差	共线性统计 VIF
线性函数模型	（常量）	26.798	2.966		9.034	0.000		
	离城镇距离	−1.159	0.432	−0.310	−2.683	0.009	0.523	1.911
	离开发区距离	−2.352	0.841	−0.239	−2.798	0.007	0.958	1.044
	是否有土地证	3.602	1.617	0.198	2.227	0.029	0.882	1.133
	路网密度	0.811	0.381	0.221	2.128	0.037	0.648	1.544
	本地员工比例	−0.056	0.020	−0.263	−2.768	0.007	0.773	1.294
	是否位于规划区范围	3.887	1.778	0.269	2.186	0.032	0.460	2.172

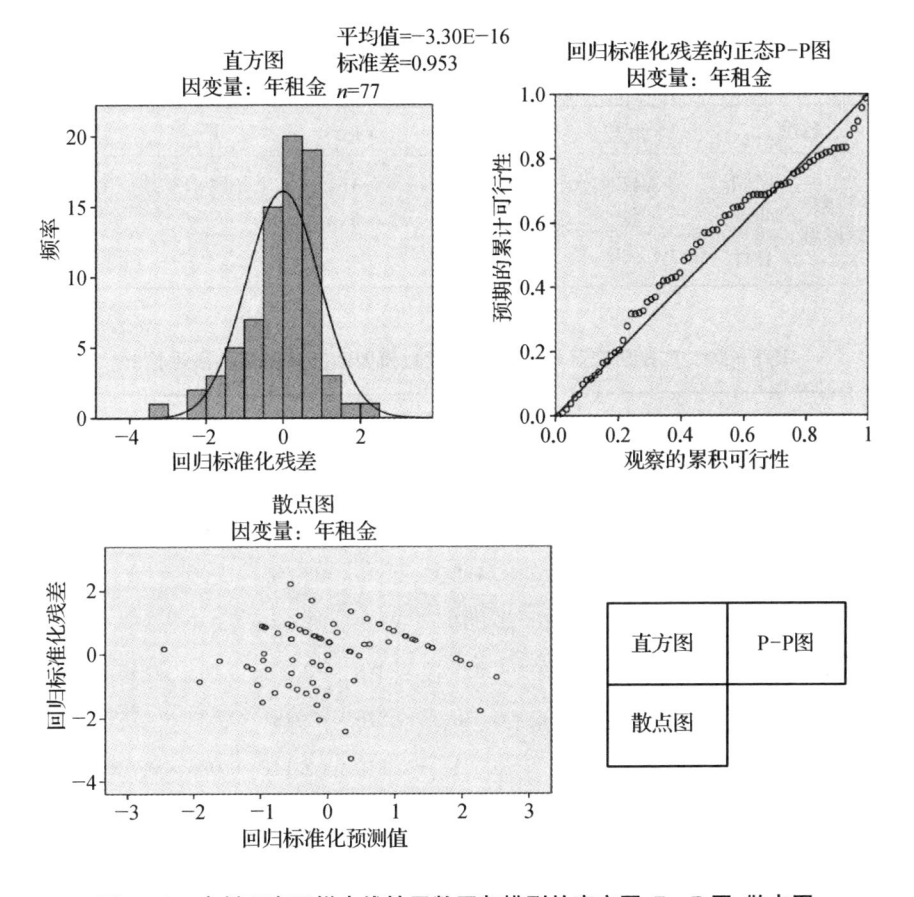

图5-8 广州研究区样本线性函数回归模型的直方图、P-P图、散点图

根据线性函数模型的回归结果,按照前述分析方法,得出线性函数回归模型基本上满足线性、独立、正态性、方差齐性等假设,在统计学上是有意义的;模型调整后的 R^2 为 0.469,表明模型能解释 46.90% 的因变量变化,可以利用线性函数模型对集体经营性建设用地价格的形成机理展开分析。

2. 半对数函数模型

模型回归结果见表 5-18 至表 5-20 和图 5-9。

表 5-18 广州研究区样本半对数函数模型拟合度及 DW 值

模型	R	R^2	调整后的 R^2	标准估计误差	Durbin-Watson
半对数函数模型	0.696	0.485	0.441	0.230	1.396

表 5-19 广州研究区样本半对数函数模型方差分析结果

模型		平方和	自由度	均方	F	显著性
半对数函数模型	回归	3.473	6	0.579	10.981	0.000
	残差	3.689	70	0.053		
	总计	7.162	76			

表 5-20 广州研究区样本半对数函数模型回归系数及共线性检验

模型		非标准化系数 B	非标准化系数 标准错误	标准系数 贝塔	t	显著性	共线性统计 容差	共线性统计 VIF
半对数函数模型	(常量)	3.440	0.122		28.185	0.000		
	是否有土地证	0.180	0.084	0.199	2.154	0.035	0.863	1.158
	是否位于规划区范围	0.280	0.091	0.388	3.061	0.003	0.457	2.187
	是否位于园区	0.132	0.060	0.215	2.181	0.033	0.754	1.326
	本地员工比例	−0.002	0.001	−0.210	−2.142	0.036	0.766	1.305
	离城镇距离	−0.068	0.022	−0.363	−3.130	0.003	0.546	1.830
	离开发区距离	−0.138	0.044	−0.282	−3.164	0.002	0.929	1.077

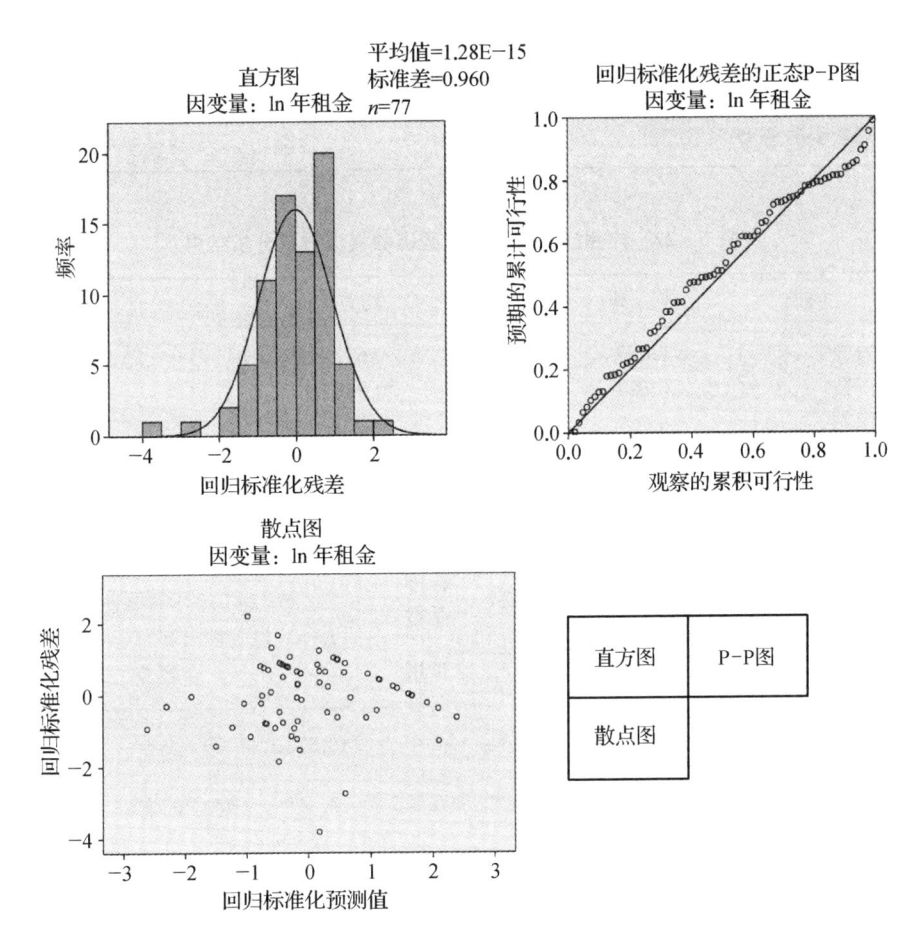

图 5-9 广州研究区样本半对数函数回归模型的直方图、P-P图、散点图

根据半对数函数模型的回归结果,按照前述分析方法,得出半对数函数回归模型基本上满足线性、独立、正态性、方差齐性等假设,在统计学上是有意义的;模型调整后的 R^2 为 0.441,表明模型能解释 44.10% 的因变量变化,可以利用半对数函数模型对集体经营性建设用地价格的形成机理展开分析。

3. 对数函数模型

模型回归结果见表 5-21 至表 5-23 和图 5-10。

表 5–21　广州研究区样本对数函数模型拟合度及 DW 值

模型	R	R^2	调整后的 R^2	标准估计误差	Durbin-Watson
对数函数模型	0.677	0.458	0.416	0.237	1.475

表 5–22　广州研究区样本对数函数模型方差分析结果

模型		平方和	自由度	均方	F	显著性
对数函数模型	回归	3.083	5	0.617	10.971	0.000
	残差	3.654	65	0.056		
	总计	6.737	70			

表 5–23　广州研究区样本对数函数模型回归系数及共线性检验

模型		非标准化系数		标准系数	t	显著性	共线性统计	
		B	标准错误	贝塔			容差	VIF
对数函数模型	（常量）	3.903	0.234		16.673	0.000		
	ln 距中心城镇距离	−0.132	0.029	−0.475	−4.547	0.000	0.765	1.307
	ln 距开发区距离	−0.268	0.074	−0.340	−3.603	0.001	0.936	1.068
	是否有土地证	0.263	0.089	0.297	2.957	0.004	0.826	1.210
	ln 土地面积	−0.065	0.026	−0.233	−2.484	0.016	0.946	1.057
	ln 本地员工比例	−0.045	0.019	−0.230	−2.361	0.021	0.880	1.137

根据对数函数模型的回归结果，按照前述分析方法，得出对数函数回归模型基本上满足线性、独立、正态性、方差齐性等假设，在统计学上是有意义的；模型调整后的 R^2 为 0.416，表明模型能解释 41.60% 的因变量变化，可以利用对数函数模型对集体经营性建设用地价格的形成机理展开分析。

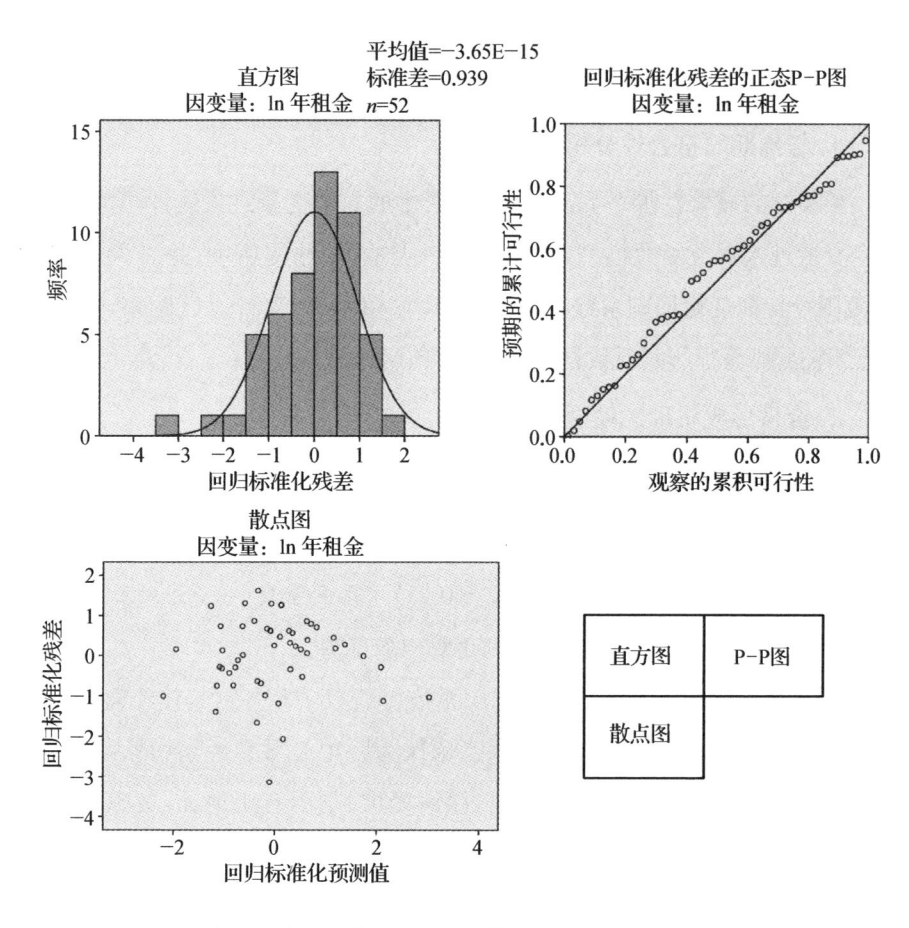

图 5-10　广州研究区样本对数函数回归模型的直方图、P-P图、散点图

5.3.3　模型比选

上述三个模型均具有统计学意义,模型的解释能力上线性函数最好,半对数函数次之,对数函数略差,总体上相差不大;回归变量在5%的显著性水平下均通过显著性检验,其中对数函数的回归系数显著性更强。考虑到线性函数和对数函数模型的解释意义不同,同时便于与无锡研究区进行对比,因此最终仍选择对线性函数和对数函数的结果分别进行解释分析。

5.3.4 结果解释

1. 与预期的符合性分析

在 5% 的显著性水平下,17 个自变量中的 6 个变量进入线性函数模型、5 个变量进入对数函数模型,其中是否有土地证、路网密度、是否位于规划区范围等特征变量回归系数符号为正,离城镇距离、离开发区距离、本地员工比例、土地面积回归系数符号为负,与预期相符。

2. 价格形成机理的模型解释

(1) 根据线性函数模型回归结果,得到如下特征价格方程:

年租金 = 26.798 − 1.159 × 距中心城镇距离 − 2.352 × 距开发区距离 + 3.602 × 是否有土地证 + 0.811 × 路网密度 − 0.056 × 本地员工比例 + 3.887 × 是否位于规划区范围

根据线性函数模型的标准化回归系数(见表 5-17),对集体经营性建设用地租金具有显著性影响的主要因素依次为距中心城镇距离、是否规划区范围、本地员工比例、距开发区距离、路网密度、是否有土地证,贡献度分别为 20.67%、17.93%、17.54%、15.93%、14.73%、13.20%,即区位因素贡献度为 51.33%,权益因素贡献度为 48.67%,没有实物因素进入模型。从线性函数模型的特征价格方程可知,距中心城镇距离每增加 1 km,年租金下降 1.159 元/m^2;距开发区距离每增加 1 km,年租金下降 2.352 元/m^2;有土地证的比没有土地证的年租金提高 3.602 元/m^2;路网密度每增加 1 km/km^2,年租金提高 0.811 元/m^2;本地员工比例每增加 1 个百分点,年租金下降 0.056 元/m^2;在城镇规划区范围的比不在城镇规划区范围的年租金提高 3.887 元/m^2。

(2) 根据对数函数模型回归结果,得到如下特征价格方程:

ln 年租金 = 3.903 − 0.132 × ln 距中心城镇距离 − 0.268 × ln 距开发区距离 + 0.263 × 是否有土地证 − 0.065 × ln 土地面积 − 0.045 × ln 本地员工比例

根据对数函数模型的标准化回归系数(见表 5-23),对集体经营性建设用地租金具有显著性影响的主要因素依次为距中心城镇距离、距开发区距离、是否有土地证、土地面积、本地员工比例,贡献度分别为 30.16%、21.59%、18.86%、14.79%、14.60%,即区位因素贡献度最大,达 51.75%,权益因素贡献度为 33.46%,实物因素贡献度为 14.79%。从对数函数模型的特征价格方程可知,距中心城镇距离每增加 1%,年租金下降 13.20%;距开发区距离每增加 1%,年租金下降 26.80%;有土地证的比没有土地证的年租金高出 30.08%($e^{0.263}-1$);土地面积每增加 1%,年租金下降 6.50%;企业本地员工比例每增加 1%,年租金下降 4.50%。

5.4 研究区地价形成机理及土地产出效益响应

5.4.1 研究区地价形成机理分析

1. 无锡研究区地价形成机理分析

根据实证研究结果,对无锡研究区的集体经营性建设用地价格形成的主要特征总结如下。

(1) 土地权益的空间异质性是地价分异的主要原因

一般情况下,地价的空间分异主要源于土地的区位性和不可移动性,即区位不同,级差地租不同,因而地价也不同。而无锡市作为苏南乡镇工业的发源地,乡镇经济发展较好,城乡之间、乡镇之间差距相对较小,而农村集体经营性建设用地主要为工业用地,本身区位的敏感性就比较低,在无锡这种城乡高度融合的地区更加明显,因此区位因素对地价分异的贡献度较小。而对于无锡市集体经营性建设用地,其土地来源主要为乡镇企业改制,改制后土地处置方式各村镇、各企业情况各不相同,有的采用一次性出让方式,有的采用年租制,有的办理了土地证,有的则没有。改制主要集中在 20 世纪 90 年代末期,当时国有土地有偿使用制度尚不完善,集体土地更加缺乏监管,改制过程中土地价格确定的随意性较大,很多对土地使用作了特殊限制,如要求使用者为集体提供基础设施建设或公共服务等。这些做法在改制前往往已成为常态,因此相应地延续下来,由此导致土地权益空间异质性明显。其中既涉及权能方面的差异,也有土地使用附加条件的差异,还有村镇土地管理模式、市场发育程度的差异等。因此,从特征价格模型看,是否有指导价、是否有土地证、是否能抵押、集体建设用地比例等权益因素的贡献度超过了60%,是造成地价分异的主要原因。

(2) 政府干预和关系机制是地价形成的主要机制

目前,无锡市集体经营性建设用地入市均为集体主导下的隐性流转。一方面,由于土地大多源于乡镇企业改制,改制后的企业无论负责人还是员工,基本上都和当地村集体有千丝万缕的联系,有的企业老板可能就是村干部,集体经营性建设用地市场形成了以人缘、地缘为基础的熟人市场;另一方面,一些乡镇政府为了加强集体资产的有效管理,减少集体经营性建设用地入市中的权力寻租现象,逐步对市场进行规范化管理,出台了交易指导价,对交易程序、资金、合同等进行监管,呈现明显的政府干预特征。此外,长期以来,无锡市在国有工业用地出让上主要采取低地价招商引资的模式,这也在一定程度上对集体经营性建设用地入市价格形成压制,市场机制作用受限,导致集体经营性建设用地价格总体偏低。因此,目前无锡市集体经营性建设用地市场既有以关系机制为基础的熟人市场,又有以政府定价为基础的相对规范市场,政府干预和关系机制成为地价形成的主要机制。

(3) 土地个体差异大,对地价有一定影响

从调研样本看,基础设施完善度、土地面积均存在明显差异,土地开发程度低的只有"四通一平",一般为零散的小地块、小作坊,开发程度高的有"六通一平"以上,达到省级以上开发区水平;面积小的不到1亩,面积大的200多亩。这也正是集体经营性建设用地的特点,即个体差异性大,不像国有土地一般都在开发区,基础设施水平都比较高,土地面积都比较适中。通过特征价格模型发现,土地个体差异对地价产生了一定影响,总的影响度为10%—20%。

2. 广州研究区地价形成机理分析

根据实证研究结果,对广州研究区的集体经营性建设用地价格形成的

主要特征总结如下。

(1) 区位和权益共同作用的地价形成机理

与无锡研究区相比,广州研究区的特征价格模型中,区位因素的贡献度超过了权益因素,其中线性函数模型两者贡献度差异不大,基本上各占一半,而对数函数模型中的区位因素贡献度超过50%,同时权益因素贡献度下降到33.46%。究其原因,主要是因为广州市的经济发展背景与无锡市有较大区别,其土地来源也与无锡明显不同。广州市的集体经营性建设用地主要来源于改革开放初期,在市场经济需求的驱动下,集体和农民自发流转土地给企业或在宅基地盖房出租给企业员工,企业和员工大多是外地人,村集体和村民主要靠土地租金获得收益。长期以来,伴随着大量交易的发生,这种自发形成的市场日趋成熟,价格机制的作用逐步显现。此外,本书选取的广州市白云区江高镇地处广州市北部郊区,是一个工业重镇和农业大镇,村镇经济发展差异较大,有的工业很发达,有的则没有工业基础、以农业为主,因此土地级差收益差异就比较明显,这一点与无锡研究区有区别。基于上述两方面原因,特征价格模型反映出区位对土地价格的贡献度较高。

从土地来源来看,广州研究区的土地大部分没有合法来源,且基本都为租赁方式,因此基本都不能抵押贷款。而部分工业用地虽有土地证,但很多是早期办理的宅基地证,后来租给企业使用。这种土地证虽然不完全合法,但至少是有一定保障的,能给企业带来安全感,有利于其加大投资,在权益上与没有证的土地还是有一定区别,对地价有一定提升作用。从本地员工比例看,广州研究区企业大多为外地员工,本地员工比例高的企业不多。正因为如此,使得本地员工比例对地价产生了明显影响,本地员工比例高的企业一般与村集体有人缘、地缘关系,对村集体有土地租金以外的其他贡献,因此租金会相对偏低。从是否位于规划区范围看,广州研究区的土地大多不符合规划,即不在城镇规划区范围;而部分位于规划区范围的地块,土地利用的稳定性较好,后续完善手续的难度相对较小,显示出明显的比较优势,因此该变量也对地价产生了较大影响。

(2) 高度市场化的地价形成机制

广州市集体经营性建设用地市场发展较早,由于相关政策法规滞后,政府在早期缺乏监管,而在大量土地私下流转为建设用地成为常态后,政府就更加难以实施有效管理,因此政府几乎没有进行有效的市场干预。此外,广州市村镇企业主要为外地企业,企业基本没有人缘、地缘特征,和村集体、村民主要为土地租赁关系,没有其他复杂的权益关系,因此,类似无锡的熟人市场、关系机制在广州市相对较少,对土地价格形成的影响有限。土地价格主要通过市场自发形成,呈现高度市场化特征。具体来看,特征价格模型中反映市场机制的区位和实物因素总贡献度达到50%以上,此外是否规划区范围也间接反映了区位条件,其对地价的贡献度也达到17.93%,因此综合来看,市场机制在价格形成中贡献度接近70%。

(3) 土地个体特征对地价影响有限

从调研样本看,广州研究区土地的开发程度、土地面积与无锡研究区类似,也存在明显的个体差异。但从特征价格模型看,其对地价的影响有限,在线性模型中没有出现,在对数模型中的贡献度也只有14.79%,没有无锡研究区明显。究其原因,可能是因为广州研究区特征价格模型中区位因素贡献度较高,而区位因素与土地个体特征在一定程度上是相关的,例如,区位条件好的地方,基础设施完善度一般较高,土地开发规模一般较大,不会出现面积过小的地块,因此实际上一部分个体特征对地价的影响已隐含在区位因素相关变量中。

3. 两地地价形成的共性特征、差异及原因分析

无锡和广州两个研究区的特征价格模型回归结果见表5-24。从表中可以看出,两地的地价形成有两方面共性特征:一是地价是区位、权益和实物因素共同作用的结果;二是土地权能及实现机制对地价有重要影响,例如反映权能完整性、稳定性的是否有土地证、是否能抵押、是否位于规划区范围,以及反映权能实现机制的本地员工比例、集体建设用地比例等对两地地价均有不同程度的影响。

表 5-24 无锡和广州研究区样本特征价格模型回归结果汇总

特征变量		线性模型回归系数		线性模型变量贡献度(%)		对数模型回归系数		对数模型变量贡献度(%)	
		无锡	广州	无锡	广州	无锡	广州	无锡	广州
实物变量	土地面积	*	*	*	*	−0.027	−0.065	8.28	14.79
	基础设施完善度	0.685	*	9.97	*	0.166	*	10.61	*
	全部实物变量	—	—	9.97	0.00	—	—	18.89	14.79
权益变量	是否有土地证	4.808	3.602	30.06	13.20	0.084	0.263	10.41	18.86
	是否能抵押	3.086	*	19.60	*	0.121	*	14.36	*
	是否有指导价	*	*	*	*	0.229	*	26.71	*
	本地员工比例	*	−0.056	*	17.53	*	−0.045	*	14.60
	集体建设用地比例	0.039	*	14.00	*	0.052	*	10.28	*
	是否位于规划区范围	*	3.887	*	17.93	*	*	*	*
	全部权益变量	—	—	63.66	48.67	—	—	61.77	33.46
区位变量	距中心城镇距离	*	−1.159	*	20.67	*	−0.132	*	21.59
	距开发区距离	*	−2.352	*	15.93	*	−0.268	*	30.16
	人均耕地	−2.668	*	12.09	*	−0.026	*	10.22	*
	路网密度	*	0.811	*	14.73	*	*	*	*
	公交线路数	0.497	*	14.28	*	0.055	*	9.12	*
	全部区位变量	—	—	26.37	51.33	—	—	19.34	51.75

* 表示在 0.05 的显著性水平下,变量未进入回归方程。

两地的地价形成特征差异主要有以下三个方面因素。

(1) 土地来源不同导致权益的实现途径不同

无锡市集体经营性建设用地来源于乡镇企业改制，土地具有合法合规性，大多符合规划，因此完善手续的可行性较大，在政府实施土地征收或直接入市改革中，其土地权益有保障。广州市集体经营性建设用地来源于改革开放初期适应市场需求自发流转，在当时的市场和政策环境下有其合理性，但不符合现行的法律法规，大多也不符合规划，因此完善手续的可能性较小，严格意义上来说属于历史遗留问题。无论是现行的土地征收制度还是今后直接入市制度，其土地权益都难以得到充分保障，需要在尊重历史的基础上寻求稳妥的解决办法。目前只能维持现状并适度规范管理，其土地权益主要通过隐性流转实现。

(2) 市场背景不同导致地价的形成机制不同

无锡市集体经营性建设用地市场的产生和发展与乡镇企业发展密不可分，而乡镇企业为村镇集体兴办，因此，无锡市集体经营性建设用地的市场交易双方大多具有人缘、地缘关系，熟人市场、关系机制特征明显。广州市集体经营性建设用地市场的产生和发展主要受"三来一补"的外资、外地企业驱动，企业主和员工大多为外地人，因此，市场交易双方一般不具有人缘、地缘关系，村集体和村民主要依靠土地租金获得收益，和用地企业没有其他利益关系，必然追求租金收益的最大化，市场机制也就自发形成。从土地交易合约形式看，无锡市类似分成合约，广州市类似租赁合约。

(3) 地权意识差异导致地价的政府干预差异

无锡市的村镇经济主要依赖乡镇企业发展起来，而乡镇企业大多由村镇集体兴办，因此土地大多直接划拨使用集体土地，企业员工以本地人为主，租住村民住宅的情况较少，因此村民与企业在土地上的直接联系很少。在此背景下，村民、村集体都没有太强的土地权利意识，因此无论是土地征收，还是制定指导价，政府都比较容易推进，政府对市场有较强的干预能力。广州市的村镇经济主要依赖外地企业发展起来，而外地企业用地是从集体租赁，企业员工住房也是租用村民的宅基地房屋，长期以来，无论是村集体，还是村民，都从土地和房屋出租中获得大量收益，成为他们收入的主要来源。并且,在国家土地管理滞后的情况下,不断扩大用地范围,加盖宅基地房屋,久而久之形成常态,以至于大多数人都认为集体土地就是集体所有,国家征收要和集体商量,而宅基地就是村民个人所有,国家征收也要和村民商量,由此形成了强烈的地权意识。这种情况下,基于集体建设用地的"租赁经济"模式,形成了庞大的既得利益集团,导致市场的制度变迁成本太高,政府很难实施集体土地征收,基本没有能力干预集体经营性建设用地市场,只能寻求在维持村集体和村民既得利益的基础上,尽量规范市场。

5.4.2 研究区不同入市合约形式下的土地产出效益响应

上文在总结无锡和广州的集体经营性建设用地入市特征基础上,根据土地权益关系将两地的入市合约形式归纳为类似分成合约和租赁合约形式。本书第四章对两种合约形式下的土地产出效益提出了理论假设,即从土地的总收益看,两种合约形式下都是从市中心向外围递减,如果政府严格限制土地利用门槛且后期履约监管到位,分成合约的土地总收益将高于租赁合约。以下就从土地产出效益水平和空间格局两方面,对两地不同入市合约形式下的土地产出效益响应进行验证和对比分析。

1. 研究区土地产出效益水平对比分析

(1) 数据来源

各区和各镇(街道)的 GDP、一般公共预算收入来自公开发布的统计公报和统计年鉴,城乡建设用地面积来自土地利用现状数据库汇总统计。

(2) 数据处理

在收集相关基础数据的基础上,分别计算城乡建设用地地均 GDP、地均一般预算收入,其中地均 GDP＝某行政区 GDP/辖区内城乡建设用地总面积,地均一般预算收入＝某行政区一般公共预算收入/辖区内城乡建设用地总面积。

原则上两地的土地产出效益应只针对集体经营性建设用地来分析,但集体建设用地的相关经济数据没有单独统计,且难以分离,同时考虑到无锡市国有产业用地也是类似分成合约的模式,广州市白云区集体土地比例达71.34%,其经济数据主要由集体土地贡献。因此,在集体土地产出数据难以获取的情况下,基于全部城乡建设用地来分析土地产出效益,可以近似地反映两地不同合约形式下的土地产出效益情况。

(3) 结果及解释

从四个研究区的地均产出对比(表5-25)可以看出,地均GDP和地均一般预算收入总体差异不大,其中白云区的地均GDP高于无锡市三区,最高相差38.38%,而地均一般预算收入则与无锡市锡山区和惠山区相当,比无锡市滨湖区低21.28%。从地均一般预算收入占地均GDP比重看,白云区明显低于无锡市三个区。

表5-25 无锡和广州研究区地均产出对比(区级)

地区	城乡建设用地(hm²)	GDP（亿元）	一般预算收入(亿元)	地均GDP（万元/hm²）	地均一般预算收入（万元/hm²）	地均一般预算收入占地均GDP比重(%)
锡山区	13 975.38	883.31	86.69	632.05	62.03	9.81
惠山区	13 416.19	907.38	92.35	676.33	68.83	10.18
滨湖区	12 176.91	1 050.35	103.69	862.58	85.15	9.87
白云区	22 437.67	1 962.39	150.40	874.60	67.03	7.66

从四个镇(街道)的地均产出对比(表5-26)可以看出,白云区江高镇地均GDP略低于惠山区钱桥街道,而明显高于锡山区锡北镇和滨湖区胡埭镇,但地均一般预算收入则低于无锡市三个镇(街道)。从地均一般预算收入占地均GDP比重看,白云区江高镇明显低于无锡市三个镇(街道)。

表5-26 无锡和广州研究区地均产出对比(镇街级)

地区	城乡建设用地(hm²)	GDP（亿元）	一般预算收入(亿元)	地均GDP（万元/hm²）	地均一般预算收入（万元/hm²）	地均一般预算收入占地均GDP比重(%)
锡山区锡北镇	2 034.35	75.27	4.29	370.00	21.09	5.70
惠山区钱桥街道	2 287.77	156.15	9.06	682.54	39.60	5.80
滨湖区胡埭镇	1 725.65	83.75	4.12	485.32	23.88	4.92

续 表

地区	城乡建设用地(hm²)	GDP（亿元）	一般预算收入(亿元)	地均GDP（万元/hm²）	地均一般预算收入（万元/hm²）	地均一般预算收入占地均GDP比重(%)
白云区江高镇	2 434.46	148.11	4.58	608.39	18.81	3.09

综上可知，无锡和广州两地的城乡建设用地地均产出总体上没有显著差异。广州研究区的地均GDP较高，而地均一般预算收入较低，也就是说，广州研究区的土地总产出较高，但政府获得的收益分成不高。此外，本书第三章已对两地城乡居民收入水平进行了比较，白云区比无锡市三个区高出约5%—16%。由此可见，无锡和广州两地虽然采用了不同的集体建设用地入市合约形式，但土地产出效益上两地没有明显差异，其差异性体现在收益分配方面，无锡的政府收益高，体现了经济发展中的"强政府"特征，而广州则是城乡居民获益大，体现了经济发展中的"强市场"特征。

2. 研究区土地产出效益空间格局对比分析

(1) 数据来源

广州市白云区各镇(街道)的一般公共预算收入来自公开发布的统计月报数据，城乡建设用地面积来自土地利用现状数据库汇总统计。

无锡市工业用地分布、面积、税收等数据来自无锡市2016年度工业用地调查成果。

(2) 数据处理

在收集相关基础数据的基础上，分别计算工业用地地均税收和城乡建设用地地均一般预算收入，其中地块尺度的工业用地地均税收＝工业企业实际缴纳税收额/工业企业占地面积，行政村尺度的工业用地地均税收＝某村所有工业企业实际缴纳税收额之和/该村所有工业企业占地面积之和，城乡建设用地地均一般预算收入＝某镇(街)一般公共预算收入/辖区内城乡建设用地总面积。基于ArcGIS平台，对计算结果采用分层设色法、反距离插值法(IDW)、剖面线法等进行空间表达和分析。

如前所述,原则上两地的土地产出效益应只针对集体经营性建设用地来分析,但由于无锡市国有工业用地也是类似分成合约的模式,广州市白云区经济数据主要由集体土地贡献,因此无锡市的土地产出效益基于全部工业用地分析,广州市白云区的土地产出效益基于全部城乡建设用地分析,分析结果可以近似地反映两地不同合约形式下的土地产出效益情况。

(3) 结果及解释

① 无锡市市区

从地块尺度的工业用地地均税收空间插值图(图5-11)可以看出,总体空间格局有三个特点:一是从市中心往外围,地均税收总体上递减;二是整体空间格局呈现"多核心组团式"形态;三是离市中心越远,地均税收的空间梯度越不明显。从按行政村统计的地均税收空间分布图(图5-12)可以看出,地均税收从市中心往外围总体上递减,但外围农村地区地均税收的空间递减不明显,而呈现高低错落的分布形态。从市中心往城市边界画五个方向的剖面线,分别得到不同方向沿剖面线的地均税收变化图(图5-13),可以看出,各方向的地均税收均呈现波浪式的分布特征,总体上从市中心往外降低,距市中心5 km以内变化幅度较大,15 km以外变化幅度很小。

根据前文提出的竞土地总收益的理论假设,结合实际情况,总结出无锡市市区地均税收空间格局的形成原因有两点:一是在分成合约形式下,尽管工业用地地价较低,一定程度上不符合传统竞租规律,但地方政府能对土地出让实施强有力的控制,通过对不同区位、不同行业、不同等级开发区设置不同的土地利用门槛,实现了择商选资,替代了竞租规律的作用,以"竞土地总收益"的模式促进了土地资源的优化配置,而政府对农村集体土地的控制力相对较弱,且集体土地的分成主要体现在对村集体的实物和服务贡献方面,在税收方面没有直接影响,因此农村地区的地均税收空间变化不明显;二是在"强政府"的经济发展模式下,地方政府基本上拥有对集体土地的实质性控制和支配权,从而能顺利推进"征地—园区"的土地开发模式,而各级各类园区的设立,改变了工业用地的传统区位格局,形成了以园区为核心的"多核心组团式"工业用地区位特征,相应地就形成了地均税收从市中心往外的波浪式分布形态。

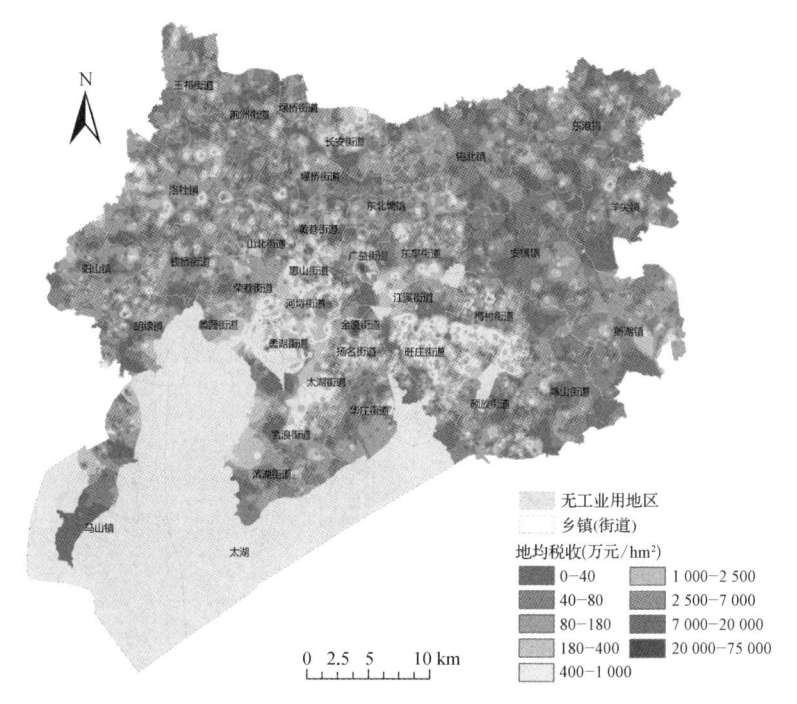

图 5-11 无锡市市区工业用地地均税收空间插值图

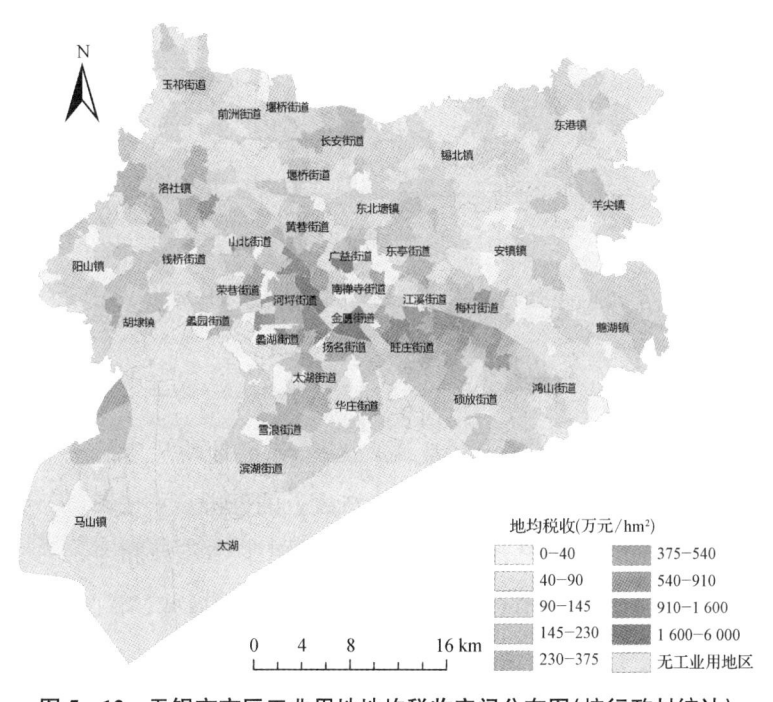

图 5-12 无锡市市区工业用地地均税收空间分布图(按行政村统计)

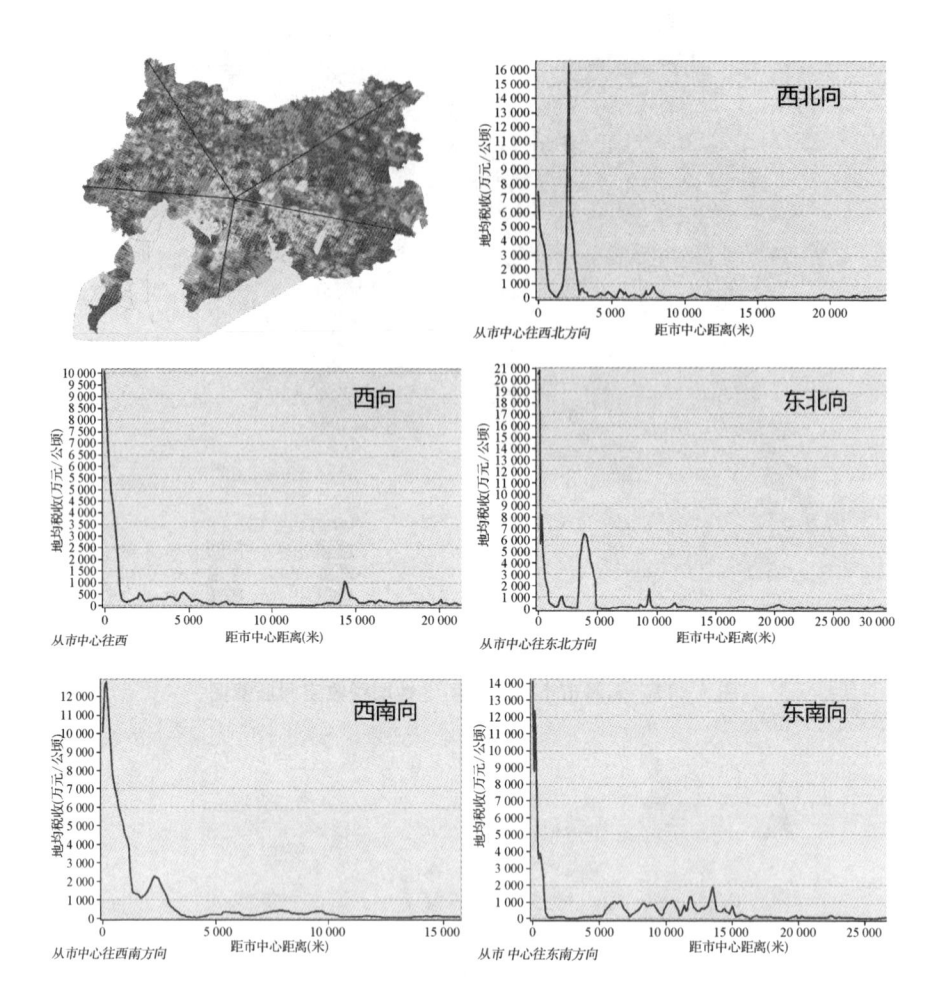

图 5‑13　无锡市工业用地地均税收从市中心往外变化图

② 广州市白云区

广州市白云区未开展工业用地调查工作，缺乏地块尺度的土地产出数据，因此只能根据统计数据，进行镇（街）尺度上的分析。从按镇（街）统计的地均 GDP 和地均一般公共预算收入空间分布图（图 5‑14 和图 5‑15）可以看出，两者总体上都从市中心（南部）往外围（东北部）递减，但江高镇和人和镇相对偏高。其中江高镇自古以来水陆交通便利（1907 年即建成粤汉铁路江高镇火车站），是白云区传统的工业重镇，广州市十强镇，集聚了王老吉、白云电气、欧派、霸王等一批知名企业；而人和镇则为全国第三大机场——广州白云机场所在地，依托空港资源优势，主要发展物流、商贸等产业，因此这两个镇虽远离广州城区，但受政府规划因素影响，自身区位条件优越，具有发展经济的良好基础。

总的来看，广州市白云区的地均产出空间格局符合竞租规律，并在一定程度上受政府规划影响，某些地区呈现突变特征，其宏观格局与无锡市相似，而微观格局有待今后进一步研究。

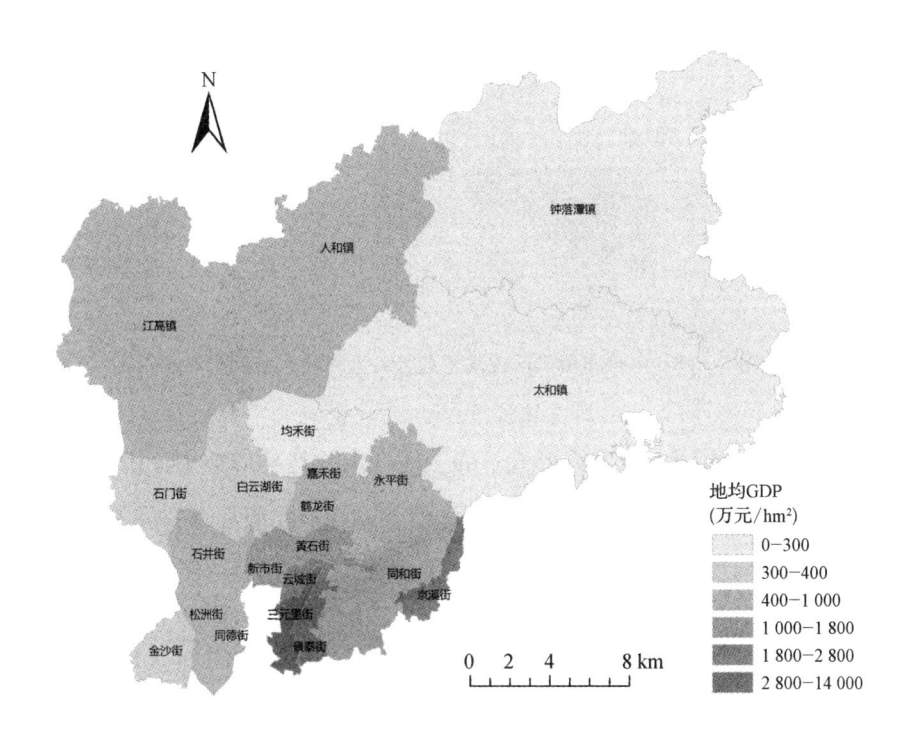

图 5-14　广州市白云区地均 GDP 空间分布图

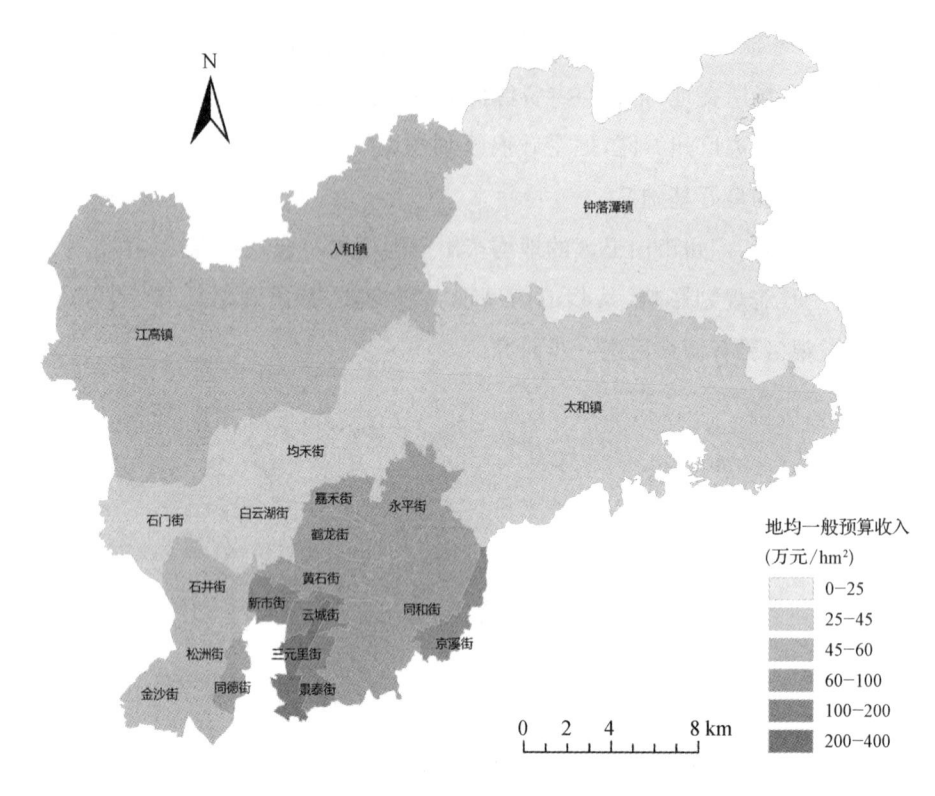

图 5‑15　广州市白云区地均一般公共预算收入空间分布图

3. 研究区不同入市合约形式下的土地产出效益响应结果分析

无锡和广州两地虽然分别体现出类似分成合约和租赁合约的不同入市合约形式，但土地产出效益上两地没有明显差异。其差异性体现在收益分配方面，无锡的政府收益高，体现了经济发展中的"强政府"特征，而广州的则是城乡居民获益大，体现了经济发展中的"强市场"特征。两地的地均产出均有从市中心往外围递减的趋势，总体符合竞租规律；受工业园区、机场、火车站等政府规划因素影响，工业用地布局呈现"多核心组团式"特征，相应地地均产出表现出从市中心往外的波浪式递减空间格局。

两地不同的土地利用合约形式形成了不同的资源配置路径：一个是在市场机制下竞地价，以地价门槛驱动资源配置；一个是在政府主导下竞土地总收益，以用地效益门槛驱动资源配置，两者本质上均符合市场规律，各有利弊。分成合约实现了土地所有者和使用者的利益捆绑，降低了土地使用者的前期成本,对双方均有激励效应,但对土地所有者来说,需要根据自身知识和经验选择企业,可能存在偏差,同时也难以快速响应市场变化,此外,对履约监管要求高,如监管不到位,则合约的效率大打折扣。租赁合约则完全通过市场竞争实现土地使用者的优胜劣汰,有利于激发市场活力,能快速适应市场变化,但由于缺乏宏观层面的统一规划和监管,可能出现基础设施滞后、土地过度利用、低水平重复投资、产业集聚度低、高价拿地低效利用等市场失灵情况。

因此,两种合约形式均有可取之处,在实践中要扬长避短。对分成合约重点要加强履约监管,并通过弹性出让、先租后让等供地方式降低政府择商的风险;对租赁合约重点要加强市场调控,政府应创新政策供给、优化公共服务,做好产业规划和空间规划,引导建立全方位的市场信息服务、中介服务体系,及时纠正市场失灵的现象。

5.5 本章小结

本章基于无锡和广州两个实证研究区的调研样本,建立了相应的特征价格模型,形成了相关实证研究结论。无锡研究区:土地权益的空间异质性是地价分异的主要原因;政府干预和关系机制是地价形成的主要机制;土地个体差异大,对地价有一定影响。广州研究区:区位和权益共同作用的地价形成机理;高度市场化的地价形成机制;土地个体特征对地价影响有限。两个区域的地价形成差异主要有三点:一是土地来源的合法合规性差异导致权益的实现途径不同;二是市场背景不同导致交易的合约形式不同,从而地价的形成机制也不同;三是地权意识差异导致制度变迁成本差异,从而形成政府干预市场的差异。

无锡和广州两地虽然体现出类似分成合约和租赁合约的不同入市合约形式,但土地产出效益上没有明显差异,其差异性体现在收益分配方面,无锡的政府收益高,而广州则是城乡居民获益大。两地的地均产出均有从市中心往外围递减的趋势,总体符合竞租规律,同时受工业园区、机场、火车站等政府规划因素影响,部分区域呈现凸起特征。两地不同的合约形式形成了不同的资源配置路径,一个是通过市场机制竞地价驱动资源配置,一个是通过政府主导竞土地总收益驱动资源配置,两者各有利弊。实践中对分成合约重点要加强履约监管,并通过弹性出让、先租后让等供地方式降低政府风险;对租赁合约重点要加强市场调控,政府应创新政策供给、优化公共服务,做好产业规划和空间规划,及时纠正市场失灵的现象。

通过本章的实证分析,尝试性地验证了本书提出的理论观点:交易价格＝完整权益价格－权能残缺损失－权能实现损失－责任补偿价格;合约形式影响土地权益和土地价格,不同合约形式下的工业用地竞租曲线有所不同,但都能实现土地资源优化配置。

第六章　集体土地公开入市下的地价形成机理实证研究
——基于典型案例的分析

上一章对研究区集体经营性建设用地隐性流转下的地价形成机理进行了实证研究。为进一步验证本书提出的理论观点的普适性，本章再以案例分析的方式，对广州市"三旧"改造和长三角、珠三角集体经营性建设用地入市试点等集体土地公开入市下的地价形成机理进行实证研究和对比分析。

6.1　广州市"三旧"改造政策下的地价形成机理分析

6.1.1　"三旧"改造政策背景及实施成效

改革开放以来，受惠于毗邻港澳的区位优势、先行先试的政策优势和浓厚的商业文化优势，珠三角地区以村社为主体的村镇工业化快速发展。在国家土地管理政策滞后、土地用途管制制度尚未建立的情况下，集体土地以租代征快速扩张，在庞大的市场需求和经济利益驱动下，集体土地流转从生产性用地逐步向出租屋、商业、酒店、市场等生活性服务业用地扩散，形成完全依赖土地出租收益的"租赁经济"。这种经济模式是市场机制作用下自发形成的，缺乏产业和规划的统一引导，加之集体土地产权残缺，导致村镇产业盲目扩张和低水平重复建设，土地开发利用效率低下，土地资产的市场价值未能得到充分显现。由此形成的庞大"三旧"（旧厂房、旧城镇、旧村庄）地块占有大量城市土地甚至城市中心地段，挤占了城市发展腾挪空间，随着经济社会的快速发展，土地供给不足问题日益凸显，政府收储的土地资源不断减少,有限的供给远远满足不了增长迅猛的需求。因此,急需开辟出一条开源节流的路径,实施"三旧"改造是缓解土地供需矛盾的有效途径。

"三旧"改造政策是原国土资源部与广东省合作试点,推进土地节约集约利用的特殊政策,其对当时的国土资源管理政策有较大突破,主要体现在简化补办征收手续、允许按现状完善历史用地手续、允许协议出让供地、土地纯收益允许返还支持改造、集体土地转为国有可简化手续、边角地和插花地等零星土地处理有优惠等方面。广州市"三旧"改造大体分为三个阶段:2009年以前主要是零星的危旧房改造、旧厂"退二进三"及城中村转制改造阶段;2009年省政府"三旧"政策出台至2012年,主要是市场主导,加快推进,以单个项目改造为主;2012年至今主要是政府主导,规划先行,强调成片连片改造,强化基础设施和公用设施配套。

截至2016年9月,广东省共实施"三旧"改造面积35 880.18 hm²,完成改造面积19 086.76 hm²,带动固定资产投资超过1万亿元,实现土地节约约13.6万亩。2008年以来,在"三旧"改造政策推动下,全省单位建设用地二三产业增加值达3.49亿元/km²,增幅达79%;每亿元GDP消耗建设用地比2010年下降约40%;已完成改造项目增加就业人口1.19倍;改造后的旧村庄集体收入增长2.46倍;建设了1 188个城市公益性项目。①

6.1.2 旧村改造中的土地权益与地价分析——以猎德村和陈田村为例

1. 猎德村改造案例描述

猎德村南临珠江,位于广州珠江新城CBD的核心区域,是具有900年历史的典型岭南水乡古村落。改造前全村常住人口3 467户,7 865人,外来人口约8 000人。全村土地面积336 304 m²,总建筑面积686 173 m²,均为高密度的农民自建住宅,面积小、质量差、环境恶劣。改造前集体经济年总收入约5 000万元。受益于广州2010年亚运会整体建设,地处亚运核心区的猎德村成为广州市首个整体改造村落。2007年9月29日,猎德村拍卖出

---

① 数据来源:原广东省国土资源厅新闻发布会,人民网,2016年10月18日。

让桥西地块。此次拍卖是以生地熟让的形式，由市政府指定市土地开发中心组织代征代拍，最终以 46 亿元成交。根据地理环境条件，猎德村的改造规划以猎德大桥和新光快速路为界，分为桥东、桥西和桥西南三部分（图 6-1），东部和南部地块均保留为集体性质，其中东部地块为复建安置区，南部地块为村集体经营性物业用地，建设商业、酒店等，作为改造后集体收入的主要来源；西部地块转为国有土地，公开出让所得全部用于实施旧村改造。整个改造工程历时 3 年，至 2009 年年底基本完成。

图 6-1 猎德村改造地块效果图

猎德村的改造采取政府主导、集体参与、引入市场主体开发的模式（图 6-2），通过公开出让部分集体土地，获得 46 亿元出让金，全部用于解决村民拆迁安置和集体留用地物业建设、公共设施建设等，而开发商通过开发后的项目销售回笼资金并获得收益，从而实现改造项目自身资金平衡。改造后的新猎德村减少了居住用地，增加了商业、绿地等公益性设施用地；总建设用地 13.1 万 m^2，由 37 栋高层住宅、一所九年义务教育学校和一所幼儿园组成，绿地率由改造前的 5% 提高到 30%，建筑密度由 60% 降低到 28%，学校、幼儿园、文化活动中心、卫生服务中心、菜市场等公共服务设施严格按规划要求的标准配置。同时,猎德村的经济效益明显提高,村民每月每户的房屋出租收益从800元增加到4 000元;村民房屋价值从4 000元/m² 增长到30 000元/m²;村集体年收入从1亿元提高到5亿元;村民每年人均分红从5 000元增加到30 000元。通过村民集中居住,节约土地247亩,节地率达52%。[①]

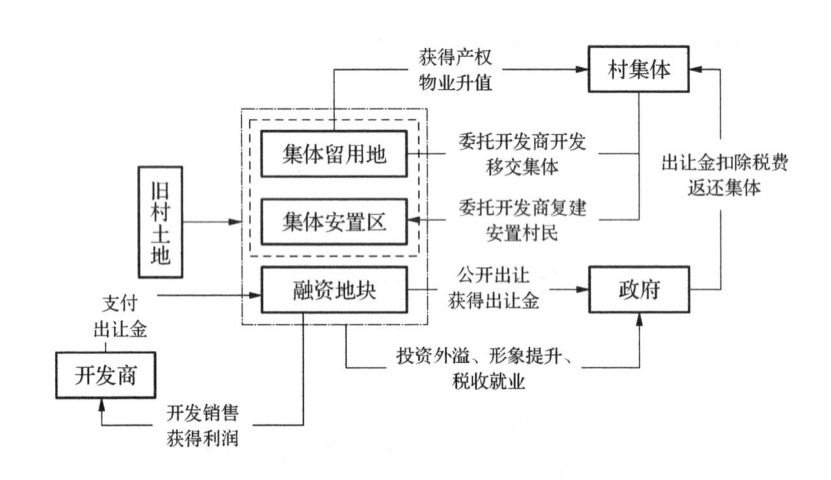

图6-2 猎德村旧村改造的公开出让模式及收益分配

2.陈田村改造案例描述

陈田村隶属广州市白云区黄石街道,地处白云新城CBD核心区范围,距广州市中心仅8 km,地铁2号线沿村西侧穿过,并在村西侧和南侧设站,区位条件优越。全村总人口7 378人,改造范围总面积62.61 hm²。改造前,建筑密度大,环境较差,公共设施缺乏,村民改善居住生活环境的要求迫切。陈田村改造项目采取全面改造模式,以陈田村为改造主体,采取"自主改造、协议出让"方式实施改造(图6-3),改造后全部土地转为国有。与猎德村改造类似,其改造范围也分为村民安置区、集体经营性物业和融资地块三部分;与猎德村不同的是,融资地块是政府通过协议出让的方式交付给村集

---

① 数据来源:广州猎德村改造后房价翻7倍 村民每年分红3万元,南方日报,2012年5月11日。

体,出让金为市场评估价的20%,由村集体和引入的开发商合作设立项目公司进行开发,融资地块的全部开发收益归开发商所有,但开发商需负责改造范围内建(构)筑物拆迁、所有复建安置物业、市政设施、市政道路、公建配套设施等的建设及资金投入,即村集体只提供融资地块,开发商负责改造范围内的全部开发建设及资金投入,除融资地块外的其他开发物业及配套设施均移交村集体。

该项目改造方案于2015年11月通过广州市城市更新局批复,2019年3月14日在广州市公共资源交易中心通过公开竞价方式选择合作开发商,最终由广州富力地产以1.02亿元竞得。根据改造方案,该项目改造成本约74亿元(不含融资地块出让金),需开发商全部承担,这部分成本相当于土地价格中的责任补偿价格,即开发商获得融资地块开发收益权所需付出的代价。在广州市旧村改造中,这部分成本才是地价的主要组成部分。猎德村改造项目虽然不需要开发商承担复建地块改造任务,但是公开出让底价是依据复建安置区和留用地的全部投资测算的,即确保出让底价能覆盖复建地块的全部改造成本,政府再将出让金返还村集体,由村集体自主选择开发商承担复建地块改造工作,其本质与陈田村改造是一致的,只不过融资地块和复建地块是不同的开发商。

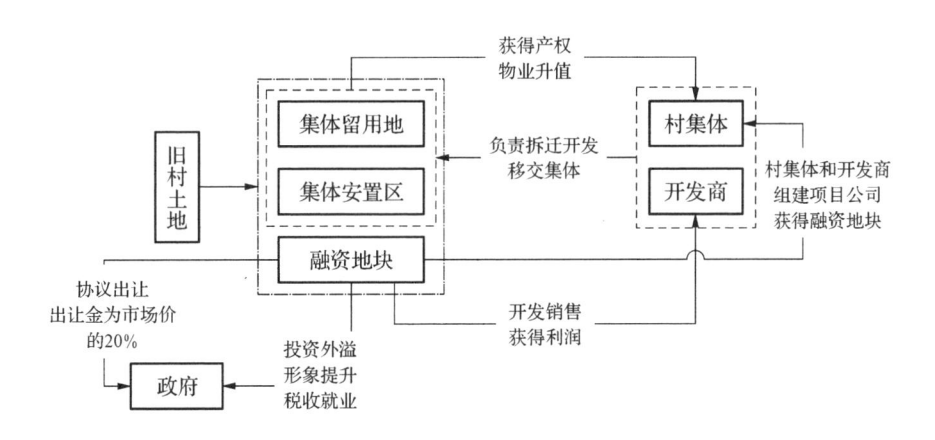

图6-3 陈田村旧村改造的协议出让模式及收益分配

3. 利益相关方权责利分析

旧村改造主要涉及政府、村集体、村民和开发商四个利益相关方，他们在改造过程中形成的权责利关系如下。

(1) 政府

作为城市基础设施和公共服务的提供方，政府对地块周边的科学规划和投资显著提升了地块价值，有分享地块部分级差地租的权利，具体而言政府可通过税费、出让金分配等形式获得地块的收益。在猎德村改造中，政府在保障亚运会的特定背景下，为了加快推进项目实施，没有参与出让收益分成，出让金全部用于村集体拆迁安置；在陈田村改造中，政府只按市场价的20%收取了融资地块的出让金。也就是说，在旧村改造中，为吸引社会资本参与改造，政府主动让利，确保了项目资金平衡。

政府需承担的责任主要有两个方面：一是作为政策制定和监督管理者，要出台切实可行的改造政策，对改造方案进行严格审核，对改造过程实施全程监管，保障市场各方利益，维护地块周边权利人及社会公众利益；二是做好地块周边的道路、绿化等基础设施和公共设施建设。

改造完成后，城市形象和投资环境得到全面提升，区域基础设施和公共服务配套更加健全，产生巨大的社会效益。此外，地块开发也对周边区域有较强的投资外溢效应，提升了片区土地价值，这些是政府在该项目中获得的主要利益。

(2) 村集体和村民

村集体作为土地所有者，应分享土地的绝对地租和部分级差地租，因此应确保改造后的村集体收入不减少；村民作为集体成员，有获得村集体物业收益分红的权利，作为宅基地房屋所有者，有获得房屋拆迁补偿的权利，即应按"拆一补一"原则，确保改造后的村民住房面积不减少。

由于地块改造前密度大，缺少道路、绿化等基础设施和学校等公共服务设施，因此改造后的地块应增加这方面的用地面积，即村集体需划出一部分土地，供政府进行基础设施和公共服务设施建设，这是村集体应承担的主要责任。

(3) 开发商

开发商作为市场主体,有权按照其付出的投资,获得相应的回报,即通过融资地块的开发和房屋销售、出租,获得融资地块上的房屋销售或出租利润。

开发商作为村集体引入的改造方,其承担的责任有两个方面:一是负责复建地块的拆迁、安置小区建设、村集体物业建设等;二是需替政府完成整个改造地块内的基础设施和公共服务设施建设。在猎德村改造中,上述责任是由村集体委托其他开发商承担,而由融资地块的开发商以地价款的形式支付相应的费用。

上述权利带来的收益减去承担责任所需付出的成本,即为开发商的实际权益。

4. 地价形成机理分析

旧村改造项目属于待开发地块,适合采用假设开发法进行地价分析测算,即通过预计估价对象开发后的价值,扣除正常开发成本、税费、利润等,来估算估价对象的客观合理价格。假设开发法公式如下:

待开发地块的价格 = 开发完成后的不动产总价 − 开发成本 −
管理费用 − 投资利息 − 销售税费 −
开发利润 − 购买待开发地块应负担的税费

设待开发地块价格为 P(含税费),改造前土地总面积为 M_0,改造后融资地块面积为 M_1,安置区面积为 M_2,村集体留用地面积为 M_3,单位面积房屋开发成本为 C(含建筑费、专业费、管理费、利息),开发利润率为 μ,改造前地块容积率为 R_0,融资地块容积率为 R_1,改造后房屋售价为 V(扣除销售税费)。则有:

$$P = M_1 \times R_1 \times V - (M_0 \times R_0 + M_1 \times R_1) \times C$$

整理后得到:

$$[P + (M_0 \times R_0 + M_1 \times R_1) \times C] \times \mu$$

$$P = M_1 \times R_1 \times [V/(1+\mu) - C] - M_0 \times R_0 \times C$$

上式中,单位面积开发成本、开发利润率是由市场决定的,两者均与地价负相关。在单位面积开发成本、开发利润率确定的情况下,影响地价的变量主要是融资地块面积、融资地块容积率、改造前地块容积率。具体来看,融资地块面积和容积率与土地价格正相关,改造前地块容积率与土地价格负相关。从土地权益来看,融资地块面积和容积率主要反映开发商获得的收益大小,而改造前地块容积率主要反映开发商承担的责任大小,因此土地价格的形成既要考虑土地权利所带来的收益,也要考虑承担责任需付出的成本。

因此,如果改造前地块容积率较高,则改造难度较大,要么增加融资地块面积,要么提高融资地块容积率,而增加融资地块面积则会减少村集体用地面积,使得村集体的安置小区、经营性物业容积率提高,因此融资地块的容积率是决定开发成败的关键。这就意味着区位条件较好的城中村可以通过提高改造后的融资地块容积率,确保市场各方利益均衡;对于区位条件较差、容积率又比较高的城中村,融资地块容积率不能太高,否则建成的商品房销售困难,因此改造项目利益平衡的难度较大。

6.1.3 旧厂改造中的土地权益与地价分析——以白云汇项目为例

1. 案例描述

白云汇项目位于广州市白云区黄石东路马务村,地处白云新城核心区。占地面积2万多平方米,是20世纪90年代初黄石路扩路征地返还给马务经济联合社的经济发展留用地,曾办理建设用地批准书,但未办理集体土地所有权证、使用权证。由于缺乏建设资金,马务经济联合社将该地块出租,租赁方几经转租,加之经营不善,拖欠了巨额租金。在传统的城乡二元土地管理体制下,该地块只能由马务社区的集体经济组织自行开发。这意味着,即使有实力强劲的商业伙伴愿意介入,往往也会因缺乏产权保障而打起退堂鼓。

2011年9月13日《广州市集体建设用地使用权流转管理试行办法》(穗府办〔2011〕37号)颁布,规定了集体建设用地使用权出让、出租、转让、转租的相关程序,并明确指出:取得建设用地批准书的村(社)经济发展留用地,可采取通过在市土地交易中心公开挂牌出让部分使用权年限(商业为40年,工业为50年)来选取合作企业,由合作企业出资建设,村集体分得一定数量建筑物的合作模式。但由于实施细则未出台,这项工作迟迟难以开展。

为解决产权问题,黄石街和马务村在市、区国土部门的指导下,抽调专职人员负责办理白云汇广场项目集体建设用地使用权流转手续,先后于2013年、2014年办理了集体土地所有权证和使用权证,为后续依法建设奠定了基础。2016年2月24日,广州集体土地使用权流转改革的标志性破冰首槌,在白云区集体资产交易中心落下。广州市白云汇集团以"土地出让金+配建物业"的方式(图6-4),成功拿下地块,其中实际出让面积4 606.78 m²,剩余土地为村集体留用地。开发商负责村集体留用地上的配建物业开发,并向村集体返租40年,40年经营期满后无偿移交村集体。作为土地所有者,马务村除了可获得土地出让金450万元和未来40年的稳定租金收益外,更重要的是还可以拥有能够确权的约6万 m² 配建物业。

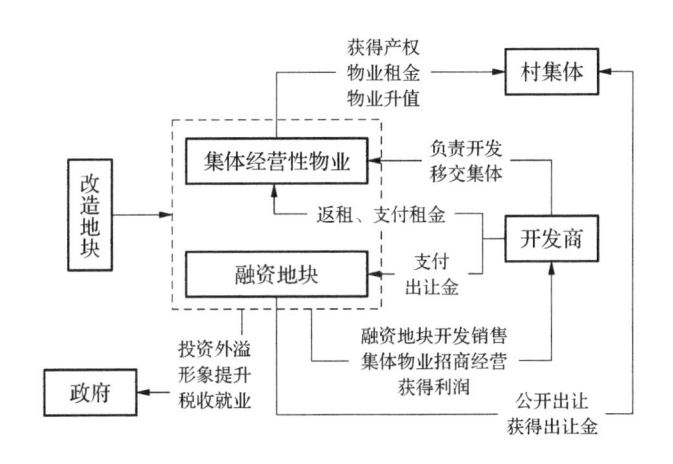

图 6-4 白云汇项目旧厂改造的集体建设用地出让模式及收益分配

白云汇广场于2017年8月23日正式开业,成为服务周边区域、便民惠民的市民商务活动中心。该地块确权并流转之后,既保障和实现了用地权利人的合法权益,又通过引入企业和社会资金进行集约化开发、规模化经营,提升了用地效益,还将城乡建设纳入了法治化轨道。流转并未改变土地权属,村、社可以借助投资主体的资金和运营实力找准项目定位,既保障了项目成功运营,又壮大了集体资产,提高了集体分红。对于投资主体来说,使用权可担保、抵押,具备融资功能,这让他们吃了颗定心丸,敢于在项目上加大投资力度。

2. 利益相关方权责利分析

白云汇项目中政府、村集体和村民、开发商在项目开发和运营过程中形成的权责利关系如下。

(1) 政府

与旧村改造类似,政府的土地权利主要在于有权分享部分级差地租,但在该案例中,政府为了吸引社会资本参与改造,获得长远的社会和经济效益,并没有参与土地收益分成;其承担的责任包括相关政策制定和项目实施监管、地块周边基础设施和公共设施投资等。

该项目中,政府能获得的利益主要包括社会效益和经济效益。社会效益一方面是城市形象和投资环境得到提升,区域基础设施和公共服务配套更加健全;另一方面是项目运营能增加大量就业机会,促进了区域社会经济发展。经济效益首先是地块开发对周边区域有较强的投资外溢效应,提升了片区土地价值,其次政府还可从建成后的项目经营中获得持续稳定的税收收入。

(2) 村集体和村民

村集体作为土地所有者,应分享土地的绝对地租和部分级差地租,在该案例中主要是将建成后的物业出租给开发商,获得稳定的租金收益,同时还获得了物业的完整产权,可进行抵押融资;村民作为集体成员,有获得村集体物业收益分红的权利。该地块上没有宅基地,不涉及房屋拆迁补偿。

由于村集体自身经济实力有限,且缺乏商业地产开发运营经验,需要引入社会资本参与改造,相应地也就要让出一部分利益给开发商,这是村集体应承担的主要责任。实际中,村集体可根据自身情况,要么提供资金、要么提供土地给开发商,本案例中,村集体一方面以 450 万元的总价出让了

4 606.78 m² 的土地给开发商,另一方面还让渡了配建物业 40 年的经营权给开发商,开发商向村集体支付一定的租金。

(3) 开发商

开发商的权利包括两个方面:一是拥有出让地块完整使用权,可通过开发后的物业出租或销售获得收益;二是拥有配建物业的经营权,可通过招商运营获得商户的租金收益,或自主经营获得收益。

开发商作为村集体引入的地块开发和物业经营方,其承担的责任有两个方面:一是负责地块的环境综合整治和配建物业建设;二是应按合同约定向村集体支付配建物业租金,并在经营期满后将物业无偿移交村集体。

上述权利带来的收益减去承担责任所需付出的成本,即为开发商的实际权益。

3. 地价形成机理分析

该改造项目属于待开发的地块,适合采用假设开发法进行地价分析测算,即

$$待开发地块的价格 = 开发完成后的不动产总价 - 开发成本 - \\ 管理费用 - 投资利息 - 销售税费 - 开发利润 - \\ 购买待开发地块应负担的税费$$

与猎德村地块不同的是,开发完成后的不动产主要为不可销售的出租物业(以下假设全部为出租物业)。对于出租物业,需按照收益还原法计算总价,即将物业的年净收益按一定的还原利率折算到经营期初,其中配建物业的年净收益为市场租金和村集体合同租金之差,再减去经营成本,出让地块建成后的物业年净收益为市场租金与经营成本之差。

设待开发地块价格为 P(含税费),出让地块面积为 M_1,容积率为 R_1,开发后的物业单位面积租金为 Q_0,开发利润率为 μ,配建物业地块面积为 M_2,容积率为 R_2,单位面积市场租金为 Q_1,支付村集体的单位面积租金为 Q_2,单位面积经营成本为 Z,假设物业全部出租,没有收租损失,单位面积房屋开发成本为 C(含建筑费、专业费、管理费、利息),不动产还原利率为 r。则有:

$$P = [(Q_0 - Z) \times M_1 \times R_1/r + (Q_1 - Q_2 - Z) \times M_2 \times R_2/r] \times$$
$$[1 - 1/(1+r)^{40}] - (M_1 \times R_1 + M_2 \times R_2) \times C -$$
$$[P + (M_1 \times R_1 + M_2 \times R_2) \times C] \times \mu$$

整理后得到：

$$P = M_1 \times R_1 \times \{(Q_0 - Z)/[r \times (1 - 1/(1+r)^{40}) \times (1+\mu)] - C\} +$$
$$M_2 \times R_2 \times \{(Q_1 - Q_2 - Z)/[r \times (1 - 1/(1+r)^{40}) \times (1+\mu)] - C\}$$

上式中，单位面积房屋开发成本、开发利润率、不动产还原利率是由市场决定的，这几个变量均与地价负相关。在单位面积开发成本、开发利润率、不动产还原利率确定的情况下，影响地价的变量包括出让地块的物业租金、配建物业的市场租金和支付村集体的租金、物业经营成本，以及出让地块上的物业面积和配建物业面积的比例。

具体来看，出让地块的物业租金、配建物业的市场租金与土地价格正相关，即建成后的物业租金越高，土地价格越高；支付村集体的租金、物业经营成本与土地价格负相关，即支付村集体的租金越高、物业经营成本越高，土地价格越低；而出让地块上的物业面积和配建物业面积的比例对地价的影响主要取决于出让地块物业和配建物业的单位面积净收益哪个更高，如果出让地块物业净收益更高，则出让地块上的物业面积比例越大，土地价格就越高。本案例中，出让地块上物业收益全部为开发商所有，而配建物业的收益中，一部分以租金的形式转移给了村集体，因此在两者市场租金相当的情况下，出让地块的物业净收益更高，即在一般情况下，出让地块上的物业面积比例越大，土地价格就越高。

从土地权益来看，出让地块物业面积主要反映开发商获得的收益大小，而支付村集体的租金反映开发商承担的责任大小，建成后的物业租金、物业经营成本一方面与市场状况相关，另一方面也反映了开发商的经营管理能力，经营水平高的能提高物业租金、降低经营成本。因此本案例中土地价格的形成首先要考虑土地权利所带来的收益，还要考虑承担责任需付出的成本。此外，开发商的经营管理能力对地价也有影响，能力越强，预期收益就越高，相应地就能承受更高的土地价格。

6.1.4 小结

上述旧村和旧厂改造案例中,猎德村是广州市首个整体改造的城中村,位于市中心核心地段;陈田村是广州市近期实施的大规模城中村改造项目,位于白云区核心地段;白云汇则是广州市首个集体建设用地使用权公开流转项目,它们具有较强的代表性和示范性。三个案例具有几个共同特点。一是政府引导、市场运作的模式。政府主要负责制定相关政策、进行地块规划审核和项目实施监管,具体项目运作采用市场化方式,由村集体和开发商自行协商,在兼顾双方利益的基础上确定开发方案;土地价格是在市场机制作用下,双方针对开发过程中的权利和责任谈判形成的,是权利和责任共同作用的结果。二是政府让利、吸引社会资本参与。政府为了吸引社会资本参与改造,推进项目实施,减少政府财政负担,放弃了本应参与分配的土地收益,但改造后的项目能产生长远的社会效益和经济效益,这是政府追求的主要利益,也是政府基于"三旧"地块形成的特殊历史背景而作出的合理选择。三是权责决定土地价格。对于特定地块,其区位和实物特征是确定的,土地价格主要由权益特征决定,而权益既包括反映收益能力的权利状况,也包括反映付出成本的责任状况,各方权责关系不同,则土地价格不同。总的来看,"三旧"改造中的土地价格既反映了开发商可获得的预期收益和需承担的责任,也反映了政府在"三旧"改造中的利益取向,是在市场机制作用下利益相关方围绕权利和责任博弈的结果。

对于政府来说,"三旧"改造监管成本高,以往改造在区位较好的地段,政府获得的投资外溢收益明显;随着改造的推进,逐步向外围转移,政府获得的投资外溢收益递减,而监管成本变化不大(图6-5)。当边际收益小于边际成本时,政府就没有动力推进改造,因此"三旧"改造政策有一定的适用性,区位条件差的实施难度大。

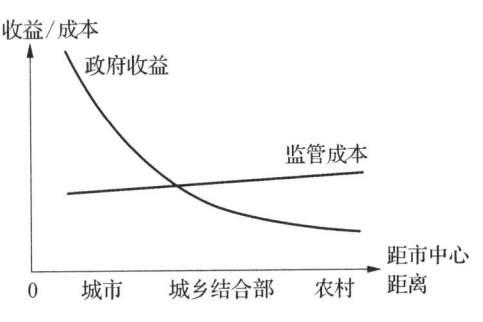

图 6-5 "三旧"改造的投资外溢效应及监管成本变化趋势

6.2 集体经营性建设用地入市试点中的地价形成机理分析

6.2.1 集体经营性建设用地入市试点背景及实证区特征

1. 集体经营性建设用地入市试点背景及进展

截至2013年年底,中国农村集体建设用地面积达3.1亿亩,其中经营性建设用地面积4 200万亩,约占到集体建设用地的13.5%(叶兴庆,2015)。2015年中国的城市建成区面积约8 145万亩①,农村集体经营性建设用地面积超过全国城市建成区面积的一半。长期以来,我国城市建设主要是"摊大饼"、大规模征地的模式,由此导致土地供需矛盾日益突出,而农村地区却存在庞大的闲置和低效利用土地。集体经营性建设用地入市改革旨在探索此类土地入市交易的政策体系与市场机制,激活农村土地资源的市场属性,落实农民财产权利,推进乡村振兴战略落地,缓解城市建设用地不足的压力。

2014年中央一号文件提出引导和规范农村集体经营性建设用地入市。2015年1月,中办、国办联合印发了"三块地"改革试点意见,明确在北京市大兴区等15个县(市、区)启动农村集体经营性建设用地入市试点。

改革目标主要包括四个方面:一是完善集体建设用地产权制度;二是明确入市范围和途径;三是建立健全市场交易规则、交易平台和监管制度;四是建立国家、集体、个人利益均衡的收益分配机制。最终目标是实现农村集体经营性建设用地与国有土地同等入市、同权同价。

试点开展后,为了增强改革的整体性和协调性,确保试点政策与法律修改稳妥衔接,形成"三块地"改革的共振效应,集体经营性建设用地入市改革扩大到全部33个试点地区,试点期限延长到2019年年底。

从33个试点地区的进展情况看,相关媒体公开报道及相关研究成果的数据显示,中西部地区集体经营性建设用地市场需求较小,入市改革的积极

---

① 住房和城乡建设部:2016年城乡建设统计公报,http://www.mohurd.gov.cn/xytj/tjzljsxytjgb/tjxxtjgb/201708/t20170818_232983.html。

性不高,入市交易量较少,有的县(市、区)试点以来一共才成交几宗地;而沿海经济发达地区集体经营性建设用地市场需求较大,入市改革对市场各方都能产生积极影响,因此交易较活跃,成交地块数、面积和金额均较高。

2. 集体经营性建设用地入市试点实证区特征

为对比长三角和珠三角地区入市试点中的地价水平及形成机理差异,并与前面无锡和广州研究区的实证分析结果进行比较,本书选取江苏省常州市武进区、浙江省湖州市德清县和广东省佛山市南海区三个试点地区,采用案例分析、对比分析的方法对入市试点中的土地权益、地价水平及地价形成机理进行分析。

从三个地区的社会经济发展情况看(表6-1),武进区毗邻无锡市市区,是"苏南模式"发源地之一,20世纪80年代起,乡镇企业异军突起,农村集体经济发展迅速,全区工业企业2万多家,农村集体经营性建设用地存量11万亩。[①] 其集体经济具有苏南模式下的"能人经济"特征,企业以本地劳动力为主,多数企业主也是本地人,与村集体关系密切。农民主要在当地企业务工,单纯依赖土地或房屋收租的较少,政府对农村土地有较强的实际控制和支配权。

德清县位于长江三角洲杭嘉湖平原西部,区位优势十分突出,是杭州都市圈的重要组成部分,其经济发展具有"温州模式"的私营经济特征,即产品以"轻(工业)、小(商品)、加(工业)"为主,企业以本地劳动力为主,虽然经济总量不高,但居民收入达到较高水平,农村居民收入水平超过了武进区;政府对农村土地的控制力也较强,农村土地管理有序,农民单纯依赖土地或房屋收租的较少。

南海区毗邻广州市市区,受益于改革开放政策,其经济发展体现出较强的外向型特征。企业以外来劳动力为主,尤其是外省农民工较多。在庞大的市场需求驱动下,农村建设用地在20世纪八九十年代无序扩张,当地农民自发将宅基地甚至耕地出租给企业建厂,或在土地上建厂房出租、建宿舍出租等情况非常普遍,政府对农村土地的控制力较弱,由此形成当地农民高度依赖土地或房屋收租的"租赁经济"模式。

---

① 数据来源:《武进日报》2018年12月26日。

表 6-1　武进区、德清县和南海区社会经济发展情况①

试点地区	集体经济特点	集体经营性建设用地面积（亩）	集体经营性用地比例②（%）	外来人口比例（%）	GDP（亿元）	第二产业 GDP 占比（%）	一般预算收入（亿元）	农村居民可支配收入（元）	城乡居民人均可支配收入（元）
武进	能人经济，以本地劳动力为主	110 000	24.05	33.47%	2 380	54.29%	178.48	29 771	47 086
德清	私营经济，以本地劳动力为主	10 691	5.14	12.64%	517	51.74%	59.10	32 723	44 729
南海	租赁经济，以外地劳动力为主	200 000	28.70	49.54%	2 809	56.95%	239.03	33 491	50 753

虽然近年来苏南的外来人口比例持续增加,但和珠三角相比还是有明显区别。苏南地区的农民工最初都是本地离土不离乡的劳动力,随着经济发展,外来劳动力持续涌入,但是相对于珠三角地区外来劳动力来源的庞杂,苏南地区的外来劳动力在相当长时期内比较单一,即主要来自苏北和安徽省。企业主和劳动力的雇佣关系相对稳定,农民工更换工作的频率较低[209]。因此,在集体建设用地入市的合约选择上,武进区和德清县由于企业以本地劳动力为主,企业具有一定的人缘、地缘关系特征,经营相对稳定,村干部和企业主相互熟悉,在此情况下履约监管成本低、风险较小,因此更有可能采用分成合约;而南海区企业以外地劳动力为主,村干部和企业主相互不熟悉,且企业经营稳定性较差,随时可能撤走,在此情况下履约监管成本高、风险较大,因此更有可能采用租赁合约。

从试点进展看(表 6-2),三地的入市宗地均超过 100 宗,在全国 33 个试点县(市、区)中名列前茅,其中土地价格南海区大幅高于武进区和德清县,是后两者的 9 倍以上。

---

① 数据来源:各地 2018 年国民经济和社会发展统计公报。
② 指集体经营性建设用地占城乡建设用地总面积的比例。

表6-2 武进区、德清县和南海区集体经营性建设用地入市试点进展情况

试点地区	入市宗地数	入市宗地面积(亩)	成交金额(万元)	平均土地价格(万元/亩)	备注
武进区	1 165	11 900	404 800	34.02	租赁入市8 867宗、7万亩,年租金总额2.77亿元;作价出资4宗、100.27亩、涉及金额2.3亿元;办理抵押184宗、3 436.5亩、金额16.77亿元,转让108宗、1 229亩、金额2.83亿元
德清县	186	1 401	34 500	24.63	
南海区	111	2 797	864 000	308.90	抵押地块51宗,抵押面积998亩,抵押价值33亿元

注:表中数据主要来自对相关试点地区新闻报道的整理。各个试点地区对应的数据统计时点略有不同,总体截至2018年年底。

6.2.2 江苏省常州市武进区试点中的土地权益与地价分析

1. 试点的主要做法及成效[①]

在入市制度方面,武进区按照三项改革试点的要求,先后出台了试点政策30多项,制定配套政策30多项,基本形成了一整套相对完善的土地制度改革政策体系。在入市主体方面,农民集体是主要的入市主体,但鼓励集体委托代理人代为处理入市事务,集体可以对某宗土地是否入市、如何入市作出选择。同时,规定依法取得的集体经营性建设用地使用权可以转让、出租、抵押。

在土地产权方面,武进区已全面完成集体土地所有权发证工作,颁发了农村房地一体的不动产登记证书。在确权登记的基础上,全面排查了每宗集体经营性建设用地的产权归属、四至范围、面积等,为入市提供保障。要求入市的建设用地产权明晰、无权属争议、土地补偿到位,土地权利未被行政或司法机关限制等,有效避免了入市后可能产生的产权纠纷。

---

① 根据地方出台的政策文件和媒体公开报道整理。

在规划编制方面,根据批准的镇土地利用总体规划,全区各镇全面完成了村庄规划编制审批工作,部分乡镇高起点、高质量地开展村土地利用规划编制试点工作,率先构建了具有一定科学性和前瞻性的区、镇、村三级规划体系,实现了规划空间和规划体系全覆盖,为试点顺利开展奠定了基础。

在入市交易环节,按照"两种权利、一个市场"的要求,从统一平台、统一规则、统一管理、统一登记、统一权能、统一监管六个方面建立了统一的城乡建设用地市场体系,开发建设了集体建设用地交易平台,将集体建设用地纳入土地供应年度计划管理,并采用与国有土地统一的监管平台实施土地利用批后监管。

在收益分配方面,按照增加农民收益、保障政府收入、壮大村镇经济的原则建立土地增值收益分配机制,确保政府获得的增值收益调节金与税收收入基本一致;确保农民获得的直接补偿与征地收益基本一致;土地增值收益主要分给村镇集体,支持集体经济发展,各镇通过生态补偿等方式统筹各村发展,村集体再通过分红实现二次分配。这种分配模式兼顾了各方利益,能避免处于不同区位的村民获得入市收益后贫富差距拉大,有利于维护农村社会稳定。

在地价管理方面,按照同地同价原则,建立了城乡一体化全覆盖的基准地价体系,为相关改革工作提供了基础性价格依据。从具体入市价格看,出让价格平均 510 元$/m^2$,其中工业用地价格平均 450 元$/m^2$,区位差异不大,与国有建设用地价格基本一致;年租金平均 5.94 元$/m^2$,区位差异较大,从 5—12 元$/m^2$ 不等。[①]

集体经营性建设用地入市盘活了存量集体工业用地,显化了土地价值。2017 年 6 月 2 日,雷利电机在深交所挂牌上市,成为全国首个以出让方式取得农村集体经营性建设用地使用权在 A 股上市的企业。截至 2018 年 12 月底,全区出让入市 1 165 宗、1.19 万亩、交易总金额 40.48 亿元;租赁入市 8 867 宗、7 万亩,年租金总额 2.77 亿元;作价出资 4 宗、100.27 亩,涉及金额 2.3 亿元;通过入市后办理抵押 184 宗、3 436.5 亩、金额 16.77 亿元,转让 108 宗、1 229 亩、金额 2.83 亿元。2018 年底全区盘活集体建设用地空间约 2 万亩,集体经营性建设用地出让金突破 20 亿元,带动农民人均增收约 2 000 元。

---

① 数据来源:根据江苏土地市场网(http://www.landjs.com)相关数据整理。

2. 利益相关方权责利分析

集体经营性建设用地入市试点中涉及的利益相关方包括地方政府、集体经济组织、村民和企业，各方的权责和利益关系分析如下。

(1) 政府

在武进区入市试点中，政府的主导特征明显，不仅制定了入市的相关政策法规和配套措施，还建立了统一的网上交易平台和与国有土地同地同价的基准地价体系，参照国有土地出让合同对土地开发利用作了明确规定，并对入市地块纳入国有土地统一的平台实施批后监管。也就是说，除了土地所有权不同外，其他方面均与国有土地一致。因此，政府的权利体现在两个方面：一是有权分享土地增值收益，即通过土地增值收益调节金的形式获得部分级差地租；二是对土地入市过程、价格、土地利用条件等有较强的实际控制权，有利于政府利用集体经营性建设用地招商引资，发展地方经济，这一点与国有工业用地出让类似。

从地方政府应承担的责任看，一是应制定科学的空间规划和产业规划，并对地块周边进行基础设施和公共服务设施投资，这与其分享土地增值收益的权利是对等的；二是要做好入市的基础性工作，包括政策制定、产权调查登记、基准地价评估和更新、交易平台建设等。

从地方政府能获得的利益看，除了土地增值收益外，更重要的是以下这几个方面的利益：一是增加税收收入，包括项目达产后的企业所得税和企业员工的个人所得税等，此外政府还可以参照国有产业用地出让的做法，对地块实施绩效评估，地均税收不达标的可以要求村集体收回土地，确保政府获得持续稳定的税收收入；二是增加就业，并能间接带动地区房地产和服务业发展；三是提升政绩，在招商引资、经济指标增长等方面能提升政府政绩；四是产生投资外溢效应，即企业的入住有利于形成产业集聚，完善区域配套，提升整个片区的投资价值，对于引进知名度高、辐射能力强的大企业更是如此。工业用地出让后的税收、就业、投资外溢等产生的长远价值要远远大于出让收入。刘扬(2010)对上海市南汇区的5宗工业用地进行了调查分析，按出让合同约定的地均税收条件，其50年税收的现值之和约为工业用地出让金的 8—48 倍[210]。

(2) 集体经济组织

从集体享有的土地权利看,其作为土地所有者,首先享有获得土地绝对地租和部分级差地租的权利,即通过土地出让或租赁,在支付土地增值收益调节金后,剩余的大部分留给村集体,部分分配给村民;其次还享有地块入市的决策权,即在是否入市、入市方式、底价等方面有集体决策权;此外,土地转让、出租、抵押还需征得村集体同意,入市期满后,土地使用者如申请续期,村集体有权决定是否续期,如未申请续期,村集体有权无偿收回土地。

从集体承担的责任看,一是要按合同约定的时间和土地交付标准交付土地;二是按合同约定向政府缴纳土地增值收益调节金;三是要将入市收益在集体内部合理分配,确保入市后农民获得的直接补偿与征地补偿基本一致。

从集体可获得的利益看,一方面是经济利益,即扣除土地增值收益调节金和村民分成后的部分;另一方面是社会效益,包括入市促进产业发展,吸纳人口就业,进而促进生活性服务业和生产性服务业的需求,提升村庄生活品质。

(3) 村民

从村民享有的土地权利看,其作为集体成员,首先享有入市收益分配的权利,包括初次收益分配和每年的村集体股份分红;其次还享有地块入市的决策权,即在村集体组织下,对地块是否入市、入市方式、底价等表决意见。

从村民承担的责任看,主要是配合村集体,积极参与入市过程中的各项集体决策,配合进行土地整理和前期开发,确保土地按时、按条件交付。

从村民可获得的利益看,一方面是经济利益,即获得入市收益的初次分配和每年的村集体分红;另一方面是村庄生活品质提升带来的满足感、获得感。

(4) 企业

从企业享有的土地权利看,主要是对依法取得的集体建设用地使用权,在土地使用期限内享有占有、使用、收益和依法处置的权利,包括转让、出租、抵押等,这些权利在入市前大多是没有的。对于企业来说,土地不仅是生产资料,还兼有一定的金融属性,能通过土地抵押融资缓解企业的资金压力,有利于企业更好地发展。

从企业承担的责任看,一是要按合同约定向政府缴纳土地增值收益调节金和相关税费;二是要按合同约定进行土地开发利用,包括按期开工、竣工、达产、达效等,尤其是达效,一些村镇参照国有工业用地出让的做法,对企业地均税收提出明确要求,如未达到,有权收回土地;三是土地出让期限届满,申请续期未获批准的,或未申请续期的,应当无偿交回土地使用权。

从企业可获得的利益看,一方面是通过土地上的生产经营活动,获得经营利润;另一方面是通过土地转让、出租、抵押等,获得转让、出租收益或抵押贷款。

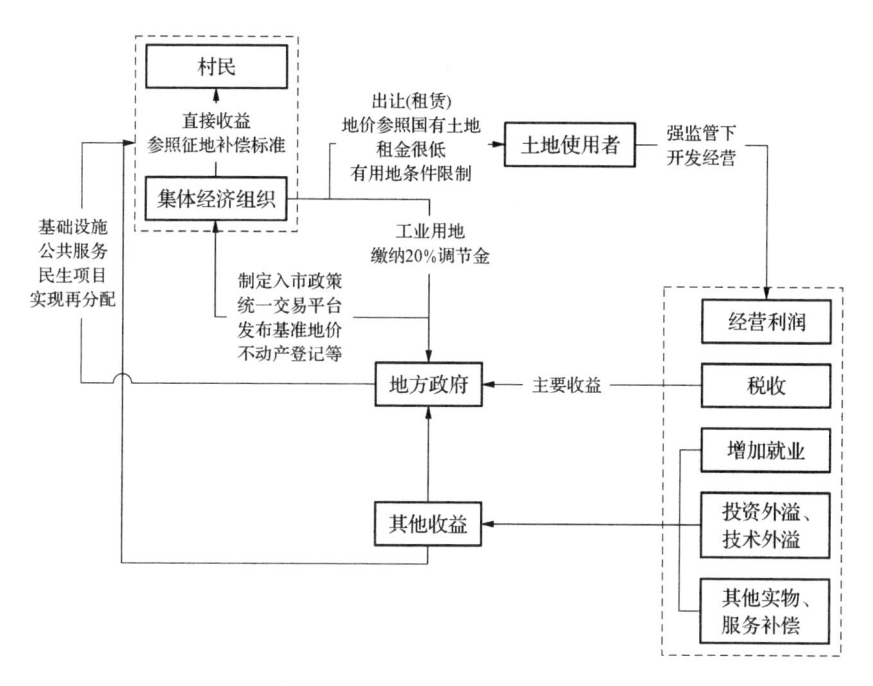

图 6-6　武进区集体土地入市试点模式及收益分配

3. 地价形成机理分析

武进区集体经营性建设用地入市从交易方式上看,主要有出让和租赁两种。底价由村集体依据政府发布的基准地价,组织村民集体决策确定,交易途径都是基于统一的网上交易系统进行挂牌交易,做到了信息公开、透明,程序规范、高效。

但是，从交易的实际情况看，市场机制并没有充分发挥作用，政府干预的特征明显，主要体现在：一是土地利用条件限制基本参照国有土地，提高了土地门槛，相当于减少了有效需求，因此实际交易中与国有工业用地一样，基本没有竞争性，几乎都是底价成交；二是出让底价虽然由村集体参照基准地价确定，实际上村集体和村民缺乏对土地权益及地价的基本认识，底价都参照周边国有土地确定，和基准地价基本一致，而基准地价几乎就是成本价；三是土地年租金明显偏低，根据基准地价，按照4%的土地还原利率，年租金约为18元/m^2（与武进区相邻的无锡市惠山区、滨湖区的年租金基本上是这个水平），而实际入市的年租金仅为5—12元/m^2，平均5.94元/m^2，远低于合理价格。究其原因，一方面是为了降低企业成本，促进地方经济发展；另一方面是武进区在入市试点前就已经实施了年租金制度，租金标准各村镇不同，为了衔接，试点中统一采用了相对较低的租金水平。

总的来看，武进区的集体经营性建设用地出让基本上类似国有工业用地出让，仍为低地价招商引资的模式。对于地方政府，国有土地实行低地价招商引资有其合理性，因为在土地出让的总收益中，出让金只占很少一部分，税收、就业、投资外溢等才是政府追求的主要收益。但对于村集体来说，集体土地实行低地价招商引资，其土地权益是受损的，因为村集体不能像地方政府一样获得税收、就业等收益，其主要收益来源于土地出让金。因此，可以看出，武进区集体经营性建设用地入市过程中，政府进一步强化了对集体建设用地的实际控制和支配权，基本上是将集体经营性建设用地当作国有土地进行管理，缩减了村集体和村民应获得的土地增值收益。因此，表面上土地价格是在集体决策确定底价的基础上，通过公开市场竞价形成，实际上呈现明显的低地价招商和高土地利用门槛特点，可以看作政府定价，有强烈的政府干预色彩。而在苏南这种土地管理规范、农民地权意识不强的地区，这种地价形成机制和土地管理模式有明显的优势，主要体现在以下两个方面。一是有利于促进地方经济发展，提高社会总福利，即政府通过低地价招商并限制较高的土地利用条件，引进优势项目，获得税收、就业、投资外溢等收益，增加财政收入，从而有更多的资金进行农村基础设施和公共服务设施投资，改善农村生产条件和生活品质，最终政府、集体和村民均得到实惠，实现多方共赢,是一种"强政府"的土地收益分配模式。二是入市试点的地价和收益分配虽然未能充分反映村集体和村民权益,但相对以往的土地征收或者隐性流转来说,村集体、村民和企业的收益都有不同程度的提高,是一种兼顾各方利益的渐进式改革,有利于保持政府、集体、村民的利益均衡,提高各方参与入市的积极性。

6.2.3 浙江省湖州市德清县试点中的土地权益与地价分析

1. 试点的主要做法及成效[①]

入市试点以来,德清县围绕入市主体、范围、方式、收益分配等核心问题进行积极探索,取得了显著成效。

在入市主体上,落实农民集体的市场主体资格。全县 160 个村(社区)都成立了股份经济合作社,实行工商登记注册,具有独立法人资格,在经济上独立核算、自主经营、自负盈亏,各村所有经营性集体资产都量化到人、发证到户。具体入市方式上,提供了自主入市、合作入市和委托入市三种形式,可根据市场需求自主选择。乡镇集体由其资产经营公司或代理人实施入市,村集体由股份合作社实施入市,村民小组可委托村股份合作社等实施入市。两个集体经济组织也可以联合成立土地股份合作社共同入市,例如偏远欠发达地区可与集中入市区域的集体经济组织合作。

在入市决策上强化民主决策,对入市实施全过程信息公开、民主管理,对涉及的土地情况、入市方式、交易起始价、合同文本和收益分配等重大事项实施民主决策,确保入市过程的透明度和公众参与度。

在入市对象上,一是依据国土空间规划、产业发展规划和生态红线规划等,进行规划符合性的比对分析,分类确定入市途径,对不符合就地入市条件的,可进行异地调整和整治后入市,促进产业集聚;二是实行"先预约、后复垦、再入市"方式,公开接受用地规模预约,解决调整入市后可能存在的农村集体资金不足问题,以需定供。

在入市制度上,一是统一交易平台,集体建设用地与国有土地都进入公

[①] 根据地方出台的政策文件和媒体公开报道整理。

共资源交易中心统一交易,实行公告、交易、成交公示等一体化管理;二是统一地价体系,修编城乡统一的建设用地基准地价体系,明确每个地块选择两家评估公司分别评估,入市底价最低不得低于评估价的80%;三是统一交易规则,与国有土地交易规则一致,合同条款中突出集体建设用地的特殊性,鼓励实施招拍挂交易;四是统一登记管理,将集体建设用地纳入不动产统一登记范围,颁发不动产权证书;五是统一服务监管,加强平台建设和审批监管,引入第三方服务机制,培育一批集体经营性建设用地测绘、评估、中介代理等服务机构。

在土地增值收益分配上,一是合理确定调节金征收比例,按照同权同价同责的原则,核算集体建设用地取得成本和收益,按土地成交价款的16%~48%确定了分类分级的调节金收取方式。二是差别化的集体内部收益分配,村集体入市收益用于追加农户股权,年底收益分红;乡镇入市收益用于基础设施和民生项目支出。三是加强资金监管,资金征缴、分成、支出等纳入系统统一管理,实现财政部门与自然资源、农业和银行间的互联互通,加强资金流向监管。

截至2018年年底,全县完成186宗土地入市,总面积1401亩,交易金额3.45亿元;入市收益中农民和村集体分得2.81亿元,占入市总价款的81.45%,惠及18余万农民群众,占全县农村人口的65%。

2. 利益相关方权责利分析

德清县集体经营性建设用地入市试点的主要做法与武进区类似,都是政府主导、集体运作、村民参与的模式,政府对集体经营性建设用地的控制力较强。因此,从利益相关方权责利来看,两个地区总体上差不多,因此下面主要从两者的差异上进行分析。

(1) 政府

政府的权利与武进区基本一致,一是分享土地增值收益的权利,二是把控入市的主导权,即制定相关政策法规、编制相关规划、发布基准地价、明确交易规则和交易平台、设置土地开发利用条件等。不同的是,德清建立了分类分级的土地增值收益调节金收取方式,即工业用地县城规划区内按24%

征收,县城规划区外、乡镇规划区内按 20%征收,乡镇规划区外按 16%征收;商服用地上述三个区域的征收比例分别为 48%、40%和 32%。而武进是按成交价格分级累进缴纳调节金,出让价格在每亩 100 万元(含 100 万元)以内部分按 20%缴纳;出让价格在每亩 100 万元—200 万元(含 200 万元)部分按 30%缴纳;出让价格在 200 万元以上部分按 40%缴纳。武进区集体经营性建设用地大部分为工业用地,因此实际征收比例主要为 20%。从这一点来看,德清县考虑了规划区内外政府对土地的级差收益贡献度不同,因而更加合理。此外,德清县强调入市地块价格要两家以上评估机构分别评估,底价最低不得低于评估价的 80%。从实际交易情况看,出让单价差异较大,大致从 270—465 元/m^2,而武进区基本上都是 450 元/m^2;年租金约 8—12 元/m^2[①],与出让价格的比例关系较合理,而武进区年租金平均只有 5.94 元/m^2。因此,相对来说德清县政府对入市价格的干预权没有武进区那么强,市场化程度更高。在集体与农民的利益分配上,德清县针对不同层级的集体经济组织差别化处理,镇、村、组的分配模式各不相同,分别为实物、股权和现金形式:乡镇层面的收益按实物形式落实收益共享,具体包括基础设施建设、民生项目支出等;村集体收益主要追加量化为农户股权,农户再享受收益分红;村民小组收益主要以现金形式在成员间公平分配,并上缴 10%作为集体提留。而武进是采用统一的分配模式,政府对土地收益的控制力更强。

从地方政府承担的责任看,与武进区类似,一是地块周边的基础设施和公共服务投资,但按照权责对等的原则,县级政府、乡镇政府、村集体分别侧重县城规划区内、乡镇规划区内和乡镇规划区外的投资;二是做好入市前的政策制定、平台建设、规划编制和地价评估、土地确权登记,以及入市中和入市后的组织协调、监管管理等工作。

从地方政府能获得的利益看,与武进区基本一致,即政府的利益取向主要为长远收益,包括增加税收、增加就业、投资外溢等。因此,也是采用低地价招商引资、高土地利用门槛的策略。

---

① 数据来源:根据德清县公共资源交易中心网站相关数据整理。

(2) 集体经济组织

从集体享有的土地权利看,一是享有获得土地绝对地租和部分级差地租的权利,这方面德清县按照不同区域的级差收益贡献度,村集体的分成比例不同;其次还享有地块入市的决策权,相对武进区来说,其对入市底价的决策权更大。

从集体承担的责任看,与武进区基本一致,不同之处主要是入市收益的分配形式更加多样化,乡镇集体主要是将收益用于基础设施和公共服务设施建设,村集体主要是将收益追加量化为农户股权,村民小组以现金分红为主。

从集体可获得的利益看,一方面是经济利益,乡镇、村和村民小组的收益形式不同,具体如前所述;另一方面是社会效益,包括入市促进村镇产业发展,吸纳人口就业,进而促进生活性服务业和生产性服务业的需求,提升村镇生活品质。

(3) 村民

村民的权责利情况与武进区类似,所不同的是,收益分配包括量化为股权和现金分红两种形式,其中村民小组收益在上缴10%作为集体提留后,以现金形式在小组成员间分配。

(4) 企业

从企业享有的土地权利看,与武进不同的是,德清县在试点中探索性地创设年租制物权,针对集体经营性建设用地租赁入市的情况,租赁年限可参照国有土地同类用途的最高出让年限,承租的企业也能获得租赁建设用地使用权的不动产权证,从而有了与出让建设用地使用权相同的物权效力。因此企业即使采用租赁方式获得土地,也可获得与出让土地类似的权利,相当于将出让金在土地使用期内分期支付,有利于减轻企业负担。从租赁年限看,长短均可,最高50年,而武进区基本上都是20年。

从企业承担的责任看,与武进区相比,德清县在土地利用条件上更加明确,基本上对每个地块都规定了地均产出和地均税收条件,因此企业承担的责任更大。

企业可获得的利益,包括在土地上从事生产经营活动获得利润,以及土地转让、出租收益或抵押贷款。与武进区不同的是,针对租赁入市的土地,企业也有不动产权证,其权利更加完整。

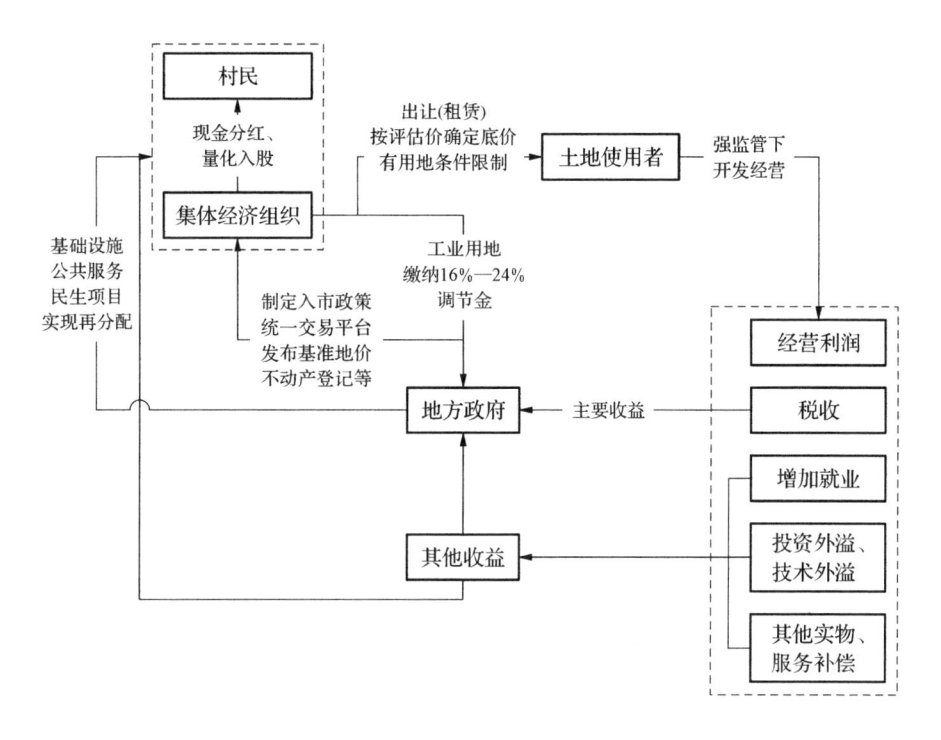

图 6-7 德清县集体土地入市试点模式及收益分配

3. 地价形成机理分析

基于上述利益相关方责权利分析,可以看出,德清县集体经营性建设用地入市的交易方式、交易价格、收益分配等与武进区基本类似,不同之处有以下几点。

一是出让地价的形成总体上都有政府干预,武进区干预程度更大,而德清县地价形成的市场机制作用更加明显。例如,从底价看,武进区基本上按基准地价,而工业用地基准地价区域差异很小,带有明显的政府定价特征,德清县是要求两家评估机构分别进行评估,然后村集体再民主决策,因此地价形成的基础更具市场化;从成交价格看,武进区工业用地出让地价基本上都是一个价,即 450 元/m²,而德清县的出让地价从 200 多元/平方米到 400

多元/平方米都有,体现了区位差异,市场机制发挥了一定作用。

二是年租金的形成,武进区有乡镇企业改制的背景,在入市前年租制就已经建立,出于降低企业成本考虑,租金很低,为了保持政策的稳定性,入市交易的年租金也很低;德清县以私营经济为主,不像苏南乡镇企业"政企不分",即使是土地隐性流转,其土地出租的市场化程度也比较高,因此入市的租金水平明显高于武进区,租金与出让价格的比例关系较合理。

总的来看,德清县在集体经营性建设用地入市中,基本上参照国有工业用地,主要采用低地价招商引资、高土地利用门槛的模式,有利于政府强化对集体土地的控制,促进地方经济发展,提高社会总福利,这一点与武进区类似。但在入市的地价、收益分配、土地权利等方面更加注重考虑集体、村民和企业的权益,操作更具市场化和灵活性,调动了各方参与入市的积极性。因此,德清县集体经营性建设用地入市价格是在政府主导和市场机制共同作用下形成的,其地价形成机制与国有土地基本一致,地价水平与国有土地相当。

6.2.4 广东省佛山市南海区试点中的土地权益与地价分析

1. 试点的主要做法及成效[①]

在入市制度方面,参照国有土地的管理制度和方式,从入市管理、收益分配到产权登记等环节构建了相应的集体建设用地入市政策体系,共出台了13个政策性文件,基本实现了集体土地和国有土地两个市场的接轨。

在入市主体方面,南海区早在20世纪90年代就开始全面推行农村土地股份制改革,按照"增人不增地、减人不减地"的原则,以股份的形式将农村集体建设用地量化到农户。依托村民小组成立了农村经济社,依托村集体成立经济联社,形成两级集体经济组织,为入市收益分配机制的建立创造了基础条件。

在规划和计划编制方面,结合土地利用总体规划修编工作,对拟安排入市的地块进行规划调整,确保全部符合规划的空间管制要求,同时建立了农

---

① 根据地方出台的政策文件和媒体公开报道整理。

村集体经营性建设用地年度供应计划管理制度。

在交易平台方面,一是建立了统一的农村集体建设用地管理信息系统,将全区所有的存量集体经营性建设用地纳入系统统一管理,建立统一的数据库,确保权属清晰,有利于实施精细化的监管,为集体土地入市提供了基础信息保障和技术支撑;二是实施区、镇、村分级交易方式,产业载体项目和100亩以上(含100亩)的租赁、50亩以上(含50亩)的出让地块需纳入区级交易,其他地块由各镇(街道)结合实际划定纳入镇(街道)级公开竞价交易的范围,不纳入区、镇两级公开竞价交易范围的农村集体资产,由村(居)集体资产管理交易站组织交易。

在入市监管方面,一是对不上平台交易、农用地以建设用地名义或与建设用地捆绑交易、不符合条件上平台交易等行为实施监督管理;二是入市交易后,从签订合同至项目竣工投入使用实施全过程监管,包括调节金缴纳、协议签订、项目开竣工、闲置土地处置、项目开发建设、项目综合验收等过程;三是建立入市双方诚信综合考核机制,通过系统记录交易审查、建设项目巡查等过程中的履约情况。

在地价管理方面,建立了基于级别和区段的区域全覆盖集体建设用地基准地价和基准租金体系。同时规定,集体建设用地公开出让起始价、协议出让价、公开租赁起始价、协议租赁金等原则上不得低于基准地价或基准租金的70%。对入市价格评估未做强制要求,只是提出区、镇(街道)国土部门及交易中心等应为入市交易提供地价评估、交易代理等服务,积极培育市场交易中介组织。

在收益分配方面,针对出让入市,制定了分用途、分区域的土地增值收益调节金差别化征收政策,即属于"三旧"改造项目或位于农村土地综合整治项目区内的工业用地,按出让收入的5%收取调节金,商服用地按10%收取调节金;其他区域的工业用地和商服用地分别按10%和15%收取调节金,出让入市不需要缴纳相关税费。针对租赁入市,暂不收取调节金,但需比照国有建设用地缴纳相关税费。

此外,在集体经营性建设用地入市中,南海区还进行了一些政策上的创新,主要包括以下几方面。

一是探索集体经营性建设用地整备入市制度。据统计,南海区面积在25亩以下的零星分散地块占农村集体经营性建设用地的78.01%。为此,南海创造性地推出了集体土地整备政策,推进集体土地统筹开发。具体做法是以收购、托管等方式,对符合入市条件的集体经营性建设用地进行地块整合、空间规划和基础设施开发等工作,再实施统一招商。

二是探索集体经营性建设用地产业载体政策。经认定的出让地块用于商服和工矿仓储用途的,竣工验收后可按规划、住建部门审定的房屋基本单元分割登记、分拆销售。该政策有利于企业加快资金周转,提高土地利用效率;以产业载体为平台,开展统一招商,有利于引进和整合优质资源及科研成果,促进企业转型升级。

三是探索"租让并用"的多样化土地供应方式。集体经营性建设用地入市后,其土地供应方式以租赁为主,与国有土地出让两个市场同时并存,两种方式互补。在同一项目中,也可灵活采用"租让并用"的方式。土地部分出让、部分租赁,出让部分不直接支付土地出让金,而是在租赁土地上为村集体代建物业,村集体再将代建物业返租给开发商统一经营。这种基于市场实际需求的土地供应方式,实现了对集体土地资源的灵活配置,有利于提高土地利用效率,节约开发商前期运营成本,调动入市积极性,助推市场发展。

截至2018年年底,南海区集体建设用地入市地块达111宗,土地总面积2797亩,交易总金额达86.4亿元;此外,还有51宗地块办理了抵押融资,涉及土地面积998亩,抵押价值33亿元。

2. 利益相关方权责利分析

(1) 政府

在南海区入市试点中,政府的主导特征不明显,主要是进行政策引导并提供相关公共服务,包括制定入市的相关政策法规和配套措施、编制相关规划和计划、建立基准地价和基准租金体系等。与武进和德清不同,南海并没有建立统一的交易平台,而是采用区、镇、村分级交易的模式,入市的主导权主要在村镇。因此,政府的权利主要是分享部分土地增值收益,即通过土地增值收益调节金的形式获得部分级差地租;而对入市过程、价格、土地利用条件等缺乏实际控制权,这一点与武进和德清有明显区别。此外,南海区将产业载体项目以外的其他土地利用的监督权下放到乡镇,规定入市双方除签订合同外,应与镇人民政府(街道办事处)签订土地开发协议,约定开竣工时间、转让(出租)条件、闲置土地处置及违约责任。

从地方政府承担的责任看,一是要做好入市的基础性服务工作,包括制定入市政策体系、空间规划和产业规划、产权调查登记、基准地价评估和更新等;二是要承担一部分农村基础设施投资和民生服务支出等。

从地方政府能获得的利益看,与武进区和德清县类似,政府的利益主要为长远收益,包括增加税收、增加就业等。从土地增值收益看,按工业用地其分配比例只有出让收入的5—10%,租赁收益不参与分配,政府获得的增值收益比例明显低于武进和德清。

(2) 村集体

从村集体享有的土地权利看,其作为土地所有者,首先享有获得土地绝对地租和部分级差地租的权利,即通过土地出让或租赁,在支付土地增值收益调节金后,剩余的留给村集体;其次还享有充分的地块入市决策权,即在是否入市、入市方式、入市价格、土地利用限制、土地处置等方面有集体决策权;另外还有土地利用的监督权,包括是否有污染物排放、侵占周边土地、损坏公共设施等。相对武进和德清,村集体的入市决策权更大,只要不低于基准地价(基准租金)的70%,入市价格完全由村集体决定;除产业载体项目和面积较大地块外,其他地块可在村镇层面交易;土地利用条件上,没有像德清那样严格限制地均产出和地均税收,主要针对产业类型、污染防治、安全生产等提出了要求。

从村集体承担的责任看,一是要按合同约定的时间和土地交付标准交付土地;二是按合同约定向政府缴纳土地增值收益调节金;三是做好入市收益的统一管理,按股份给村民分红。

从村集体可获得的利益看,一方面是经济利益,即入市收入扣除土地增值收益调节金的部分,由于南海区调节金比例很低,而且租赁入市不收调节金,因此村集体能获得的收益要比武进和德清高;另一方面是社会效益,包括入市促进产业发展,吸纳人口就业,进而促进生活性服务业和生产性服务业的需求,提升村庄生活品质。

(3) 村民

村民的权责利情况与武进、德清的主要区别是:南海区建立了农村"三资"(资金、资产、资源)平台,村集体的每一笔支出和收入村民都可查询,因此集体内部的入市收益分配更透明。

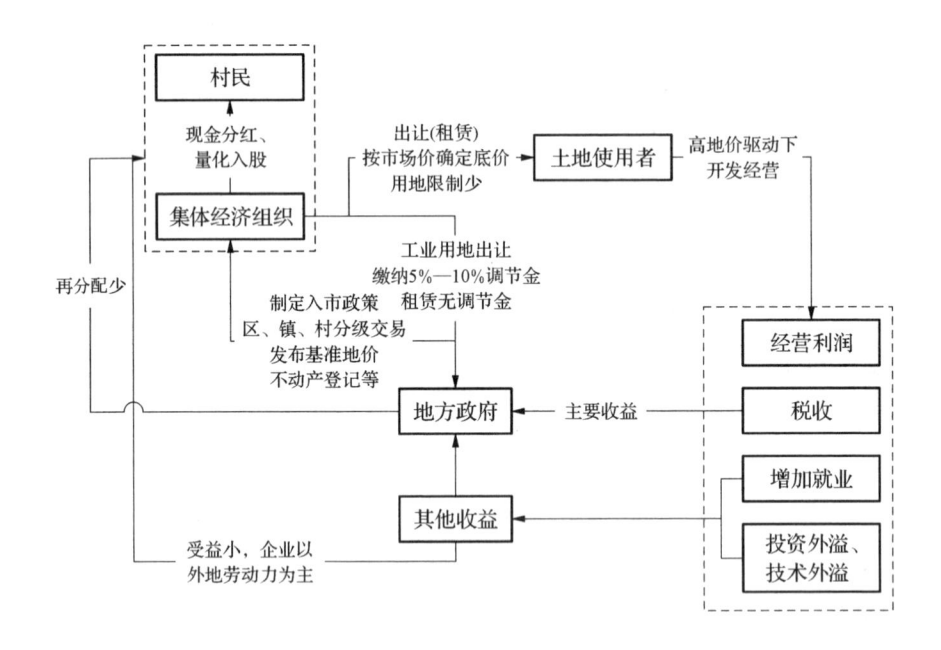

图 6-8 南海区集体土地入市试点模式及收益分配

(4) 企业

从企业享有的土地权利看,与武进和德清类似,包括土地的占有、使用、收益和依法处置的权利,但是针对处置权,合同中必须有相应的条款加以明确,未明确的不能转让、出租、抵押。从企业承担的责任看,与武进和德清相比,对企业用地限制较少,租赁入市的主要对产业类型作了限制,要符合乡镇产业规划,并对企业提出环保、安全等要求。从企业可获得的利益看,主要是生产经营利润,以及土地转让、出租收益和抵押贷款。总的来看,企业的权利和利益与武进和德清相当,但承担的责任要小一些,即土地利用的自由度更大,企业只要按时缴纳入市价款,土地开发利用过程中不妨碍公共利益即可。

3. 地价形成机理分析

南海区集体经营性建设用地入市从交易方式上看,主要有出让和租赁两种,以租赁为主,交易起始价由村集体组织村民集体决策确定,实际中起始价主要参照周边土地市场行情确定。交易途径较灵活,除产业载体项目和面积较大地块外,其他地块可在村镇层面交易。土地利用限制相对宽松,对地均产出、地均税收没有提出要求。

从成交价格看,基本上与基准地价、基准租金相当,工业用地出让地价从 450 元/m² 到 850 元/m²,平均约 600 元/m²,年租金从 18 元/m² 到 100 元/m²,平均约 50 元/m²。[①] 与武进和德清相比,出让价比武进高出 1/3,比德清高 1 倍左右,年租金约为武进的 8 倍、德清的 5 倍。考虑到德清的社会经济发展水平与南海存在一定差距,而武进与南海相当,在全国综合实力百强区排名中,南海区位列第二,武进区位列第三[②],因此两地更具可比性。

可以看出,南海区在工业用地出让价只比武进区高出 1/3 的情况下,年租金却达到武进区的 8 倍,主要原因是两个地区集体建设用地均以租赁市场为主,集体工业用地出让的比例很小,出让价格主要受国有工业用地价格影响,而两地的国有工业用地都带有一定的政府干预色彩,基本上是成本价,因此两个地区的集体工业用地出让价格差异不大。从租赁市场看,如前所述,武进区的集体建设用地租赁源于乡镇企业,存在政企不分的情况,土地租金很低,村集体和村民都没有土地出租获得收益的意识,村民大多认为其收入主要来源于乡镇企业工资,与企业经营管理者密切相关,经营能力强的企业效益好,收入就高,即所谓的"能人经济",入市试点为了保持政策稳

---

① 数据来源:根据南海区公共资源交易网、南海区国土城建和水务局网站相关数据整理。
② 依据中小城市经济发展委员会、中小城市发展战略研究院、中小城市发展指数研究所、中城国研智库等机构发布的 2018 年中国中小城市科学发展指数研究成果,http://www.mnw.cn/news/china/1855931.html。

定性,年租金主要参照原有水平确定。而南海区则是另外一种情况,其集体建设用地租赁源于改革开放后大量"三来一补"企业的市场需求,其租赁市场是市场机制作用下自发形成的,村集体和村民都从土地出租中获得了巨大的利益,由此导致他们的地权意识很强;而且企业主要为外地企业,与村集体没有复杂的人缘、地缘关系,不需要讲情面,因此租金基本都按市场行情确定;另外在当地集体建设用地租赁迅速扩张的20世纪八九十年代,国家土地管理政策法规滞后,使得集体建设用地监管缺失,长期以来政府就逐渐丧失了对集体建设用地的控制权。在这种情况下,当地的集体建设用地租赁市场非常成熟,市场机制非常完善,土地租金基本上是由供求关系决定。而国有工业用地市场主要面向要求土地权利完整、稳定的大企业,与租赁集体土地的企业是两个不同的市场需求群体,加之南海区全部工业用地中,以集体土地为主,国有的较少,因此集体土地租赁市场形成一个相对封闭、有自主定价权的市场,国有土地较低的地价对其没有产生影响,相反集体土地较高的租金水平一定程度上抑制了国有工业用地的低地价。

总的来看,南海区集体经营性建设用地入市特征可以总结为政府引导、集体主导、市场运作,其市场化特征明显,政府主要起到引导和服务的作用,入市方案和土地价格主要由村集体和企业按照市场原则自由协商或公开竞价确定。土地年租金的形成主要是市场机制,政府基本没有干预,实际上也没有能力进行干预,其根本原因在于经济发展的历史背景和由此形成的地权意识;出让价格的形成存在一定的政府干预,但以市场机制为主,价格的区位差异特征明显;集体土地租赁市场和国有土地出让市场相互独立,具有互补性,在租赁市场规模远大于出让市场的情况下,租赁市场更具定价的话语权,年租金对出让价格有正向影响。

6.2.5 三个试点地区地价形成的共性特征、差异及原因分析

根据上述分析,对三个试点地区的集体经营性建设用地入市试点特征进行归纳(见表6-3),并总结三个试点地区地价形成的共性特征及差异。

表 6-3 武进区、德清县和南海区集体土地入市试点对比

对比项	武进	德清	南海
入市主体	集体经济组织	集体经济组织	集体经济组织
政府职能	政府主导,干预力度强	政府指导,干预力度较强	政府引导,基本没干预
土地产权	权属清晰、权能完整	权属清晰、权能完整	权属清晰、权能完整
交易平台	两种权利、一个市场	两种权利、一个市场	按地块面积、类型,区、镇、村分级交易
交易方式	租赁为主、租期主要为20年	租赁为主、租期3—50年	租赁为主、租期20—50年
公开交易起始价确定依据	参照基准地价和周边国有土地确定	两家评估公司评估确定,不得低于基准地价(租金)的80%	集体自主确定,但不得低于基准地价(租金)的70%
基准地价	较低,基本为成本价	较低,基本为成本价	基准租金高,与市场价一致
年租金水平(元/m²)	6—10,平均5.94	8—12,平均10	18—100,平均50
地价水平(元/m²)	大多450	200多到400多	租赁为主
政府获得的调节金比例	按出让单价定比例,工业用地20%	按土地区位定比例,工业用地16%—24%	工业用地按类型收5%和10%,租赁免收
村民直接收益	参照征地补偿标准	村民小组现金分红、村集体量化入股	大部分以现金分红、量化入股等分给村民
企业用地限制	较多,侧重效益	较多,侧重效益	较少,侧重安全、环保

1. 武进、德清和南海的地价形成共性特征

一是在入市方式上,都以租赁为主,因此地价形式主要表现为年租金;二是都注重土地权能的完善,入市地块权属清晰、产权完整,土地权益相对隐性流转明显增强;三是在交易形式上,都强调公开竞价交易,从形式上看地价主要通过市场竞争形成。

2. 武进、德清和南海的地价形成机制差异

(1) 武进和德清的政府主导、竞总收益模式

三个试点地区中,武进和德清的地价形成机制类似,其集体经营性建设用地入市都是采用低地价招商引资、高土地利用门槛的模式,地价形成的政府干预色彩明显。从土地权益的角度看,政府在土地出让价格上放弃了部

分土地权益,即实际价格低于政府应获得的级差地租,但这部分土地权益在企业用地过程中,主要通过税收的形式得以逐步回收。因此,用地过程中企业的土地权益实际上缩减了,企业缴纳的一部分税收相当于地租,补偿给了政府。本质上相当于政府以土地使用权作价入股,与企业开展合作经营,地价越低,给企业的优惠条件越多,政府的入股比例就越高,相应地政府会要求企业承担更多的责任,以补偿政府的投入。例如,对于知名度高、效益显著、辐射能力强的企业,政府往往通过地价减免或返还、税收减免等一系列优惠政策吸引企业入驻,但同时对企业的地均产出、地均税收提出较高要求,对于企业来说降低了前期成本,但增加了后期的经营压力。这种模式即本书理论部分提出的分成合约形式,即政府不需要企业支付固定地租,而是按企业在土地上的经营业绩,以税收等形式获得分成。这种模式将政府和企业利益捆绑,有利于政府不断优化企业经营环境,主动为企业提供生产经营配套服务,促进企业经营业绩提升;而在地均产出、地均税收的经营压力下,企业会自发地加大投资和技术创新,提高经营业绩,如果达不到业绩要求,政府有权收回土地,再选择更优的企业,从而形成优胜劣汰的招商引资机制。

虽然两个地区在入市价格上进行了较强的政府干预,但这种干预本身带有一定的市场化特征,即政府作为理性经济人,按土地利益最大化原则,主动放弃一次性的出让收益,转而以低地价寻求长远的税收等收益,并根据企业预期的产出效益来确定地价水平,从而实现土地资源的优化配置。如前所述,工业用地给地方政府带来的总收益主要取决于后期的企业用地效益,因此,政府低地价、高土地利用门槛的招商行为相当于也是一种竞租机制,只不过这里的地租不是一次性支付,而是在土地使用期内分期支付,支付形式包括地价、税收等货币形式,也包括增加就业、投资外溢、技术外溢等服务形式。如果将地方政府看作商人,这种价格形成机制本质上就是市场机制。

由上可知,武进和德清的地价形成机制对于政府和企业来说是双赢,那么对于村集体和村民来说,由于低地价策略,显然其能获得的收益分成包括股份分红都减少了,但是,这仅是入市收益的初次分配。从另外一方面看,政府通过低地价策略促进了地方经济发展,不仅通过税收等直接增加了政府财政收入,还通过就业、投资外溢等促进了消费,改善了投资环境,间接增加了政府财政收入,因此政府的财政实力显著增强。在国家政策指引和政府官员绩效考核的驱动下,政府会加大农村基础设施和公共服务设施投资,改善农村民生,提升乡村生活品质,这些最终使得村集体和村民受益,相当于对入市收益进行了再次分配。因此,总的来看,武进和德清的地价形成机制是基于其特定的区域经济发展背景和文化观念形成的,统筹兼顾了市场各方的利益,最终实现了多赢。

从表6-4可以看出,一方面,武进区的人均耕地、地均GDP、地均一般预算收入、人均一般预算收入均高于南海区,反映出"强政府"模式的优势,即通过对集体经营性建设用地的统一规划、开发和利用,有利于耕地保护,提高土地利用效益,增加政府财政收入;另一方面,武进区的农村人均可支配收入不仅低于南海区,也低于德清县,即反映出在"强政府"模式下,村民的直接收益减少了,部分收益通过政府进行了二次分配。

表6-4 武进区、德清县和南海区土地利用绩效情况[①]

试点地区	人均耕地(亩)	人均一般预算收入(元)	农村人均可支配收入(元)	地均GDP(万元/亩)	地均一般预算收入(万元/亩)
武进	0.50	11 346	29 771	27.00	3.58
德清	0.82	9 647	32 723	11.73	2.34
南海	0.13	8 067	33 491	22.00	3.23

(2) 南海的集体主导、竞地价模式

南海区的地价形成机制则与武进和德清明显不同,其集体经营性建设用地入市主要由集体主导,政府以服务为主。根据南海区国有土地出让情况和集体资产交易平台统计数据,2010—2015年,南海73.95%的工矿仓储用地和72.28%的商服用地来自集体建设用地,基本都是租赁入市,因此本书重点分析租赁市场情况。在租赁市场中,村集体作为土地供应方,与供应

---

① 数据来源:各地土地利用变更调查成果、国民经济和社会发展统计公报。

国有土地的地方政府有本质区别。在我国现行土地所有制下，地方政府既是国家委托的土地所有者，也是社会公共服务的提供者，作为土地所有者有权分享地租，作为公共服务提供者有权征税，对于工业用地，其收益既有地租，又有税收等其他收益，在后者显著高于前者的情况下，地方政府理所当然要选择低地价招商的策略。而村集体则仅是土地所有者，在土地上只有分享地租的权利，不能直接分享企业税收。在这种情况下，村集体在土地入市上只能选择价高者得的策略，只要企业合法经营、不妨碍公共利益即可，至于效益好坏对村集体没有多少影响。而由于其经济发展的历史背景和由此形成的强烈地权意识，政府很难对其进行有效的干预，因此租赁市场的价格主要在村集体之间、企业之间通过市场机制竞争形成。用地效益好的企业有较强的竞租能力，因而能占据区位条件较好的地段，即地价的区位特征明显。但由于入市为集体主导，村集体的决策能力有限，政府进行宏观调控的能力也明显削弱，加之早期农村土地规划、产业规划缺失，土地无序利用，导致集体建设用地利用效率偏低，一定程度上影响了政府的税收收入。

从土地权益上看，政府为激发市场活力，只分享很少一部分级差地租，大部分留给村集体，而村集体与企业仅为土地租赁关系，即债权关系，相互间基本没有利益捆绑。这种模式即本书理论部分提出的租赁合约形式，即企业向村集体支付固定地租，村集体的收益与企业效益没有直接关系。这种模式主要是通过高土地成本选择优质企业，并倒逼企业提高经营业绩，而村集体服务企业的动力不强，不愿花太大代价进行基础设施和公共服务设施投资、改善投资环境。从村集体和村民收益看，与武进和德清相反，其直接收益较高，包括现金分成、股份分红等，而由于地方政府在入市中分成很少，加之集体土地低效利用也使政府税收减少，其投资农村的积极性不高，村集体和村民能获得的间接收益相对较低。

南海的集体经营性建设用地出让市场则与武进和德清类似，政府能进行一定程度的干预。而出让市场与租赁市场由于土地权利、区位条件、配套设施等方面存在差异，是两个面向不同需求群体的市场，相互间影响不大，两个市场相互独立，具有互补性。

3. 武进、德清和南海的地价形成差异原因分析

从前面分析可知，武进、德清和南海分别代表了"强政府"、政府和市场合作、"强市场"的集体经营性建设用地入市模式，相应地地价形成也有明显差异，其中武进政府干预最大、德清次之、南海最小。如果将土地价格看作获得和使用土地所需付出的全部代价，则三个地区都是市场竞争的地价形成机制，其中武进和德清主要是竞土地总收益，南海主要是竞纯地价。形成这种差异的主要原因分析如下。

(1) 土地开发模式差异导致的市场结构差异

作为改革开放的前沿阵地，在实施土地用途管制之前，珠三角地区已经开始大规模兴建工厂，集体经济组织提供土地、厂房等基本生产要素，地方政府提供政策和配套服务，投资建设基础设施和公共服务设施，形成政府引导、农村集体经济组织主导的土地开发模式。在1998年修订的《土地管理法》颁布前已经实现很高水平的工业化和农村土地非农化，导致目前珠三角地区政府实施土地征收的空间很小、难度很大。工业用地市场以集体主导的租赁为主，国有土地出让市场份额较小，而且两个市场需求群体不同，因此政府逐渐失去了对集体土地市场的控制权，集体土地相应地就有了工业用地定价的主导权。

苏南地区的土地开发与珠三角地区有较大差异。其集体经济主要为乡镇企业，90年代中期开始实施改制，集体企业转为私营企业，集体经济组织通过租赁的形式将土地和厂房让渡给企业。在乡镇企业发展后期，苏南地区通过征收农民土地，进行统一的基础设施开发，大规模建设开发区和工业园区，实施土地招商，形成税收收入，即较早就实行了政府主导下的征地开发模式，这一模式也构成当前我国工业用地的主流开发模式。因此，从始至终苏南地区土地开发都是相对较规范的，形成了国有土地和集体土地并重的工业用地市场格局，集体土地以小企业为主，影响力较小，其价格主要参照国有土地确定。

浙江地区在20世纪八九十年代也经历过乡镇企业的蓬勃发展，但其企业具有鲜明的私营特征。改革开放以后，一些头脑灵活、市场意识强的农民

开始以集体名义投资办厂,随着市场经济的推进,相关政策逐步放开,逐渐形成了以私营经济为主导的浙江农村工业化模式。大多私营企业为家庭作坊形式,利用宅基地办厂,少数企业租用集体土地,因此没有形成珠三角那种无序扩张的局面。国家土地用途管制政策实施后,浙江工业化也顺利过渡为征地开发模式。因此,其市场结构类似苏南地区,以国有土地为主,政府对集体土地有较强的控制力。

(2) 市场形成过程差异导致的市场发育差异

珠三角地区经济起步较早,其集体土地市场源于"三来一补"企业自发形成的用地需求,在政府实施土地用途管制前,就已经形成了非常成熟的农民个体主导、自发流转的土地市场模式。不仅是工业用地,为了解决外来务工人员生活配套问题,在宅基地上加盖房屋或商铺出租的现象大量出现,十几层的宅基地、握手楼等随处可见。长期以来,这种自发形成的市场越发成熟,市场机制作用非常明显。

而苏南地区的乡镇企业早期存在政企不分的情况,直接使用集体土地,改制后由于企业基本都是本地的,在熟人经济模式下,其土地租金也很低,有的可能还通过实物、服务等形式代替租金,土地租赁的市场化程度低,当地政府对集体土地市场的控制力较强。

浙江地区与苏南不同,其集体土地市场源于私营经济对土地的需求,也是自发形成的,因此市场化程度也比较高,但由于集体土地市场总体规模不大,其影响力有限。

(3) 经济发展模式差异导致的地权意识差异

改革开放以来,我国逐步在传统的计划经济体制之外发展市场经济,逐步形成了"苏南模式""温州模式""珠江模式"等村镇经济发展模式[211]。三种模式分别代表了乡镇企业、私营经济和"三来一补"经济特色,经济发展模式的差异导致村民地权意识存在明显差异。

20世纪八九十年代,珠三角地区的地方政府鼓励农村集体经济组织开发土地,建设标准厂房,引入"三来一补"企业,政府、集体经济组织和企业分别获得税收、土地收益和经营利润。同时,为解决外来民工的居住和服务配套问题,地方政府又鼓励农民利用宅基地盖房出租。在这种经济模式下,村集体和村民的主要收益来源于土地,而不像长三角地区来源于企业利润,由此形成了强烈的地权意识,政府基本放弃了对集体土地的控制。

苏南地区无论是早期的乡镇企业,还是后来的征地开发办园区模式,都带有较强的行政规划和政府主导色彩,切断了农民与土地的直接联系,农民的收益主要来源于企业;而乡镇企业早期政企不分,改制后土地租金也很低,土地的价值没有充分显现,农民的地权意识因而较为薄弱,政府对集体土地有较强的控制力。

浙江私营经济在早期发展阶段主要为家庭小作坊,企业要发展壮大,土地成为重要的制约因素。少数农民通过从村集体获得土地使企业不断扩大规模,得以快速发展,大多数农民依然处在小作坊阶段,这种经济模式使得当地农民在集体土地的争夺上相当激烈,由此产生了一定的地权意识。但与珠三角地区家家户户利用宅基地盖楼房出租相比,其地权意识还不够强,政府基本上能够顺利实施土地征收,对集体土地有较强的控制力。

6.3 不同入市模式下的地价形成共性特征及差异分析

6.3.1 就地入市与异地调整入市的地价形成对比分析

上述试点地区的地价形成机理分析主要针对实践中普遍实行的就地入市的情况,此外,中央也明确允许集体经营性建设用地实行异地调整入市,三个试点地区对调整入市均进行了探索和实践,其做法大同小异。总的来看,异地调整入市源于很多地方在实践中形成的建设用地指标交易,如重庆的"地票"交易、江苏的城乡建设用地增减挂钩等[212]。其实质是通过土地发展权分离交易,解决现实中的用地矛盾,让不同区位的集体经济组织和农民共享改革红利。一般做法是将零星分散或区位条件较差的集体建设用地复垦为耕地,形成新增建设用地指标,也就相当于将土地发展权还原出来;再在区位条件较好且规划为经营性建设用地的区域(集中入市区)实施成片土地开发和入市,其建设用地指标来源于拆旧复垦区形成的新增建设用地,本质上是将拆旧复垦区还原出来的土地发展权置换到集中入市区使用。实践中各地也有一些创新做法,例如德清县推出了项目用地预申请制度,以需求定供给,以规模定复垦,实行"先预约、后复垦、再入市"。也就是将农村集体建设用地异地调整入市的土地信息公开发布,接受企业用地预约申请,并收取一定的保证金。集体经济组织再根据产业功能定位,对预申请项目进行梳选,确保项目质量,从而实现以需求定供给,确保"有复垦、必入市"。

在异地调整入市途径下,企业的土地权益与就地入市没有区别,因此入市价格与就地入市相当,但入市土地的收益分配发生了变化。拆旧复垦区的地块由于区位条件较差或零星分散,其就地入市难度较大,土地价值低,而有了异地调整入市的政策后,其土地就可以通过发展权还原再转让的方式获得更大的收益,因此原则上其土地权益是增加的。集中入市区的地块如果直接就地入市[①],集体经济组织可能需要参照国有土地,向政府缴纳农用地转用的相关税费,本质上相当于向政府购买土地发展权;而调整入市后,由于不涉及新增建设用地,这部分税费不用缴纳,但需要支付拆旧复垦区的土地发展权转让费,即向拆旧复垦区的农民购买土地发展权。因此,集中入市区的集体经济组织和村民的土地权益原则上与就地入市相当,只是向谁购买土地发展权的区别。而政府虽然损失了土地发展权的费用,但由于通过异地调整入市实现了耕地数量不减少、质量不降低,不需要政府再通过土地整治新增耕地来实现耕地占补平衡,政府也就没有实质性的损失,其土地权益原则上也与就地入市相当。

综上,异地调整入市途径下的土地价格与就地入市相当,市场各方的土地权益与就地入市原则上没有差异,主要区别在于调整入市是向拆旧复垦区的农民购买土地发展权,而就地入市是向政府购买土地发展权。

---

① 此处的就地入市特指涉及新增建设用地的情形。

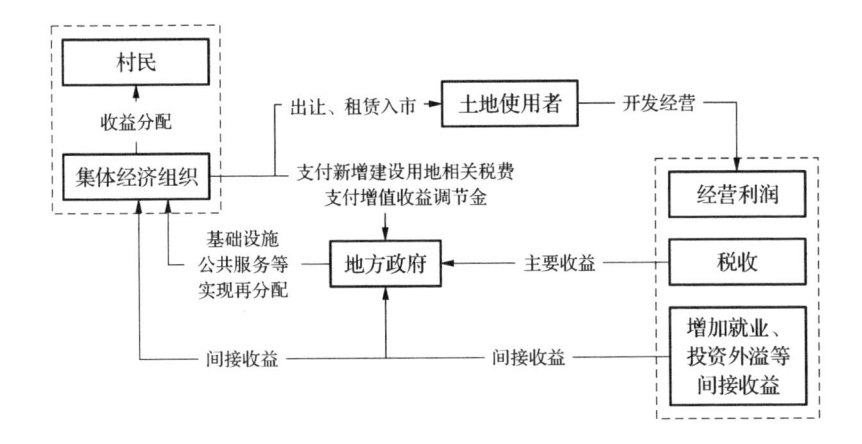

第六章 集体土地公开入市下的地价形成机理实证研究

图 6-9 集体经营性建设用地就地入市土地收益分配①

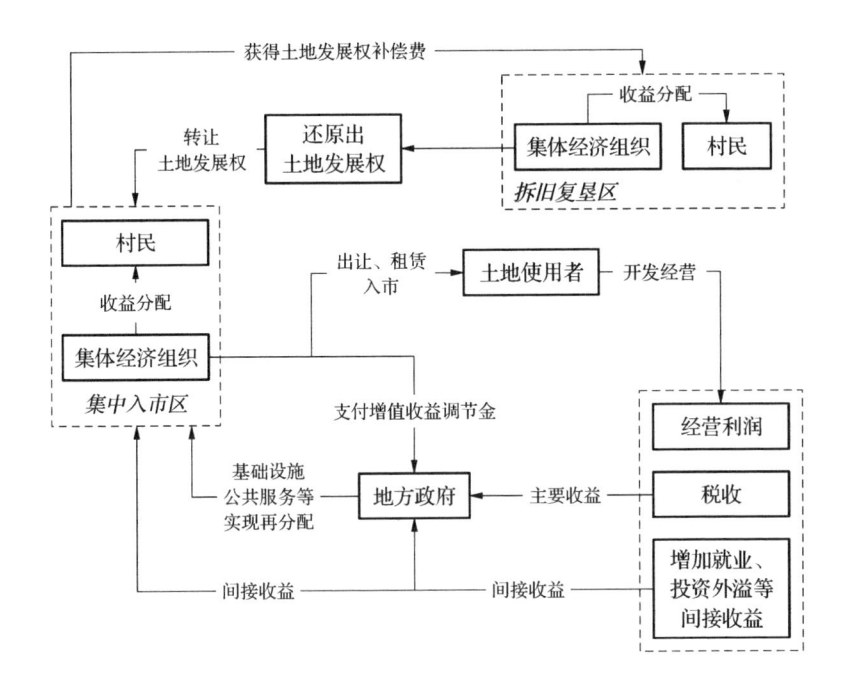

图 6-10 集体经营性建设用地异地调整入市土地收益分配

---

① 此处的集体经营性建设用地指涉及新增建设用地的情形。

6.3.2 入市试点与"三旧"改造的地价形成对比分析

基于上述6.1和6.2的分析,对在国家授权下开展的入市试点(以下称"直接入市")与"三旧"改造的地价形成特征进行比较,两者的共性特征有三点。

一是入市行为都得到国家层面的许可,其中直接入市是经全国人大授权,国务院统一组织实施,"三旧"改造是经原国土资源部许可的试点政策,两者都有较高层面的政策保障。因此,实际运作中,各项配套政策比较完善,市场机制健全,在土地权益上没有制度性的损失。

二是地价形成的程序公开透明,市场机制健全。虽然各地在出让底价确定、市场竞争性等方面有较大差异,但从形式上看,都以公开市场竞价为主,有较完善的信息公开渠道和竞价机制。"三旧"改造虽然有部分采用协议出让,但开发商的选择仍然通过公开招商,通过竞价或竞融资地块面积来确定开发商。

三是土地价值都得到较充分的显现。从上述两点可知,入市地块在土地权益上没有制度性损失,也没有实现途径上的损失,因此土地权益能得到充分实现,土地的实际权益价格相对较高,市场交易价格主要取决于土地使用者承担的责任。

直接入市与"三旧"改造的地价形成差异体现在以下三方面。

一是价格形式和价格水平上的差异。直接入市的价格形式较单一,以货币形式的地价为主,采用分成合约的情况下一般还有税收等准价格形式;"三旧"改造则侧重于由开发商提供实物、服务等形式的责任补偿价格,例如安置区建设、集体留用地建设、集体物业返租等,由于开发商需承担较多的责任,土地交易价格往往较低,有些改造项目则不直接竞地价,而是在双方权利责任明确的情况下竞融资地块面积或开发商让利金额。

二是土地权益关系上的差异。直接入市的市场参与各方土地权益关系较简单,因此市场交易价格的可比性较强。而"三旧"改造相当于是一种根据地块特点定制的入市方式,其土地权益关系复杂,同为旧村改造,不同改造项目的土地权益关系都有差异,但总的一点是保证市场参与各方利益均衡。土地权益上的差异也就使得不同地块的市场交易价格存在较大差异，没有比较意义。

三是地价的政策导向性差异。"三旧"改造项目大多为中心城区范围内的旧城镇、旧厂房和旧村庄，政府需要通过改造提升城市形象和区域投资价值，其利益取向主要为社会效益和投资外溢产生的经济效益，而不在于土地本身的价值，因此为推进项目实施，政府让利较大，公开出让所得大多返还村集体，而协议出让的地价一般只有市场价的20%，地价的政策导向性明显。直接入市则大多是一般意义上的集体经营性建设用地，主要位于城郊和农村地区，政府通过收取土地增值收益调节金的方式参与收益分配，在租赁合约形式下，地价基本没有政策导向特征。

6.3.3 公开入市与隐性流转的地价形成对比分析

结合本章及第五章的实证分析，对公开入市和隐性流转的地价形成特征进行比较，两者的共性特征有两点。

一是土地权益是土地价格形成的基础，土地价格构成与本书第四章提出的地价内涵相符，即交易价格＝完整权益价格－权能残缺损失－权能实现损失－责任补偿价格，实际权益价格＝交易价格＋责任补偿价格。公开入市下产权完整、清晰，有健全的市场机制，因此基本没有权能残缺损失和权能实现损失，但是在分成合约形式下，政府或集体经济组织往往会要求土地使用者承担相应的税收或实物、服务等形式的履约责任，也就是责任补偿价格较高，因此其实际的交易价格往往偏低，甚至会出现零地价、负地价（指考虑返还、减免、补贴等因素后的实际地价）的情况；隐性流转下产权往往得不到保障，很多通过私下交易，市场信息不充分，市场机制不完善，因此一般都有一定程度的权能残缺损失和权能实现损失，同时隐性流转在苏南一些地区很多属于熟人交易，带有分成合约的特点，土地使用者往往还需要承担村干部寻租、村民就业等附加成本，因此土地交易价格一般较低。

二是集体经济组织都追求利益最大化，而政府都有干预市场谋求自身利益的动机，地价是双方基于土地权益博弈形成。在市场中，集体经济组织和政府都可看作理性经济人，双方均追求利益最大化。对于集体经济组织，土地使用者要么按市场行情支付地价，要么为村集体贡献实物、服务等其他形式的收益；对于政府来说，则希望以低地价吸引优质企业，促进地方经济发展，增加政府税收，因此双方存在一定矛盾，实践中相互博弈。例如在苏南一些地区农民地权意识不强，无论是隐性流转还是公开入市，政府都能实施强有力的干预，但较低的地价对村集体来说利益受损，因此政府需要承担农村集体的基础设施投资和民生服务等，以实现博弈的利益均衡；而珠三角一些地区农民有强烈的地权意识，政府干预地价的阻力较大，在公开入市或隐性流转中，地价基本都由市场决定，政府只能让利于市场，相应地政府就弱化了农村集体的基础设施投资和民生服务等，这部分责任转而由市场主体承担。

公开入市和隐性流转的地价形成差异主要体现在以下两方面。

一是土地权益不同，因而地价也不同。隐性流转下，政府不参与收益分配，在法律界定不清、监管成本较高的情况下，政府作为理性经济人大多采取默认态度。隐性流转下的土地产权由于界定不清，导致一部分剩余权益落入公共领域，被市场中的强势主体获得，例如村干部等进行权力寻租等；土地使用者产权得不到保障，土地权益受损。而公开入市中，政府通过实施产权保护，相应地要获得报酬，因此政府参与分成，由于产权完善，村集体和企业的土地权益都增加。因此总的来看公开入市的土地权益价格高于隐性流转。

二是土地权利性质不同，因而法律保障不同。公开入市下，土地经过了确权登记，产权完整、明晰，土地使用者获得的是物权，其土地权益受《物权法》和《合同法》保护，保障程度高；隐性流转下，土地大多没经过确权登记，产权残缺，一些土地可能还存在隐性的权属争议，《物权法》规定不动产物权经依法登记后发生效力，因此很多土地使用者获得的不是真正意义的物权，不受《物权法》保护，但享有交易双方合同约定的土地权利，即合同债权，只受《合同法》保护，因而法律保障程度低。

6.3.4 不同入市模式下的地价形成特征总结

综上所述，受政策、市场、经济发展背景等因素影响，实践中集体经营性建设用地形成了不同的入市模式,体现出不同的地价形成特征。但总的来看具有一些共同特征。

一是土地价格是土地权益的价格。土地的市场交易价格除受传统区位等因素影响外,主要取决于土地权益状况,包括政策和市场条件所赋予的土地权能、权能实现机制、交易合约约定的土地使用者责任,即交易价格＝完整权益价格－权能残缺损失－权能实现损失－责任补偿价格,实际权益价格＝交易价格＋责任补偿价格。

二是合约形式影响土地权益和土地价格。各地在不同的社会经济发展背景下,形成了不同的集体经营性建设用地入市模式。从合约形式上看,有的类似分成合约的特征,有的则类似租赁合约的特征。在分成合约形式下,政府或集体经济组织往往会要求企业承担相应的税收或实物、服务等形式的履约责任,也就是责任补偿价格较高,企业在未完成履约责任的情况下其土地权益受到限制,因此土地交易价格往往偏低;在租赁合约形式下,集体经济组织主要追求土地租金收益,对企业用地没有过多限制,因此责任补偿价格较低,企业获得的土地权益较充分,相应地土地交易价格就较高。

6.4 本章小结

本章首先分析了典型"三旧"改造案例的土地权益及地价形成机理,得出结论:"三旧"改造中的土地价格既反映了开发商可获得的预期收益和需承担的责任,也反映了政府在"三旧"改造中的利益取向,是在市场机制作用下利益相关方围绕权利和责任博弈的结果。然后以武进、德清、南海三个典型入市试点县(区)为例,分析了各自的入市试点模式及相应的土地权益关系和地价形成机理,得出结论:武进、德清和南海分别代表了"强政府"、政府和市场合作、"强市场"的集体经营性建设用地入市模式,相应地地价形成也有明显差异,其中武进政府干预最大、德清次之、南海最小;如果将土地价格看作获得和使用土地所需付出的全部代价,则三个地区都是市场竞争的地价形成机制,其中武进和德清主要是竞土地总收益,南海主要是竞纯地价。从土地权益看,武进的集体土地产权体现了准国有的公有产权特征,德清体现了公私兼顾的土地产权特征,南海体现了准私有的土地产权特征。

三个地区地价形成机制的差异源于:一是土地开发模式差异导致的市场结构差异,武进和德清的工业用地以国有为主,政府对集体土地有较强控制力,而南海工业用地以集体性质为主,降低了交易的信息成本,使得集体土地有自主定价权,没有受到国有土地低地价的影响;二是市场形成过程差异导致的市场发育差异,武进和德清的市场发育程度不如南海,市场交易的信息成本相对较高,对地价产生不利影响;三是经济发展模式差异导致的地权意识差异,武进农民的地权意识较弱,德清稍强,两地政府均能实施一定的地价干预,而南海集体土地"租赁经济"导致农民地权意识强烈,形成的既得利益势力强大,市场的制度变迁成本高,因此政府难以实施地价干预。

最后,对不同入市模式下的地价形成共性特征及差异进行了归纳总结,形成两点结论。一是土地价格是土地权益的价格。土地的市场交易价格除受传统区位等因素影响外,主要取决于土地权益状况,包括政策和市场条件所赋予的土地权能、权能实现机制、交易合约约定的土地使用者责任等。二是合约形式影响土地权益和土地价格。在分成合约形式下,企业要承担税收或实物、服务等形式的履约责任,责任补偿价格较高,土地权益受到限制,因此土地交易价格往往偏低;在租赁合约形式下,企业用地没有过多限制,责任补偿价格较低,企业获得的土地权益较充分,相应地土地交易价格就较高。从而从实证角度验证了本书提出的相关理论观点。

第七章 研究结论与政策建议

7.1 研究结论

本书立足于建立城乡统一的建设用地市场这一总目标,以"土地权益"为切入点,以长三角和珠三角为研究区域,以探索不同入市模式、不同区域的土地权益特征和地价形成机理为目标,按照"问题提出—模型构建—实证分析—对策建议"的思路,采用理论分析与实证分析相结合、文献分析、计量经济模型分析、案例分析、比较分析等方法,试图从土地权益角度,从微观和宏观尺度揭示集体经营性建设用地的地价空间分异、地价形成过程及其内在机制和影响因素,进而提出市场调控政策建议。得到如下主要结论。

1. 理论方面

(1) 提出了基于"责任补偿价格"的集体经营性建设用地价格内涵。集体经营性建设用地价格是在特定的政策和市场条件下形成的市场关联各方可接受的土地权利价格,具体包括交易价格、责任补偿价格、实际权益价格、完整权益价格,其中交易价格＝完整权益价格－权能残缺损失－权能实现损失－责任补偿价格,实际权益价格＝交易价格＋责任补偿价格。交易价格除受传统区位等因素影响外,主要取决于权益状况,包括政策和市场条件所赋予的土地权能、权能实现机制、交易合约约定的土地使用者责任。其中,权能残缺损失为交易的制度缺陷成本;权能实现损失为市场机制不健全产生的信息成本;责任补偿价格为风险成本,即土地所有者通过提供廉价土地等生产要素,为企业分摊经营风险的回报,一般表现形式为税收、实物、服务等形式。

(2) 提出了基于合约理论、交易成本理论、竞租理论的集体经营性建设用地价格形成机理,探讨了基于分成合约和租赁合约的土地总收益竞租模式。低地价、高土地利用条件的交易模式,实质上也是利用市场机制实现资源的优化配置,只不过在市场上竞的"租"不是纯地价,而是土地给土地所有者带来的总收益,这种交易模式类似经济学中分成合约,反之则类似租赁(固定租金)合约。合约形式影响土地权益和土地价格,合约选择主要由土地利用的监管成本、风险成本和制度变迁成本等交易成本决定。不同合约形式下的工业用地竞租曲线有所不同,但都能实现土地资源优化配置。分成合约下,政府低地价招商实质上是企业将一部分地租以税收等形式逐年偿付,即企业缴纳的税收中既包括政府提供公共服务的报酬,即真正的税收,也包括一部分地租。

2. 实证方面

(1) 基于市场调研分析,总结了无锡和广州研究区集体建设用地市场特征及土地权益差异。两个研究区的共性特征:一是入市模式主要为隐性流转,即由市场需求引致的自发流转,政府干预较少;二是土地产权都不完善,土地权益呈现异质化特征;三是企业规模小、用地效益低。两地差异在于:一是运作模式不同,无锡为政府引导、集体主导模式,广州为市场主导、集体自发模式;二是价格机制不同,无锡以政府定价为主,广州以市场定价为主;三是企业特征不同,无锡主要为改制后的乡镇企业,具有较强的人缘和地缘性,广州主要为私营企业,无明显的人缘和地缘特征;四是产权状况不同,无锡集体建设用地来源于乡镇企业改制,总体合法合规,广州来源于村集体和村民以租代征自发流转,违法用地居多;五是政府态度不同,无锡希望通过同权入市,进一步加强对集体建设用地的控制和支配,广州主要考虑如何引导和规范现有市场。从土地权益关系看,无锡和广州的集体建设用地入市分别类似分成合约和租赁合约形式,前者地价受政府、村集体等市场外部因素影响较大,不是完全由市场竞争形成,交易双方的经济关系较复杂,土地使用的限制条件多;后者地价是市场竞争的结果,交易双方的经济关系主要为土地租赁关系,土地使用的限制条件少。形成上述差异的原因主要是两个地区不同的经济发展背景,孕育了不同的土地市场模式和农民地权意识。

(2) 运用特征价格模型开展实证研究,揭示了研究区集体建设用地隐性流转价格形成机理。结果表明:对无锡市集体经营性建设用地租金具有显著性影响的因素依次为是否有指导价、是否能抵押、基础设施完善度、是否有土地证、集体建设用地比例、人均耕地、公交线路数、土地面积,贡献度分别为 26.71%、14.36%、10.61%、10.41%、10.28%、10.22%、9.12%、8.28%,即权益因素贡献度最大,达 61.77%,区位因素贡献度为 19.34%,实物因素贡献度为 18.89%。其中有指导价的比没有指导价的年租金高出 25.73%;能抵押的比不能抵押的年租金高出 12.86%;有土地证的比没有土地证的年租金高出 8.76%;基础设施完善度每提高1%,年租金上涨16.6%;公交线路数量每增加1%,年租金上涨 5.50%;区域集体建设用地比例每增加 1%,年租金上涨 5.20%;土地面积每增加 1%,年租金下降 2.70%;区域人均耕地每增加 1%,年租金下降 2.60%。地价形成的主要特征为:土地权益的空间异质性是地价分异的主要原因;政府干预和关系机制是地价形成的主要机制;土地个体差异大,对地价有一定影响。

对广州市集体经营性建设用地租金具有显著性影响的因素依次为距中心城镇距离、距开发区距离、是否有土地证、土地面积、本地员工比例,贡献度分别为30.16%、21.59%、18.86%、14.79%、14.60%,即区位因素贡献度最大,达 51.75%,权益因素贡献度为 33.46%,实物因素贡献度为 14.79%。其中距中心城镇距离每增加 1%,年租金下降 13.20%;距开发区距离每增加 1%,年租金下降 26.80%;有土地证的比没有土地证的年租金高出 30.80%;土地面积每增加 1%,年租金下降 6.50%;企业本地员工比例每增加 1%,年租金下降 4.50%。地价形成的主要特征为:区位和权益因素共同作用的地价形成机理;高度市场化的地价形成机制;土地个体特征对地价影响有限。

两地的地价形成差异有三点:一是土地来源的合法合规性差异导致权益的实现途径不同;二是市场背景不同导致交易的合约形式不同,从而地价的形成机制也不同;三是地权意识差异导致制度变迁成本差异,从而形成政府干预地价的差异。

(3) 基于研究区土地产出效益水平及空间格局的分析,尝试性验证了不同合约形式下的土地产出效益响应。结果表明:无锡和广州两地虽然体现出类似分成合约和租赁合约的不同入市合约形式,但土地产出效益上没有明显差异,其差异性体现在收益分配方面,无锡的政府收益高,而广州的则是城乡居民获益大。两地的地均产出均有从市中心往外围递减的趋势,总体符合竞租规律;受工业园区、机场、火车站等政府规划因素影响,工业用地布局呈现"多核心组团式"特征,相应地地均产出表现出从市中心往外的波浪式递减空间格局。两地不同的合约形式形成了不同的资源配置路径,一个是通过市场机制竞地价驱动资源配置,一个是通过政府主导竞土地总收益驱动资源配置,两者各有利弊。

(4) 以广州研究区典型"三旧"改造项目为例,探讨了"三旧"改造政策下的土地权益特征及地价形成机理。结果表明:"三旧"改造中的土地价格既反映了开发商可获得的预期收益和需承担的责任,也反映了政府在"三旧"改造中的利益取向,是在市场机制作用下利益相关方围绕权利和责任博弈的结果。其权益关系类似分成合约,因此土地的交易价格一般较低,主要取决于土地使用者承担的责任。

(5) 以长三角和珠三角典型入市试点县(区)为例,比较分析了试点县(区)的土地权益特征及地价形成机理,进一步验证了研究区的实证结论。结果表明:武进、德清和南海分别代表了"强政府"、政府和市场合作、"强市场"的集体经营性建设用地入市试点模式,其土地产权分别带有准国有、公私兼顾和准私有的权益特征;相应地地价形成也有明显差异,其中武进政府干预最大、德清次之、南海最小;如果将土地价格看作获得和使用土地所需付出的全部代价,则三个地区都是市场竞争的地价形成机制,其中武进和德清是竞土地总收益,南海主要是竞纯地价。三个地区地价形成机制的差异源于:一是土地开发模式差异导致的市场结构差异,二是市场形成过程差异导致的市场发育差异,三是经济发展模式差异导致的地权意识差异。

(6) 综合上述实证结果,总结了不同入市模式下的地价形成共性特征,验证了本书提出的理论框架的普适性。受政策、市场、经济发展背景等因素影响,实践中集体经营性建设用地形成了不同的入市模式,体现出不同的土地权益关系和地价形成特征,但总的来看具有一些共性特征。一是土地价格是土地权益的价格。土地的市场交易价格除受传统区位等因素影响外,主要取决于土地权益状况,包括政策和市场条件所赋予的土地权能、权能实现机制、交易合约约定的土地使用者责任。二是合约形式影响土地权益和土地价格。在分成合约形式下,企业要承担税收或实物、服务等形式的履约责任,责任补偿价格较高,土地权益受到限制,因此土地交易价格往往偏低;在租赁合约形式下,企业用地没有过多限制,责任补偿价格较低,企业获得的土地权益较充分,相应地土地交易价格就较高。

7.2 政策启示与建议

1. 坚持因地制宜、分类指导,稳妥推进集体土地入市

我国地域广阔,各地历史文化背景、社会经济发展水平、土地市场结构、市场发育程度、农民地权意识等存在较大差异,难以实现"一刀切"的集体经营性建设用地入市政策。例如,即使是在全国实行了半个多世纪的农村土地征收制度,在珠三角地区农民地权意识根深蒂固的背景下,土地征收一直难以顺利推进,政府不得不退而求其次,变相妥协地推出"三旧"改造政策,让利于民。因此,入市改革应坚持尊重历史、求同存异、因地制宜、分类指导,在广泛试点的基础上,积极探索可复制、可推广的模式和经验,稳妥推进集体土地入市。

2. 统筹初次分配和再分配,完善增值收益分配机制

由于我国农村村民自治组织尚不健全,农民整体素质偏低,依法行使集体土地成员权利、维护自身合法权益的能力有限。因此,土地增值收益分配要按照初次分配基于产权、效率优先,二次分配政府参与、保障公平的原则,根据不同地区的实际情况,按对土地增值的贡献原则,以分类分级的形式制定土地增值收益调节金征收方案,实现政府和集体的初次分配;政府应按获得的增值收益份额,承担相应的责任,加强农村基础设施和公共服务设施投资,服务民生,支持"三农"发展,实现增值收益的再分配;集体内部的分配应基于股份制等形式的集体成员权制度,强化村民自治,坚持民主决策,以现金分红、股份分红、增资扩股等形式实现集体内部的合理分配。

3. 依托集体土地入市,探索建立多层次土地市场

党的十九大提出"多主体供应、多渠道保障、租购并举"的城镇住房供应重要举措。通过引入集体经济组织和非房地产企业,实现多主体供应,打破了政府的土地供应垄断和开发商的房屋开发垄断。这主要针对住宅用地,而集体经营性建设用地中主要为工业、商服等产业用地。在实践中,企业规模和实力不同,对土地的权利完整性、稳定性、使用期限、使用条件等方面的要求都有不同,实力强的企业对土地产权要求较高,看重土地的金融属性,看重稳定性,要求较长的使用期限,能承受较高的用地门槛;相反,很多小微企业盈利能力和抗风险能力都很弱,企业的生命周期较短,土地产权的完整性对其意义不是很大,而对土地成本比较敏感,倾向于更灵活的租赁土地方式。因此,产业用地的市场需求是多样化的,需要因地制宜,探索建立相互补充、相融共生的多层次土地市场,包括国有土地出让市场、集体土地出让市场、集体土地租赁市场、集体土地流转市场等。对于隐性流转市场,政府应注重引导,促进其规范有序发展,而不是带着歧视的眼光置之不管,或机械地限制、打压。

4. 正确理解同权同价,坚持权责对等,推进配套改革

同权同价,一般是指集体土地和国有土地拥有相同的土地权利,从而实现相同的土地价格。从产权角度看,权利和责任(义务)是对等的,同权相对容易实现,从法律层面赋予相应权利即可,而同责的实现难度较大。我国长期以来实行城乡二元土地制度,由此导致城镇国有建设用地和农村集体建设用地在承担的责任方面有本质区别。城镇国有土地为国家所有,地方政府代行所有权,而地方政府同时又是地方管理者和公共服务的提供者,因此其承担双重角色。作为土地所有者,需要实现土地经济利益的最大化;作为地方管理者,需要增加地方财政收入,为社会提供更多更好的公共服务,促

进地方社会经济发展。在这种双重角色下,地方政府将城镇经营性建设用地差别化对待,对于商服和住宅用地,主要通过土地出让获得一次性收入,即所谓的土地财政;而对于工业用地,则主要通过招商引资获得比土地出让金高十几倍甚至几十倍的税收收入,以及就业、资金、技术、投资外溢等巨大社会综合效益。因此,工业用地在土地价格上成为事实上的"牺牲品"。而对于农村集体建设用地,其承担的责任主要是服务本村社会经济发展和村民民生,村集体不能像城镇国有土地一样获得税收收入,也不能获得巨额的住宅用地出让金以弥补工业用地低价出让的损失。在这种情况下,如政府不加以干预,村集体的必然选择要么是高地价卖地或租地,这是以往珠三角地区的做法;要么是追求土地的总收益,即村集体低价提供土地,但企业需要承担村集体的基础设施和公共服务投资、民生服务等责任,这是以往苏南地区的做法。

综上,同权同责,方可同价。而同责的实现,需要建立健全城乡融合发展体制机制和政策体系,有赖于全社会的共同推进、任重道远。

5. 全面推进集体建设用地基准地价体系建设

价格机制是城乡统一的建设用地市场的核心机制,无论是公开入市,还是隐性流转,都需要科学的价格指导。集体经营性建设用地市场与国有土地市场有一定差异,以租赁为主,且土地利用类型多样、业态复杂。此外,除一般意义上的市场交易外,还存在置换、指标交易、入股、联营等特殊交易形式。因此,需要针对各地实际,以地租地价理论和现代产权理论为指导,按照先定级、后估价的总体思路,逐步建立适应不同入市模式、不同交易方式、不同土地利用类型和业态的农村集体经营性建设用地基准地价体系。

6. 引导和规范土地招商,加强履约监管,建设服务型政府

本书认为,低地价招商有其合理性,在土地开发经营的本质上属于分成合约形式,而国内学者近年来提出的建立地价与土地集约利用度的调节系数,实际上也是默认了低地价招商的合理性。然而,按照分成合约机制,低地价招商需要满足三个基本条件:一是合约中要约定土地使用者责任,确保土地所有者的利益;二是要加强履约监管,确保企业责任履行到位;三是土地所有者应不断优化投资环境,为企业经营提供保障。实践中,之所以社会长期以来对低地价招商持批评态度,主要是上述三个基本条件没有很好地满足。首先,合约中要约定土地使用者责任,这里的责任对于地方政府重点是地均税收等土地利用绩效指标,对于村集体主要是一些附加服务,以往对这块没重视,由此产生了大量的闲置和低效土地。近年来在土地供需矛盾倒逼下各地逐步引起重视,纷纷推行土地利用绩效考核、先租后让等措施,对企业的用地责任加以约束。但是,在履约监管方面却做得很不够。在实际政策执行中,由于不同部门的工作职能、工作目标不同,在政绩考核驱动下,会导致政策执行者大多从自身或本部门利益出发,使得一些需要部门协同的工作难以执行到位。例如在推行先租后让模式时,租赁期满后,在认定企业是否达到合约约定的出让条件时,就会存在冲突。国土部门主要考虑亩均税收,而园区在不考虑土地成本的情况下,受招商引资等目标驱动,一般希望企业留下,企业只要不关门,对园区或多或少都有好处,因此对企业往往采取宽松的态度,两者的目标不一致导致政策很难有效实施。需要结合干部考核评价体系改革,由地方政府一把手挂帅,建立自然资源管理重大问题协调联动机制,统筹解决企业用地履约监管中不同部门的工作目标、价值取向不同带来的冲突。此外,在分成合约中,政府还应承担自身应负的责任,与企业利益捆绑,不断优化投资的外部环境,为企业搭建公共服务平台,提供"保姆式""一站式"服务,为企业生产经营提供全方位保障,这样政府和企业才能真正实现分成合约形式下的互惠互利。

7.3 创新点

1. 针对现实中集体经营性建设用地价格机制不健全等问题,发展了交易成本理论、合约理论、竞租理论在土地权益异质化的产权市场中的应用,提出了"责任补偿价格"的新概念,创新了集体经营性建设用地价格内涵,丰富了地价的表现形式,尝试性地解释了现实中的低地价招商等土地价格异象,探索性地提出了基于分成合约和租赁合约的地价形成机理和土地总收益竞租模式,并进行了尝试性的实证分析。

2. 结合实践中集体土地形成的准国有、公私兼顾和准私有的不同类型权益特征,以研究区和入市试点县(区)为例,对比了长三角和珠三角典型区域集体经营性建设用地市场特征、地价水平及地价形成机制,从市场结构、市场发育、地权意识等方面进行了解释,揭示了交易成本导向下的土地权益空间分异及地价形成机理。

7.4 研究局限与展望

受研究时间、研究条件及笔者专业能力、专业视野的限制,本研究还有许多不足之处,有待进一步探索和完善。

1. 在理论方面,本研究提出的相关理论观点主要基于思想层面的论述和实践层面的总结,缺乏基于经济学工具的规范分析。

2. 在微观实证方面,本研究基于无锡和广州研究区的调研样本,以地块为单元建立特征价格模型,由于调研工作难度较大,收集的样本数量虽能满足建模要求,但在样本的典型性、代表性等方面有待进一步优化;此外,调研主要面向农村基层干部和群众,其总体素质相对较低,对调研问卷的理解以及对待调研的态度都可能影响调研结果。因此,研究结论可能存在一定的局限性,有待进一步扩大实证区范围,增加调研样本,对研究结论做进一步验证。

3. 在宏观实证方面,本研究基于武进、德清和南海的入市试点实践,在总结经验和成效的基础上进行比较分析和论述,形成相关结论。由于试点实施时间不长,相应的市场交易样本数量有限,且类型多样,单个类型的样本数更少,难以满足地块层面的计量模型分析需要。此外,33个试点县(市、区)的进展情况也有较大差异,很多地方试点以来一共才交易几宗或十几宗地,研究的意义不大。因此最终选取了交易量相对较高的上述三个县(区)进行案例分析。今后,随着入市试点的全面推进,样本量将逐步增加,在条件成熟时可进一步开展地块层面的计量模型分析。

由于笔者水平有限,书中不乏错误、浅薄、不足之处,恳请各位同行批评指正,不吝赐教。

附 件

1. 行政村调查问卷
2. 企业调查问卷

行政村调查问卷

声明:本问卷只做学术研究之用,对您提供的信息将严格保密。谢谢您的配合!

调查员	调查日期	校对员	村名	所在乡镇
	年 月 日			

一、基本信息

负责人姓名_____,联系电话_____,本村劳动力平均文化程度_____,通往市区及其他乡镇镇区的公交线路数量_____。是否通自来水_____,是否有排水管道_____,是否通管道煤气_____。

二、产业状况

1. 工业企业数量_____,主要产业类型_____,其他企业数量_____,主要产业类型_____;企业上一年度销售收入_____万元,利润_____万元,上缴税收_____万元。

2. 企业土地或经营用房取得方式_____(1=土地出让,30—50年租期,租金一次性支付;2=土地出租,每年付租金;3=厂房出租;4=厂房出售;5=土地入股,即联营;6=企业改制;7=其他),工业厂房投资主体_____(1=村集体;2=大型企业;3=村民;4=工业地产商),企业吸纳本村劳动力人数约_____人,占企业人数比例约_____%;集体经营性物业建筑总面积_____m²,其中工业厂房建筑面积_____m²。

3. 村里是否制定了产业发展规划_____,是否制定了招商方案或计划_____,选择入驻企业的主要考虑因素(按重要性排序)_____,_____,_____,_____,_____(1=经济效益;2=本村劳动力就业;

3＝生态环境；4＝产业升级；5＝企业实力；6＝村基础设施或公共服务支持；7＝村民意愿）。

对入驻企业的附加条件_____

招商优惠政策_____

影响工业厂房租金的主要因素有（按重要性排序）_____，_____，_____，_____，_____；

影响工业厂房售价的主要因素有（按重要性排序）_____，_____，_____，_____，_____。

（1＝是否标准厂房；2＝是否位于园区；3＝产业集聚度；4＝地理位置；5＝产业类型；6＝厂房自身条件；7＝是否可抵押融资；8＝政策博弈）

三、经济状况

上一年度总收入（万元，下同）_____，其中村办企业收入_____，土地及其他物业出租收入_____，上级拨款_____，其他收入（注明：）_____，农民人均纯收入_____，村公共建设支出_____，日常办公及管理支出_____，企业投资_____，其他支出（注明：）_____。

四、土地及房屋产权状况

1. 集体土地所有权登记发证率_____％，集体建设用地使用权登记发证率_____％，宅基地使用权登记发证率_____％。

2. 土地出租、一次性支付30—50年租金的土地面积（亩，下同）_____，此类土地登记发证率_____％，是否可以转让（0＝否，1＝是，下同）_____，是否可以转租_____，是否可以抵押_____。

3. 土地出租、按年支付租金的土地面积_____，入股或联营面积_____，村集体自主经营的土地面积（含自建厂房出租的土地面积）_____。

4. 集体土地上商业用房登记发证率_____％，是否可以转让_____，是否可以转租_____，是否可以抵押_____。

5. 集体土地上工业用房登记发证率_____％，是否可以转让_____，是否可以转租_____，是否可以抵押_____。

6. 宅基地房屋登记发证率_____％,是否可以转让_____,是否可以出租_____,是否可以抵押_____。

五、土地市场状况

1. 集体建设用地入市情况

集体建设用地出租(一次性支付 30—50 年租金)主要从_____年开始,主要集中在_____年(可填写多个年份),当时一次性支付的租金一般为_____元/m²,租赁年期一般为_____年。

集体建设用地出租(按年支付租金)主要从_____年开始,主要集中在_____年(可填写多个年份),年租金一般为:2000 年左右_____元/m²,2003 年左右_____元/m²,2008 年左右_____元/m²,目前租金_____元/m²。租期一般为_____年,签约周期一般为_____年。

商铺等商业用房租金一般为:2000 年左右_____元/m²,2003 年左右_____元/m²,2008 年左右_____元/m²,目前租金_____元/m²。租期一般为_____年,签约周期一般为_____年。

工业厂房出租主要从_____年开始,主要集中在_____年(可填写多个年份),年租金一般为:2000 年左右_____元/m²,2003 年左右_____元/m²,2008 年左右_____元/m²,目前租金_____元/m²。租期一般为_____年,签约周期一般为_____年。

工业厂房出售主要从_____年开始,主要集中在_____年(可填写多个年份),售价一般为:2000 年左右_____元/m²,2003 年左右_____元/m²,2008 年左右_____元/m²,目前售价_____元/m²。

村集体出租土地、房屋的租金确定方式有_____(多选):1＝随行就市;2＝村指导;3＝上级指导;4＝看买方情况;5＝政策博弈。

企业转租土地、房屋的租金确定方式有_____(多选):1＝随行就市;2＝村指导;3＝乡镇指导;4＝看买方情况。

2. 宅基地入市情况

本村宅基地房屋空余的情况_____:1＝很多;2＝部分;3＝少量;4＝很少。

主要原因_____:1＝常年外出打工;2＝已在城镇定居;3＝有多处宅基地;4＝与他人合住;5＝其他。主要的处置方式_____:1＝闲置;2＝卖给本村村民;3＝卖给城镇居民;4＝出租给本村村民;5＝出租给本地打工者;6＝其他。

买卖宅基地房屋主要从_____年开始,主要集中在_____年(可填写多个年份)。村里对宅基地房屋买卖的态度:1＝出面协商;2＝支持;3＝不管;4＝反对。宅基地房屋年租金一般为_____元/m²,租期一般为_____年,签约周期一般为_____年;宅基地房屋售价一般为_____元/m²。宅基地房屋租金或售价的定价方式有_____(可多选):1＝随行就市;2＝村指导;3＝上级指导;4＝看买方情况(素质、目的);5＝看关系(亲朋等熟人)。

企业调查问卷

声明:本问卷只做学术研究之用,对您提供的信息将严格保密。谢谢您的合作!

调查员	调查日期	校对员	村名(园区名)	所在乡镇
	年　月　日			

一、企业基本信息

1. 受访企业家的性别(　　)1=男;2=女。

2. 企业家的年龄(　　)1=21—30岁;2=31—40岁;3=41—50岁;4=51岁以上。

3. 企业家的学历(　　)1=高中以下;2=高中/中专;3=大专;4=本科;5=硕士及以上。

4. 企业家哪里人(　　)1=本镇;2=周边镇;3=省内其他市;4=省外。

5. 创办企业的年限是(　　)1=未满1年;2=1—5年;3=5—10年;4=10年以上。

6. 企业名称_____,联系人_____,联系电话_____,职工人数_____,其中本地职工_____,主要产品或经营范围_____。

二、土地取得及使用情况

1. 企业用地的土地性质为(1=国有;2=集体)_____,土地面积为_____m²,临路情况为_____(1=不临路;2=临村镇公路;3=临省级以上公路)。

2. 土地或房屋取得的来源为(1=村民小组;2=村委会;3=乡镇政府;4=县级以上政府;5=企业;6=大农户;7=银行或法院拍卖;8=其他),取得时间为_____年,取得方式为_____(1=一次性买断 30—50 年使用权,含国有土地出让或房屋出售;2=转让,含国有土地或房屋转让;3=划拨;4=租赁;5=转租;6=入股联营;7=其他),交易的途径为_____(1=私下交易;2=中介交易;3=公开挂牌交易;4=村镇招商;5=企业改制),有无签订合同_____(0=否;1=是)。

3. 土地取得时的用途为_____(1=耕地;2=园地;3=林地;4=牧草地;5=荒地;6=养殖水面;7=其他水面;8=宅基地;9=厂房用地;10=公共管理与服务用地;11=其他,请填写具体用途),目前土地用途为_____(1=工业用地;2=仓储物流用地;3=商服用地;4=科研设计用地;5=其他用地)。

4. 取得土地时的土地价格(一次性买断 30—50 年土地使用权的价格)为_____元/m²,使用年期为_____年。

5. 取得土地时的土地年租金为_____元/m²,目前的土地年租金为_____元/m²。土地租约的签约周期为_____年。

6. 企业是否办理土地证_____(0=否;1=是,下同),土地是否可以转让_____,是否可以转租_____,是否可以抵押_____。

7. 土地是否抵押或曾经抵押过_____,最近一次土地抵押在_____年,融资_____万元,当前土地如果可以抵押,您满意的抵押金额是_____万元。

8. 您认为企业用地还缺什么权利?(　　)1=转让权;2=转租权;3=抵押权;4=其他_____。

9. 您认为企业对租赁集体土地和购买国有土地有何看法?
_____
1=企业规模小,倾向于租赁集体土地;2=无论规模大小,倾向于租赁集体土地;3=无论规模大小,倾向于购买国有土地;4=企业规模大,需要融资才购买国有土地;5=其他_____。

10. 您认为企业更愿意通过什么方式获得土地或厂房?_____
1=一次性买断;2=短期租赁;3=长期租赁;4=看企业具体情况。

11. 租约期限是否影响企业的持续投资行为?_____(0=否;1=是)

12. 企业在一块土地上持续经营的时间平均约为_____。

1＝1—3 年;2＝3—5 年;3＝5—10 年;4＝10—20 年;5＝20—30 年;6＝30 年以上。

三、企业用地效益情况

1. 企业从入驻到现在累计厂房及配套用房投资_____万元,机器设备等固定资产投资_____万元,其他投资_____万元,2014 年度总产值(或销售收入)_____万元,上缴税收共_____万元,净利润约_____万元。

2. 周边生产类似产品并且规模相当的其他企业平均年利润率约_____％,其中较差的只有约_____％,较好的能达到_____％。

四、政策认知及模拟

如果集体土地与国有土地拥有相同的权利且可抵押融资,可不经国家征用直接入市流转。

1. 您是否支持该政策出台(　　)0＝否;1＝是。
2. 您认为集体土地入市应该由谁主导?(　　)

1＝政府主导;2＝用地企业主导;3＝村集体主导;4＝村民主导。

3. 您希望以何种方式使用集体建设用地?(　　)

1＝一次性买断 30—50 年土地使用权;2＝土地长租短约(租期较长,租金短期调整);3＝厂房长租短约;4＝厂房短期租赁;5＝土地联营入股;6＝其他_____。

4. 您认为集体土地入市的价格应当(　　)

1＝由政府规定;2＝由政府指导、根据市场调节;3＝用地单位和土地权利人协商;4＝完全根据市场价格确定;5＝其他_____。

5. 您是否愿意完善用地手续,办理两证?(　　)0＝否;1＝是。

有哪些担心?(　　)1＝用地成本增加;2＝手续复杂;3＝后续税费增加;4＝其他。

6. 如果企业用地成本增加,是否会更加集约节约利用土地?(　　)0＝

否;1＝是。

7. 政府投资道路、供水供电、医院、学校等基础设施建设会提升集体土地入市价格,故政府应该有权分享集体土地入市收益,而农村土地属于集体所有,所以集体也应有权分享收益。

那么您认为农村集体土地流转的收益,政府和村集体之间,谁应该拿大头?（　　）

1＝政府拿大头;2＝集体拿大头;3＝政府和集体各一半。

为什么?_____

集体分配到的土地流转收益部分,村集体和农户之间,谁应该拿大头?

1＝村集体;2＝农户;3＝村集体和农户各一半。

为什么?_____

具体收益分配比例应该为多少? 地方政府,应分配_____%;

村集体留用,应分配_____%;

村民,应分配_____%。

参考文献

[1] 黄贤金.土地调控的制度掣肘与改革[J].人民论坛,2014(26):25-27.

[2] 黄贤金.地权理论探析[J].南京农业大学学报,1996(1):85-88.

[3] 黄贤金.论地权歧视[J].农业经济问题,1996(7):16-20.

[4] 张五常.经济解释[M].易宪容,张卫东,译.北京:商务印书馆,2002.

[5] 谭术魁,彭补拙.农村集体建设用地直接流转的支撑体系研究[J].财经研究,2002(10):69-74.

[6] 黄贤金,王静,濮励杰.区域土地用途管制的不同方式[J].南京大学学报(自然科学版),2003,39(3):411-422.

[7] 周其仁.同地、同价、同权——我对广东省农地直接入市的个人看法[J].中国经济周刊,2005(33):20-20.

[8] 高圣平,刘守英.集体建设用地进入市场:现实与法律困境[J].管理世界,2007(3):62-72,88.

[9] JIN S Q, DEININGER K. Land rental markets in the process of rural structural transformation: productivity and equity impacts from China[J].Journal of Comparative Economics,2009, 37(4):629-646.

[10] 叶剑平,宋家宁.基于产权视角的中国土地问题探析[J].人民论坛,2011(8):25-26.

[11] 任辉,吴群.外部利润、产权界定与土地资源优化配置——成都市农村土地股份合作制改革的制度经济学解析[J].地域研究与开发,2012,31(3):155-158.

[12] 方斌,陈健,蒋伯良.农村土地股份合作制发展模式及路径分析[J].

上海国土资源,2012(4):7-11.

[13] 文贯中.中国的农本社会:告别抑或挽留?[J].人民论坛·学术前沿,2012(10):6-17.

[14] 郑和平,段龙龙.中国农村土地产权权能弱化论析[J].四川大学学报(哲学社会科学版),2013(6):108-115.

[15] 李杰,段龙龙.城乡建设用地同权同价改革困境及实现路径论析[J].海派经济学,2014,12(3):76-87.

[16] 梁燕.农村集体经营性建设用地入市路径选择[J].农业科学研究,2014,35(3):62-66.

[17] 黄贤金.还权能于农民 归配置于市场——论中共十八届三中全会土地制度改革设计[J].土地经济研究,2014(1):1-9.

[18] 刘敏.马克思土地产权理论与我国农地制度改革研究[D].武汉:华中师范大学,2015.

[19] 周其仁.周其仁:土地确权需要一场奠基性的战役[J].中国房地产业,2015(3):62-65.

[20] 钱忠好,冀县卿.中国农地流转现状及其政策改进——基于江苏、广西、湖北、黑龙江四省(区)调查数据的分析[J].管理世界,2016(2):71-81.

[21] 黄金升,陈利根.土地产权制度与管制制度的制度均衡分析[J].南京农业大学学报(社会科学版),2016(1):82-91.

[22] 靳相木.集体与国有土地"同权同价"的科学内涵及其实现[J].农业经济问题,2017,38(9):12-18.

[23] 张婷,张安录,邓松林,等.交易费用三维度属性作用机理及交易方式选择意愿——佛山市南海区集体建设用地市场实证分析[J].中国人口·资源与环境,2017,27(7):89-100.

[24] 朱道林.农村土地制度改革须以土地资源本质属性为基础[J].中国土地,2018(11):13-15.

[25] ROZELLE S, LI G. Village leaders and land-rights formation in China[J]. American Economic Review, 1998, 88(2): 433-438.

[26] LICHTENBERG E, DING C. Farmland preservation in China: status and issues for further research[J/OL]. Land Lines, 2004, 16(3).

[27] CHIA E, HO P. Institutions in transition: land ownership, property rights and social conflict in China[J]. The China Journal, 2006, 20(55): 157.

[28] ADAMOPOULOS T. Land inequality and the transition to modern growth[J]. Review of Economic Dynamics, 2008, 11(2): 257-282.

[29] ZOU X Q. Brief analysis on institution of rural collective construction land transfer[J]. Asian Agricultural Research, 2012(8): 23-25.

[30] LASSERVE A D, SELOD H, LASSERVE M D. Land Markets and Land Delivery Systems in Rapidly Expanding West African Cities. The case of Bamako[R]. Policy Research Working Paper 6687. Development Research Group, Environment & Energy Team, 2013.

[31] MACMILLAN D C. An economic case for land reform[J]. Land Use Policy, 2000, 17(1): 49-57.

[32] BRANDT L, HUANG J, LI G, et al. Land rights in rural China: facts, fictions and issues[J]. The China Journal, 2002(47): 67-97.

[33] KUNG K S. Off-farm labor markets and the emergence of land rental markets in rural China[J]. Journal of Comparative Economics, 2002, 30(2): 395-414.

[34] BASU A K. Oligopsonistic landlords, segmented labor markets, and the persistence of tied-labor contracts[J]. American Journal of Agricultural Economics, 2002, 84(2): 438-453.

[35] BRANDT L, ROZELLE S, TURNER M A. Local government behavior and property right formation in rural China[J]. Journal of Institutional & Theoretical Economics JITE, 2004, 160(4): 627-662.

[36] DEININGER K, JIN S. Tenure security and land-related investment: evidence from ethiopia[J]. European Economic Review, 2006, 50(5):1245-1277.

[37] 何·皮特.《谁是中国土地的拥有者——制度变迁、产权与社会冲突》[M].林韵然,译.北京:社会科学文献出版社,2008.

[38] VACHADZE G. Capital accumulation with and without land market liberalization: beyond the "win-win" situation[J]. Agricultural & Food Economics, 2013, 1(1):1-16.

[39] 李廷荣.集体建设用地流转要分清主客体[J].中国土地,2006(2):14-15.

[40] 张志强.农村集体建设用地"入市"研究[D].北京:中共中央党校,2010.

[41] 王小映.论农村集体经营性建设用地入市流转收益的分配[J].农村经济,2014(10):3-7.

[42] 林瑞瑞.土地增值收益分配问题研究[D].北京:中国农业大学,2015.

[43] 孙阿凡,杨遂全.集体经营性建设用地入市与地方政府和村集体的博弈[J].华南农业大学学报(社会科学版),2016,15(1):20-27.

[44] 朱道林.我国土地增值及其分配关系的现实特征和制度障碍[J].学海,2017(3):46-55.

[45] 黄祖辉,汪晖.非公共利益性质的征地行为与土地发展权补偿[J].经济研究,2002(5):66-71.

[46] 汤志林.我国农地征用监管制度的困境与优化——基于农地发展权视角[J].农村经济,2006(10):68-69.

[47] 刘梓样.城市化、农地征用与失地农民利益补偿[J].城市发展研究,2006(1):88-92.

[48] 殷少美,李纪军,周寅康.集体非农建设用地流转研究评述[J].农村经济,2005(9):36-40.

[49] 王文,洪亚敏,彭文英.集体建设用地使用权流转收益形成及其分

配研究[J].中国土地科学,2009,23(7):20-23+65.

[50]汪煜.集体建设用地使用权流转收益分配研究[J].法制与社会,2011(11):96-98+118.

[51]杨岩枫.政府规制视角下的集体经营性建设用地土地市场研究[D].北京:中国地质大学(北京),2017.

[52]谢保鹏,朱道林,陈英,等.土地增值收益分配对比研究:征收与集体经营性建设用地入市[J].北京师范大学学报(自然科学版),2018,54(3):334-339.

[53]罗明,张欣杰,杨红.土地增值收益分配国际经验及借鉴[J].中国土地,2018(2):51-52.

[54] HOYT W H. Competitive jurisdictions, congestion, and the Henry George Theorem: when should property be taxed instead of land?[J].Regional Science & Urban Economics, 1991, 21(3): 351-370.

[55] KURODA T. The Henry George theorem, capitalization hypothesis, and interregional equalization: a synthesis[J]. Papers in Regional Science, 2010, 73(1): 41-53.

[56] TRESCOTT P B. Henry George, Sun Yat-sen and China: More Than Land Policy Was Involved[J]. American Journal of Economics & Sociology, 1994, 53(3): 363-375.

[57] ALBOUY D. Evaluating the efficiency and equity of federal fiscal equalization[J]. Journal of Public Economics, 2012, 96(9-10): 824-839.

[58]田莉.从国际经验看城市土地增值收益管理[J].国外城市规划,2004,19(6):8-13.

[59] ARROW K J. Social choice and individual values[M]. Cambridgs, Massachusetts: Yale University Press, 1963.

[60] MILLS D E. Transferable development rights markets[J]. Joximal of Urban Economics, 1980, 7(1): 63-74.

[61] DEININGER K. Land policies for growth and poverty reduction: the international bank for reconstruction and development[M]. World

Bank Publictions,2003.

[62] DIJK T V. Scenarios of Central European land fragmentation[J]. Land Use Policy,2003(20):149-158.

[63] DYE R F,MCMILLEN D P. Teardowns and land values in the Chicago metropolitan area[J]. General Information,2007,61(1):45-63.

[64] 李淑妍.农民工市民化视角下的农村土地流转问题研究[D].沈阳:辽宁大学,2013.

[65] 阮兴文.构建城乡统一建设用地市场法律制度[J].社科纵横,2014,29(8):90-92.

[66] 孔祥智,马庆超.农村集体经营性建设用地改革:内涵、存在问题与对策建议[J].农村金融研究,2014(9):11-14.

[67] 温世扬.集体经营性建设用地"同等入市"的法制革新[J].中国法学,2015(4):66-83.

[68] 陆剑.集体经营性建设用地入市的实证解析与立法回应[J].法商研究,2015,32(3):16-25.

[69] 方鹏,黄贤金,陈志刚,等.区域农村土地市场发育的农户行为响应与农业土地利用变化——以江苏省苏州市、南京市、扬州市村庄及农户调查为例[J].自然资源学报,2003(3):319-325.

[70] 钱文荣.农地市场化流转中的政府功能探析——基于浙江省海宁、奉化两市农户行为的实证研究[J].浙江大学学报(人文社会科学版),2003(5):155-161.

[71] 吴毅.农地征用中基层政府的角色[J].读书,2004(7):144-150.

[72] 潘锦云,汪时珍.制约农地流转效率提升的因素研究——基于安徽省两镇农地流转的典型调查分析[J].河南社会科学,2011,19(1):143-146+219.

[73] 裴厦,谢高地,章予舒.农地流转中的农民意愿和政府角色——以重庆市江北区统筹城乡改革和发展试验区为例[J].中国人口·资源与环境,2011,21(6):55-60.

[74] 关江华,黄朝禧.农村宅基地流转利益主体博弈研究[J].华中农业

大学学报(社会科学版),2013(3):30-35.

[75] 李勇,杨卫忠.农村土地流转制度创新参与主体行为研究[J].农业经济问题,2014,35(2):75-80,111-112.

[76] 黄克龙,朱新帅,蒋晓贤,等.集体经营性建设用地租赁入市意愿的影响因素研究——以江苏省宜兴市为例[J].农林经济管理学报,2018,17(4):463-469.

[77] 邹秀清,钟骁勇,肖泽干,等.征地冲突中地方政府、中央政府和农户行为的动态博弈分析[J].中国土地科学,2012,26(10):54-60.

[78] 曾桢,朱玉婷.基于进化博弈的农村土地征收问题分析[J].贵州社会科学,2013(6):128-131.

[79] 邱雪萍,陈洪昭.集体土地流转中相关主体行为的博弈分析[J].沈阳农业大学学报(社会科学版),2013,15(4):390-393.

[80] 张鹏.农村集体建设用地流转机制与绩效研究[D].杭州:浙江大学,2007.

[81] 卢炳克,潘莹,刘瑶.农村集体建设用地流转模式的比较分析——以芜湖和南海为例[J].法制与社会,2012(12):221-222.

[82] 陆剑.集体经营性建设用地入市的实证解析与立法回应[J].法商研究,2015,32(3):16-25.

[83] 高珊,吕美晔,金高峰.农村集体经营性建设用地流转市场困境及启示——以江苏省调查为例[J].农业经济,2016(1):84-86.

[84] 何虹,叶琳.集体经营性建设用地入市改革的实践与思考——以江苏省常州市武进区的实践探索为例[J].中国土地,2018(1):43-45.

[85] 邱芳荣,赵旭.同权同价 流转顺畅 收益共享——记德清县农村集体经营性建设用地入市试点工作[J].浙江国土资源,2018(1):55-56.

[86] 大兴区农村土地制度改革试点调研组.农村集体经营性建设用地入市改革的"大兴方案"[J].中国土地,2019(1):9-15.

[87] 叶红玲.探索集体经营性建设用地入市新模式——广东南海农村土地制度改革试点观察[J].中国土地,2018,390(7):6-11.

[88] 于淼,吕萍.农村集体经营性建设用地入市的实践探索——以广西

北流市为例[J].南方国土资源,2019,194(1):24-27.

[89] 张瑜.松江区农村集体经营性建设用地入市模式探讨[D].上海:华东理工大学,2018.

[90] 董秀茹,薄乐,姚迪.农村集体经营性建设用地现状及入市问题研究——基于东北三省部分地区调查[J].中国农业资源与区划,2016,37(12):22-27.

[91] 周婧扬.同地、同权、同价的实现条件及路径研究[D].杭州:浙江大学,2017.

[92] 陈阳.集体经营性建设用地入市土地增值核算原理及技术方法研究[D].杭州:浙江大学,2018.

[93] 岳永兵,刘向敏.集体经营性建设用地入市增值收益分配探讨——以农村土地制度改革试点为例[J].当代经济管理,2018,40(3):41-45.

[94] 周建春.集体非农建设用地流转的法制建设[J].中国土地,2003(6):12-14.

[95] 孙海燕.我国农村集体建设用地流转价格问题研究[J].农村经济与科技,2011,22(12):77-79.

[96] 刘琼.产权残缺对集体建设用地流转价格的影响研究[D].南京:南京农业大学,2010.

[97] 于传岗.我国政府主导型农地大规模流转演化动力分析[J].农村经济,2012(10):31-34.

[98] 孙宇杰.农村集体建设用地流转价格扭曲的理论与实证研究[D].南京:南京大学,2013.

[99] 杨勇.集体建设用地价格形成机制研究[D].成都:四川大学,2006.

[100] 刘元胜.农村集体建设用地产权流转价格形成机理[J].农村经济,2012(3):77-79.

[101] 刘庆乐.农户宅基地使用权退出价格形成机制探究[J].中国人口资源与环境,2017,27(2):170-176.

[102] 张婷,张安录,邓松林.基于威廉姆森分析范式的农村集体建设用地市场交易费用研究——南海区1872份市场交易数据和372份调研数据

供给侧分析[J].中国土地科学,2017,31(2):11-21.

[103] 袁枫朝,燕新程.集体建设用地流转之三方博弈分析——基于地方政府、农村集体组织与用地企业的角度[J].中国土地科学,2009,23(2):58-63.

[104] 张婷,张安录,邓松林,等.农村集体建设用地市场的发展与影响因素计量经济研究——基于广东省南海区1 872份市场交易及398份调研数据需求侧的实证分析[J].中国土地科学,2016,30(11):22-31.

[105] 张振勇.缩小农村集体建设用地隐形交易市场的途径分析——基于利益主体博弈的角度[J].生态经济(中文版),2012(1):58-61.

[106] 谈秀枝.中国小产权房的制度安排分析[D].武汉:华中师范大学,2011.

[107] LIANG L, MI L. Research on small property room[J]. Journal of Environmental Management College of China, 2013, 23(4):17-19.

[108] WAND L L, SUN T S. Capitalization of legal title: Evidence from small-property-rights houses in Beijing[J]. Habitat International, 2014, 44:306-313.

[109] 吕萍,支晓娟.集体建设用地流转影响效应及障碍因素分析[J].农业经济问题,2008(2):12-18.

[110] 杨秀琴.农村集体建设用地公开流转势在必行——基于隐形流转与公开流转的效率差异分析[J].农村经济,2011(12):47-50.

[111] 耿槟,朱道林,梁颖.基于特征价格模型的农村集体建设用地流转价格影响因素研究[J].生态经济,2013(1):56-58.

[112] 江恩赐.集体建设用地流转价格评估研究——以吉林省四平市为例[D].长春:吉林师范大学,2013.

[113] 邓郁,周晓辉.农村集体经营性建设用地价值评估问题研究[J].安徽农业科学,2015(29):307-308.

[114] 郭谁琼.苏南集体经营性工业用地价格的影响因素研究——基于政府和集体主导模式的比较[D].南京:南京大学,2015.

[115] 马倩雲,张安录.农村集体经营性建设用地市场风险及处理策略

研究[J].土地经济研究,2016(2):65-90.

[116] 杨果,陈乙萍.农村集体建设用地流转价格影响因素的实证研究[J].农村经济,2016(6):34-37.

[117] 牟晓庆,李秀霞.农村集体经营性建设用地入市的价格机制研究[J].上海国土资源,2017(2):73-76.

[118] 卢天姣.农村集体建设用地流转价格影响因素研究[D].武汉:华中师范大学,2018.

[119] COTTELEER G,GARDEBROEK C,LUIJT J. Market power in a GIS-based hedonic price model of local farmland markets[J]. Land Economics,2008,84(4):573-592.

[120] LAKE M B,EASTER K W. Hedonic valuation of proximity to natural areas and farmland in Dakota County, Minnesota[EB/OL]. https://www.researchgate.net/publication/23517970,2004-12-21.

[121] COTTELEER G,STOBBE T,van KOOTEN G C. A Spatial Bayesian Hedonic Pricing Model of Farmland Values[C]// International Congress,2008.

[122] HUANG H,MILLER G Y,SHERRICK B J,et al. Factors influencing illinois farmland values[J]. American Journal of Agricultural Economics,2006,88(2):458-470.

[123] ABELAIRAS-ETXEBARRIA P,Astorkiza I. Farmland prices and land-use changes in periurban protected natural areas[J]. Land Use Policy,2012,29(3):674-683.

[124] UEMATSU H,KHANAL A R,MISHRA A K. The impact of natural amenity on farmland values:a quantile regression approach[J]. Land Use Policy,2013,33(4):151-160.

[125] CHICOINE D L. Farmland values at the Urban Fringe:an analysis of sale prices[J]. Land Economics,1981,57(3):353-362.

[126] NARAYANNAN R,SHANE R L. Agricultural productive and consumptive use components of rural land values in Texas:Comment[J].

American Journal of Agricultural Economics,1987,69(1):176-178.

[127] STEWART P A, LIBBY L W. Determinants of farmland value: the case of DeKalb county, Illinois[J]. Review of Agricultural Economics,1998,20(1):80-95.

[128] BASTIAN C T, MCLEOD D M, GERMINO M J, et al. Environmental amenities and agricultural land values: a hedonic model using geographic information systems data[J]. Ecological Economics,2002,40(3):337-349.

[129] PLANTINGA A J, LUBOWSKI R N, STAVINS R N. The effects of potential land development on agricultural land prices[J]. Journal of Urban Economics,2002,52(3):561-581.

[130] HÜTTEL S, WILDERMANN L, CROONENBROECK C. How do institutional market players matter in farmland pricing?[J]. Land Use Policy,2016,59:154-167.

[131] SHENG Y, LAWSON K, JACKSON T. Evaluating the benefits from transport infrastructure in agriculture: a hedonic analysis of farmland prices[J]. Australian Journal of Agricultural & Resource Economics,2018,62(2):237-255.

[132] 卫新东.农民集体所有建设用地使用权流转价格研究[D].西安:长安大学,2005.

[133] 刘泰圻,杨杰,周学武.集体建设用地定级与基准地价定价浅析[J].南方农村,2007(5):17-20.

[134] 揣小伟,黄贤金,许益林.农村集体建设用地基准地价初步研究——以安徽省良玉村为例[J].经济地理,2012(2):121-126.

[135] 张洲.集体建设用地流转价格评估方法应用研究[D].北京:首都经济贸易大学,2014.

[136] 王令超,杨建波.基于修正法的集体建设用地基准地价评估探讨[J].中国农学通报,2013(14):75-80.

[137] 崔宇.集体建设用地定级估价核心技术问题探讨[J].中国土地科

学,2013(2):67-72.

[138] 杨杰,任绍敏.广东省农村集体建设用地定级与基准地价评估探讨[J].安徽农业科学,2010(3):41-43.

[139] 齐辰辰.农村集体建设用地基准地价研究[D].成都:四川农业大学,2015.

[140] 赵旭.集体经营性建设用地使用权权益及价值评估研究[D].北京:首都经济贸易大学,2017.

[141] 李茗薇.集体经营性建设用地流转及价格评估研究[D].长春:吉林大学,2017.

[142] 杨杰,任绍敏.集体建设用地基准地价评估的若干问题探讨[J].安徽农业大学学报(社会科学版),2010(4):34-38.

[143] 冯晓红.基于土地流转的集体建设用地基准地价研究[D].重庆:西南大学,2012.

[144] 孙学娟.我国城乡一体化进程中集体建设用地流转问题研究[D].北京:首都经济贸易大学,2013.

[145] 蔡进,邱道持,王静,等.中国农村集体土地产权制度研究综述[J].中国农学通报,2013(23):65-70.

[146] 冯青琛,陶启智.浅析农村集体经营性建设用地入市对城镇化的影响[J].农村经济,2014(8):36-40.

[147] 林超.统一市场视角下城乡建设用地制度变迁分析——基于不完全产权生命周期模型[J].中国农村观察,2018(2):30-46.

[148] 杨君华,林亮.市场比较法在集体建设用地地价评估中的应用[J].浙江国土资源,2015(6):24-25.

[149] 邓爱珍,陈美球.农村集体经营性建设用地入市流转面临的现实问题与对策探讨——以江西省赣县为例[J].土地经济研究,2015(1):13-23.

[150] 邓爱珍,陈美球,林建平,等.农村集体经营性建设用地"入市"流转的社会认知与意愿实证分析——以江西省赣县为例[J].农村经济与科技,2016(1):26-28.

[151] 赵松.集体建设用地基准地价体系建设的特征[J].中国土地,2018(9):12-14.

[152] 袁庆明.新制度经济学教程[M].2版.北京:中国发展出版社,2014.

[153] 贾华强.评张五常《中国的经济制度》[J].中共中央党校学报,2010(5):106-110.

[154] 韩国顺.马克思土地产权理论对中国农村土地所有制改革的启示[J].河南社会科学,2010(5):89-92.

[155] 刘守英.中国农地制度的合约结构与产权残缺[J].中国农村经济,1993(2):31-36.

[156] 姚洋.中国农地制度:一个分析框架[J].中国社会科学,2000(2):54-65.

[157] COASE R H. The problem of social cost[J]. Journal of Law and Economics,1960(3):1-44.

[158] [美]奥利弗·E.威廉姆森.资本主义经济制度——论企业签约与市场签约[M].段毅才,王伟,译.北京:商务印书馆,2002.

[159] WILLIAMSON O E. Transaction-Cost Economics:The Governance of Contractual Relations[J]. Journal of Law and Economics,1979(22):233-261.

[160] [美]罗纳德·哈里·科斯.论生产的制度结构[M].盛洪,陈郁,译.上海:上海三联书店,1994.

[161] 周辉莉.马克思与现代西方地租理论综述与启示[J].金融经济,2008(12):71-72.

[162] 胡希宁,贾小立.博弈论的理论精华及其现实意义[J].中共中央党校学报,2002(2):48-53.

[163] 刘世定,张惠强.组织研究中的博弈论方法[J].吉林大学社会科学学报,2013(6):43-54.

[164] TANG C C, LAN W L. Game analysis of rural collective construction land circulation in rapidly industrialized area of China—a case

of Nanhai District of Foshan City[J]. Asian Agricultural Research，2009，1(3)：36-40.

[165] SAMSURA D A A，KRABBEN E V D，DEEMEN A M A V. A game theory approach to the analysis of land and property development processes[J]. Land Use Policy，2010，27(2)：564-578.

[166] HUI E C M，BAO H. The logic behind conflicts in land acquisitions in contemporary China：a framework based upon game theory[J]. Land Use Policy，2013，30(1)：373-380.

[167] LI J T，LI Y X，GONG Y L，et al. Urban configuration analysis of idle land market based on game model[J]. Agricultural Science & Technology，2014,15(9)：1605-1609.

[168] WANG X，REN L W. Analysis on Public Management and Service Land Valuation Based on Game Theory［C］// International Conference on Internet Technology & Applications，2010.

[169] 陈志刚,黄贤金,赵成胜.集体建设用地使用权流转的制度创新经验——宜兴的个案研究[J].城市发展研究,2012,19(10)：21-25.

[170] 韩国顺.马克思土地产权理论对中国农村土地所有制改革的启示[J].河南社会科学,2010,18(5)：89-92.

[171] 卢现祥,朱巧玲.新制度经济学[M].北京：北京大学出版社,2012.

[172] 国务院发展研究中心农村经济研究部.集体所有制下的产权重构[M].北京：中国发展出版社,2015.

[173] 刘守英.直面中国的土地问题[M].北京：中国发展出版社,2014.

[174] 张卫东.新制度经济学[M].大连：东北财经大学出版社,2010.

[175] 张曙光.博弈：地权的细分、实施和保护[M].北京：社会科学文献出版社,2011.

[176] 邓大才.土地政治：地主、佃农与国家[M].北京：中国社会科学出版社,2010.

[177] 张五常.佃农理论[M].北京：中信出版社,2010.

[178] PENDER J，FAFCHAMPS M. Land lease markets and

agricultural efficiency in Ethiopia[J]. Journal of African Economics, 2006, 15(2): 251-284.

[179] YANG H H. The Impact of Changing Agricultural Technology on Land Tenancy in Preindustrial China: Evidence from Confucius's Manors (1759-1901)[R]. Social Science Electronic Publishing, 2012: 1-28.

[180] 张五常.佃农理论——应用于亚洲的农业和台湾的土地改革[M].易宪容,译.北京:商务印书馆,2000.

[181] 张五常.中国的经济制度[M].北京:中信出版社,2012.

[182] 欧阳安蛟:开发区地价动态评估方法初探[J].经济地理,1996(3):81-85.

[183] 程栋,李樣:非均质空间下企业区位选择与空间集聚——基于古诺竞争的框架[J].现代管理科学,2016(6):54-56.

[184] ZHI Y A, BEI J, LI M S. Study on influence factors of land price based on rough set[J]. Advanced Materials Research, 2014, 864-867: 2688-2694.

[185] YAND D L, HOU Z Y, HUANG B H. Study on land price and its influencing factors in Yangling District[M]// Proceedings of the 19th International Symposium on Advancement of Construction Management and Real Estate, 2015.

[186] LIN T, SONG G, QIAO Y B. Influence factors on price of farmland transfer organized by farmers in main grain-producing region of northeast China[J]. Transactions of the Chinese Society of Agricultural Engineering, 2017, 33(18): 260-266.

[187] PLANTINGA A J, MILLER D J. Agricultural land values and the value of rights to future land development[J]. Land Economics, 2001, 77(1): 56-67.

[188] GAO Y N, ZHU D L. Influence factors of rural land price for compulsory acquisition by hedonic price model[J]. Geomatics &

Information Science of Wuhan University, 2008, 33(11): 1198 - 1201.

[189] CHANG J, LIAO Q F, WANG L J. Spatial distribution and influencing factors of urban land price in Changsha City[J]. Geographical Research, 2011, 20(1): 59 - 81.

[190] SONG J A, JIN X B, TANG J, et al. Analysis of influencing factors for urban land price and its changing trend in China in recent years[J]. Acta Geographica Sinica, 2011, 66(8): 1045 - 1054.

[191] 张绍良,李晶晶,公云龙.基于特征价格模型的城市住宅价格影响因素研究[J].地域研究与开发,2013,32(4):80 - 83.

[192] 刘守英.中国城乡二元土地制度的特征、问题与改革[J].国际经济评论,2014(3):9 - 25,4.

[193] 王令超.基于修正法的集体建设用地基准地价评估探讨[J].中国农学通报,2013,29(14):75 - 80.

[194] 贺雪峰.农民的地权意识和土地价值是多元的——江苏苏州与珠三角的异同[J].农村工作通讯,2017(14):24 - 26.

[195] 高延娜,朱道林.基于特征价格模型的农村土地征收价格影响因素研究[J].武汉大学学报(信息科学版),2008(11):1198 - 1201.

[196] GOPALAKRISHNAN S, SMITH M D, SLOTT J M, et al. The value of disappearing beaches: a hedonic pricing model with endogenous beach width [J]. Journal of Environmental Economics and Management, 2011(3): 297 - 310.

[197] SANDER H A, POLASKY S. The value of views and open space: estimates from a hedonic pricing model for ramsey county, minnesota, USA [J]. Land Use Policy, 2009(3): 837 - 845.

[198] BELCHER R N, CHISHOLM R A. Tropical vegetation and residential property value: a hedonic pricing analysis in Singapore[J]. Ecological Economics, 2018, 149: 149 - 159.

[199] LIEBELT V, BARTKE S, SCHWARZ N. Revealing preferences for urban green spaces: a scale-sensitive hedonic pricing

analysis for the city of Leipzig[J]. Ecological Economics, 2018, 146: 536-548.

[200] LUO Y X, LI S, ZHANG Y F. Urban environment improvement assessment by using hedonic price: impact of city water system project in china[J]. Environmental Progress & Sustainable Energy, 2018, 37(4): 1339-1347.

[201] HÜTTEL S, RITTER M, ESAULOV V, et al. Is there a term structure in land lease rates?[J]. European Review of Agricultural Economics, 2016, 43(1): 165-187.

[202] JOSHI J, ALI M, BERRENS R P. Valuing farm access to irrigation in Nepal: a hedonic pricing model[J]. Agricultural Water Management, 2017, 181(Complete): 35-46.

[203] PLANT L, RAMBALDI A, SIPE N. Evaluating revealed preferences for street tree cover targets: a business case for collaborative investment in leafier streetscapes in Brisbane, Australia[J]. Ecological Economics, 2017, 134: 238-249.

[204] SONG J J. An analysis of the factors that affect collective construction land transfer price: a case study of Yichang City[J]. Asian Agricultural Research, 2016, 08(9): 49-52.

[205] YU W, RAO Y, HU Z D, et al. Estimating the land price gradients in metropolitan Beijing[J]. Journal of Natural Resources, 2013, 28(5): 721-731.

[206] GOETZ E G, KO K, HAGAR A, et al. The Hiawatha line: impacts on land use and residential housing value[R]. Center for Transportation Studies, 2010.

[207] BOKHARI S, GELTNER D. Characteristics of depreciation in commercial and multifamily property: an investment perspective[J]. Real Estate Economics, 2018, 46(4): 745-782.

[208] MEESE R, WALLACE N. Nonparametric estimation of

dynamic hedonic price models and the construction of residential housing price indices[J]. Real Estate Economics, 2010, 19(3): 308-332.

[209] 张书琬.生产组织形式变迁过程中的劳动者主体性建构——基于"珠江模式"和"苏南模式"的比较[J].理论与改革,2018,223(5):54-63.

[210] 刘扬.城市增量工业用地低价出让的政府行为与价格研究[J].经济论坛,2010(1):13-16.

[211] 费孝通.志在富民——从沿海到边区的考察[M].上海:上海人民出版社,2007.

[212] HUANG X J, LI Y, YU R, et al. Reconsidering the controversial land use policy of "linking the decrease in rural construction land with the increase in urban construction land": a local government perspective[J]. China Review, 2014, 14(1): 175-198.

图书在版编目(CIP)数据

基于土地权益视角的集体经营性建设用地价格形成机理研究 / 谢泽林著. —南京：南京大学出版社，2021.11

(南京大学人文地理优秀博士文丛 / 黄贤金等主编)
ISBN 978 - 7 - 305 - 24994 - 5

Ⅰ.①基… Ⅱ.①谢… Ⅲ.①农业用地－生产性建设用地－地价－研究－中国 Ⅳ.①F321.1

中国版本图书馆 CIP 数据核字(2021)第 192260 号

出版发行	南京大学出版社
社　　址	南京市汉口路 22 号　　邮　编　210093
出 版 人	金鑫荣
丛 书 名	南京大学人文地理优秀博士文丛
书　　名	**基于土地权益视角的集体经营性建设用地价格形成机理研究**
著　　者	谢泽林
责任编辑	荣卫红　　　　　　编辑热线　025 - 83685720
照　　排	南京开卷文化传媒有限公司
印　　刷	南京玉河印刷厂
开　　本	718×1000　1/16　印张 15.75　字数 242 千
版　　次	2021 年 11 月第 1 版　2021 年 11 月第 1 次印刷
ISBN	978 - 7 - 305 - 24994 - 5
定　　价	64.00 元

网　　址：http://www.njupco.com
官方微博：http://weibo.com/njupco
官方微信号：njupress
销售咨询热线：(025)83594756

* 版权所有，侵权必究
* 凡购买南大版图书，如有印装质量问题，请与所购
 　图书销售部门联系调换